中国黄金研究中心黄金问题研究系列丛书

经济大师论黄金

祝合良 等◎著

JINGJI DASHI LUN HUANGJIN

首都经济贸易大学出版社
Capital University of Economics and Business Press
·北京·

前　言

世界上的商品成千上万，投资工具也是数不胜数，可是迄今为止，没有一样东西能够像黄金这样引起全球的高度关注。尤其是2008年美国金融危机引发世界经济危机以来，黄金更是备受世人关注。从普通百姓到政府官员，从中小投资者到投资大亨，今天人人都在谈论黄金。当然，更多的人关注的是黄金价格的涨涨跌跌，少部分人关注能否重返金本位。我们不禁要问，商品或投资品价格的涨跌本是常事，金本位早已远离人们的视线，为何黄金却受到全球的如此关注？

其中的缘由可能很多，我认为今天全球关注黄金至少说明三个问题：

第一，全球关注黄金说明黄金力量无比。几千年来，我们不难发现，迄今为止还没有任何一种物质能够像黄金一样对人类的政治、经济、文化和社会造成如此深刻的影响。它曾经塑造了统治者至高无上的权力，改变了国与国之间的关系，促进了人类的商品流通，成就了昔日大英帝国和当今霸主美国，造就了现代国际市场的雏形，传播了世界各国文明。黄金为何具有这些无比的力量？这一切的根源来自于它的自然属性，尤其是它的恒久性。黄金是人类最早认识的贵金属，从认识之初就发现黄金的颜色与其他物质有明显的差异，黄金颜色鲜艳美丽，它散发出的光泽是一种暖光泽，给人的内心以阳光般的温暖，

因此，从古至今它就受到人们的喜爱。当然，黄金不仅因为它散发出太阳般的光芒而受到人们的喜爱，更因为它具有稳定的物理属性——恒久性和稀少性——而受到各方的青睐。黄金因其经久耐用、千年不朽的特性，成为人类经济社会发展历史上最宝贵的金属产品。自开采以来，人类就以各种形式储存黄金，人类数千年生产出的黄金90%以上保留至今。由于黄金的恒久性，使黄金成为最佳的财富储备工具。与此同时，由于它的恒久性，使得黄金具有很好的象征性：它是权力的象征，历史上统治阶级为了维护政权的长治久安和至高无上的权力而霸占黄金；它是神圣的象征，世界上所有的宗教都喜欢用黄金来衬托自身的纯洁、正统和神圣；它是国家实力的象征，无论过去还是现在，一国的实力强弱可以从它拥有黄金的多少得到一定程度的反映。由于它的恒久性，使得黄金还具有极好的独立性，黄金是唯一独立于任何货币和不靠国家信誉变现的金融资产。在危机到来之际，黄金总能力挽狂澜，起到稳定经济的中流砥柱作用。因此，今天全球关注黄金，根源莫过于此。

第二，全球关注黄金说明人类再次陷入了迷茫和惆怅之中。纵观历史，人类对黄金的高度关注，往往都是在经济社会陷入迷茫和惆怅之际。1816年英国推出金本位之前，20多年的粮食价格和金价上涨以及英镑的不断贬值，结果爆发了大面积的银行挤兑事件和纸币信用危机。为了控制通货膨胀和摆脱纸币信用危机，英国经过了历史上著名的“金价论战”，之后最终以法律的形式率先在全球正式确立了金本位制，英镑与一定数量的黄金挂钩，英镑的发行受到严格的限制和约束。这一制度不仅稳定了物价，摆脱了英镑危机，而且因为英镑与黄金挂钩，逐步建立起被世界各国认同的货币信用，英镑也因此成为第一个世界主导货币，主导时间长达一百多年。1944 年布雷顿森林体系建立之前，由于传统金本位的废除，世界经历了最严重的第一次经济大危机和第二次世界大战，全球经济滞涨。为了摆脱了经济滞涨、重振全球经济和国际货币体系，1944 年建立了布雷顿森林体系，其核心就是美元与黄金挂钩，其他国家货币与美元挂钩。通过这一制度的确立，世界经济逐步摆脱了滞涨，不断走向繁荣。由于多种原因，1971 年布雷顿森林体系解体，此后世界经济时好时坏，曾经在人类经济发展史上起到“定海神针”作用的黄金地位也发生了根本性的变化。与此同时，影响黄金价格变化的因素开始变得越来越复杂，黄金在获得自由的同时，其价格经历了 30 多年的剧烈波动。21 世纪以来，在美国互联网泡沫破裂以及后来金融危机引发的经济危机等一系列因素的作用下，黄金开启了 12 年的大牛市。黄金价格从 2000 年的每盎司 260 美元，一路上涨到 2011 年 9 月的每盎司 1 920 美元的高价。2013 年以来黄金价格持续回落，并且经历过价格的数次大跌，牵动着全球黄金投资者的心，更牵动着人们对黄金问题的思考。黄金的背后究竟意味着什么？历史经验告诉我们，全球关注黄金，不是真正的黄金时代，而是人类社会又一次陷入了迷茫和惆怅之中。

第三，全球关注黄金是人类对世界梦的追求。所谓世界梦，就是人们希望世界长治久安，经济平稳健康发展，社会公平和谐。全球关注黄金恰恰体现了人类对世界梦的追求。从历史上看，黄金第一次被全世界高度关注和认同的时期是金本位时期，即自 1816 年英国正式确立金本位制度以来，到 1914 年第一次世界大战爆发之前，世界上有 59 个国家推行过金本位制。这是历史上建立的第一个统一的国际货币体系，虽然那时没有统一的货币协议，也没有集中的监管机构，但各国

在以黄金为载体的国际货币体系下，相互信任，共同合作，促成了世界经济第一次进入平稳发展的"黄金时代"，整个社会也相对公平和谐。为什么英国推行金本位制之后，世界上有那么多国家都自愿加入金本位制去呢？原因当然很多，其中最主要原因在于，金本位制强调黄金自由铸造、自由交易、自由进出口，各国纸币发行与黄金稳定挂钩。其背后的含义就是经济自由，各国相互信任，人们和政府自觉遵守契约，纸币发行和交易严格按规定执行。因此，金本位时期世界经济平稳发展，整个社会也相对公平合理。由于金本位制度下本国利益与世界利益相一致，因此，在没有任何国际协议和集中监管机构的情况下，当时很多国家都不约而同地推行金本位。后来，随着金本位制的解体和新的世界主导货币——美元的出现，美国将其国家利益凌驾于世界利益之上，世界经济平稳发展和整个社会相对公平的天平开始不断倾斜，全球失衡的现象不断重演。客观地看，由于金本位制本身的缺陷，重回金本位制看来是不可能的，但是金本位制所倡导的经济自由、人们和政府自觉遵守契约、货币发行严格受到限制和约束、各国相互信任和合作的内核是值得赞赏的。这或许是当下全球关注黄金的要义，它反映了人类对世界梦的追求。

由于黄金如此重要，所以我们更需要梳理历史上和当今世界各位经济大师对黄金的看法，这就是写作本书的初衷。

自1999年中国正式开始黄金市场化改革以来，首都经济贸易大学一直在黄金研究方面起着引领和推动作用。

1999年11月，中国黄金市场化改革启动之际，首都经济贸易大学联合北京黄金经济发展研究中心举办了国内第一期金银市场交易实务高级培训班，来自全国各省市黄金局局长、金矿企业厂长参加了此次培训班。此后连续举办多期黄金市场高级人才培训班。

2003年，首都经济贸易大学祝合良教授与北京黄金经济发展研究中心刘山恩先生共同出版了国内第一本黄金市场方面的专著《炒金宝典》，被业内广泛采用。

2004年6月，首都经济贸易大学联合中国黄金报社、北京黄金经济发展研究中心和经易期货经纪有限公司共同举办了国内首届“黄金市场盈利及避险技巧高级培训班”，来自全国各地的黄金局、金矿企业、首饰企业、商业银行的领导和交易员50多人参加了此次培训。

2006年，首都经济贸易大学联合北京黄金经济发展研究中心共同举办了国内第一个黄金MBA班，2008年顺利结束，在国内产生了较大的影响。

2007年，首都经济贸易大学与上海期货交易所签订了全面合作协议，主要加强黄金期货市场与黄金产业发展方面的合作研究，推动中国黄金市场与黄金产业的发展。

2007年，首都经济贸易大学经济学院产业经济专业率先在国内开设黄金经济研究方向，招收黄金经济方向硕士研究生。

2009年，首都经济贸易大学经济学院产业经济专业率先在国内招收黄金经济方向博士研究生。

2010年首都经济贸易大学整合校内外资源，率先在国内成立第一家黄金市场研究机构——中国黄金市场研究中心。该中心的使命是为中国黄金事业的发展做出应有的贡献，并力争在5年内建设成为一流的黄金研究机构和咨询机构。中心每年举办一到两次高水平黄金问题论坛，以推动人们对黄金问题的深入思考。

2015年9月，首都经济贸易大学中国黄金市场研究中心改名为中国黄金研究中心，致力于黄金问题的全方位研究。本书是该中心推出的又一部著作，以期引起人们对黄金的高度重视。

本书编著的过程当中，刘旭峰、李欣亚、钱程、冯大同、张畅、陶思宇、赵达、罗克、靳悦、赵红洁、黎莎、孙丽洁、王若冰参加了相关写作工作，我负责总体设计和修改通稿工作。由于是史料的整理与编撰，肯定有不周到的地方，请大家批评指正！

中国黄金研究中心主任
祝合良
2017. 05

目　录

第一篇　前古典经济学和古典经济学大师论黄金

第二篇　新古典经济学大师论黄金

第三篇　现代经济学大师论黄金

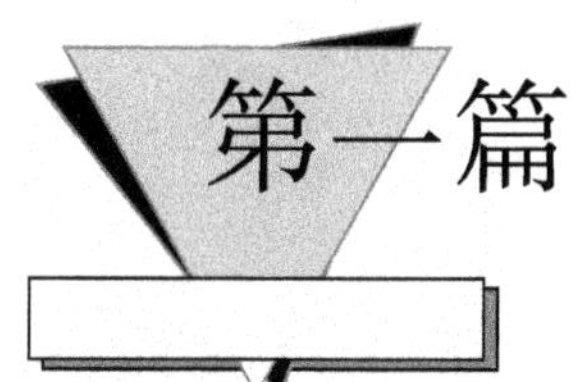

前古典经济学和古典经济学大师论黄金

第一章　理查德·坎蒂隆论黄金

一、理查德·坎蒂隆简介

理查德·坎蒂隆（Richard Cantillon，1680—1734）是爱尔兰裔法国经济学家，是前古典经济学家的代表。理查德·坎蒂隆唯一的著作是《商业性质概论》，该著作被认为是历史上第一本对经济学问题进行完整论述的著作。《商业性质概论》对政治经济学的早期发展产生了重大的影响，被英国经济学者威廉姆·斯坦利·杰文斯评为“政治经济学的摇篮”。理查德·坎蒂隆的《商业性质概论》代表着亚当·斯密之前经济理论的最高水准，其中包含着后世许多重要经济思想的胚芽，该书阐述了理查德·坎蒂隆的市场理论、企业家理论和货币理论等。

二、理查德·坎蒂隆眼中的黄金

在《商业性质概论》一书中，理查德·坎蒂隆对黄金相关问题做了系统的阐述。这些论述，不仅可以让我们了解黄金在步入人类社会之初所具有的经济职能，而且对于当代经济社会对待黄金的态度也有重要的参考价值。理查德·坎蒂隆眼中的黄金可以归纳为以下几个方面：

（一）黄金是人类永久的瑰宝

自古以来，世界各地的人们对黄金不约而同地认可，使黄金与人类社会的发展紧密地联系到一起。首先，作为一种金属，黄金的本质属性便是其恒久性，正如理查德·坎蒂隆所言："黄金和白银这类金属不仅耐用，而且可以说是永久性的，即使烈火也不能把它们毁掉。"其次，黄金作为一种商品，凝结着无差别的人类劳动，具有使用价值和价值，"它们是普遍接受的价值尺度，永远可以用来交换任何生活必需品"。显而易见，黄金是恒久的财富象征。

对于一个主权国家来说，黄金是真正的财富、真正的储备。对此，理查德·坎蒂隆有这样的阐述："决定国家相对强弱的关键似乎是这些国家在每年消费后所余的储备，例如棉布、亚麻、谷物等的库存，国家要靠这些东西应付灾年和战争。因为永远可以用黄金和白银从外国甚至敌国买到这些东西，所以黄金和白银是国家的真正储备，这类储备实际数量的多寡必然地决定了一个国家的相对强弱。"①

此外，理查德·坎蒂隆还强调要通过国际贸易来进口黄金："如果某国习惯于通过输出它的商品和产品，例如谷物、酒、羊毛等，从国外吸引黄金和白银，它必将使该国变富，但要以人口的减少为代价。如果黄金和白银是靠人民的劳动，即包含很少土地产物的制造品和其他物品从国外吸引来的，它就将以一种有益的实质性的方法使该国变富。"② 这种观点体现了重商主义的思想。

在理查德·坎蒂隆看来，人与人之间因为交易关系而相互依存，古代的交易以黄金、白银为交易媒介，因此换句话说，人和人之间是

---

① 理查德·坎蒂隆．商业性质概论［M］．余永定，徐寿冠，译．北京：商务印书馆，1997：第32页。

② 理查德·坎蒂隆．商业性质概论［M］．余永定，徐寿冠，译．北京：商务印书馆，1997：第28页。

靠黄金联系起来的，交易自然会导致供求的发生进而形成市场。所谓经济，就是相互联系市场的有机系统。理查德·坎蒂隆认为相互联系的市场以实现某种均衡的方式来运作。人们交易的习惯会形成市场中的制度，这些制度并不是一成不变的，而是随着时间不断演进。

（二）黄金的内在价值由土地和劳动成本决定

基于“土地是所有财富因以产生的源泉或质料，人的劳动是生产它的形式”的认识，理查德·坎蒂隆这样定义“内在价值”的概念：“物品的内在价值一般是生产该物品所使用的土地和劳动的尺度。”[①] 对于黄金的内在价值，“像其他任何东西一样，金属的真实价值或内在价值同在金属生产中所使用的土地和劳动成比例”[②]。

同时，理查德·坎蒂隆把黄金的内在价值和价格（或称为市场价值）做了区分和说明：“金属的市场价值，同别的商品和产品一样，根据需求状况，随同它们的充裕与稀缺程度而变化，有时高于、有时低于它们的内在价值。”[③] 此外，理查德·坎蒂隆认为：“像其他商品和未加工的产品一样，只有支出了大致同所赋予它们的价值相等的生产费用时，黄金和白银才能够被生产出来。”[④] 并指出黄金价格长期波动区间的下限即为黄金的生产成本。

理查德·坎蒂隆的功绩并不止于提出了内在价值的概念，解释了

① 理查德·坎蒂隆．商业性质概论［M］．余永定，徐寿冠，译．北京：商务印书馆，1997：第36页。

② 理查德·坎蒂隆．商业性质概论［M］．余永定，徐寿冠，译．北京：商务印书馆，1997：第45页。

③ 理查德·坎蒂隆．商业性质概论［M］．余永定，徐寿冠，译．北京：商务印书馆，1997：第49页。

④ 理查德·坎蒂隆．商业性质概论［M］．余永定，徐寿冠，译．北京：商务印书馆，1997：第41页。

短期价格偏离内在价值的原因，更为重要的是，为了解释最初消费者和生产者计划的不协调最终能够调整到协调一致的问题，即经济能够从最初的不均衡走向均衡的原因，理查德·坎蒂隆提出了一个关于联系不同市场的价格信号网络的初步理论。在这个理论中，理查德·坎蒂隆指出，生产者和消费者在追求自身利益最大化的过程中，要受到价格的指引，不同商品间供求的变化会带来相对价格的变化，相对价格的变化会引发机会成本的变化（理查德·坎蒂隆并没有创造出类似于机会成本这样的概念，但他显然已经具备了有关机会成本的思想），机会成本的变化会导致资源配置的变化，这种变化一直会持续到出现均衡为止，也就是持续到消费者的计划和生产者的计划协调一致为止。

（三）货币天然是金银

黄金的货币属性是随着人类经济社会的发展而逐渐衍生出来的："从罗马建立之日起，罗马人就珍视黄金，但只是在五百年之后才把它们用做货币。其他所有民族很可能也是在把这些金属用于其他目的之后很久才把它们用做货币。"①

商品经济社会中，"在交换过程中，人们不得不寻找一种共同尺度，以衡量他们所希望交换的产品和商品的比例与价值。唯一的问题是：什么产品或商品最适合充当这种共同尺度？今天普遍用于这一目的的金、银、铜被挑选出来充当共同尺度，是出于必然还是由于人们的一时冲动？"② "只有黄金和白银具有体积小、质量相同、易于运输、

---

① 理查德·坎蒂隆．商业性质概论［M］．余永定，徐寿冠，译．北京：商务印书馆，1997：第54页。

② 理查德·坎蒂隆．商业性质概论［M］．余永定，徐寿冠，译．北京：商务印书馆，1997：第61页。

可分割、在分割时不会造成损失、易于保管、用它们制造的物品美丽而明亮、几乎可以无限期地使用等特性。”① “因此，各国都使用黄金和白银作为货币或共同的价值尺度，而在小额支付中使用铜币是毫不奇怪的。这是由效用和需要决定的，而不是由一时的冲动或共同的约定决定的。”②

黄金作为货币，必须是足值的，才能正常发挥其货币功能。理查德·坎蒂隆这样论述道：“货币或共同的价值尺度，从土地与劳动的角度看，必须在事实上和现实中同它所交换的物品相等，否则它就只有想象的价值。例如，如果君主或国家让某种没有真实价值和内在价值的东西充当该国的货币，那么，不仅其他国家将会以此为由而拒绝接受它，而且，当本国居民发现它缺乏真实价值后也会拒绝接受它。”③这一点也说明了依靠国家信用而存在的纸币的潜在风险。

理查德·坎蒂隆认为，货币和价格之间的关系并不像早期货币数量论所认为的那么简单和直接，货币变化对相对价格（他正确地区别了相对价格与价格水平）的影响，取决于新货币进入到经济的哪个地方以及首先进入谁的手里。因此，在理查德·坎蒂隆看来，新货币可以从两方面起作用：变成储蓄增加可贷资金供给，这趋向于降低利率，投资增加，总产出上升；用于消费支出，直接刺激生产，并通过预期利润机制增加对可贷资金的需求，从而将提高利率。理查德·坎蒂隆

① 理查德·坎蒂隆．商业性质概论［M］．余永定，徐寿冠，译．北京：商务印书馆，1997：第68页。

② 理查德·坎蒂隆．商业性质概论［M］．余永定，徐寿冠，译．北京：商务印书馆，1997：第74页。

③ 理查德·坎蒂隆．商业性质概论［M］．余永定，徐寿冠，译．北京：商务印书馆，1997：第85页。

这种观点的重要意义在于，这种货币资本的进入和配置过程（包括时间与空间）本身，就充分证明了货币非中性的作用，而完全不必要像当代主流货币理论那样求助于不完全信息（新古典主义）和不完全竞争（新凯恩斯主义）。而且，理查德·坎蒂隆根据货币流通速度不同，将货币流通具体分解为“城市流通”“乡间流通”两个部分，区分了银行纸币用于大额支付和小额现金用于零售支付的情况。

理查德·坎蒂隆的货币理论是他对于经济学所做出的最为出色和最为持久的贡献。理查德·坎蒂隆对于货币的分析发端于其对于农业部门收入和支出的核算。农民将地租支付给地主，再对劳动、家畜和制造品进行第二次支出，剩余（理查德·坎蒂隆称之为第三种地租）构成了农民的净收入。为了能够构建一个关于三种地租的清晰的理论框架，理查德·坎蒂隆通过估计使经济平稳运行所需的货币存量来建立他有关三种地租的相关概念。为此，理查德·坎蒂隆首创了货币理论的收入方法，就是将货币存量的变化同总支出、收入、就业和价格的变化等联系起来的因果链分析。在阐述有关货币存量的问题时，理查德·坎蒂隆还为货币流通速度提供了一个清晰的解释，他认为在货币稀缺的国家，货币流通的速度更快，因此在估计流通中的货币量时，货币的流通速度是必须要考虑的一个重要变量。

（四）黄金是“不确定性”的经济力量

社会结构变迁的动力源是什么？在君主意志至上的社会，这个问题在思想家们看来不存在，或者是一个伪问题。只有当人们的物质生产活动所创造的强大的经济力量形成并作为整体，在社会结构内部形成主要地位并势不可挡地消解一切旧的与自身不相容的社会结构要素时，整个社会结构才会实现根本的变革，而黄金则是物质生活背后的

主要力量。这个整体经济力量及其发展运动的必然性法则相对于个人具有客观性，凌驾于任何个人（包括君王）意志之上，成为人们从事任何社会活动首先面对的既定历史前提。这个前提作为客观的人的经济活动力量的产物，消解个人意志的强势任性，迫使个人意志服从这个客观必然性法则，实现人人意志平等。这个客观经济力量就是人们在物质生产活动中所创造的生产力，它成为取代君主个人意志而真正推动社会实现变革和不断前进的根本动力。

（五）经济体中货币数量的变动会对经济体产生多方面的影响

在黄金发挥其货币职能的条件下，货币数量的增减会对经济体产生多方面的影响：

第一，充裕的货币是一个国家强大的财富储备。正如理查德·坎蒂隆所阐述的："下列一点在任何时候都是正确的：当这个国家确实掌握贸易盈余，并拥有充裕的货币时，它看起来是强大的，而且只要这种货币充裕状况继续存在，它在实际上也是强大的。"①

第二，货币数量的增加会增加国民支出，并造成物价上涨。"一般而言，一国中真实货币的增加将导致消费的相应增加，而后者又将造成价格的上涨。"② 而"这一新增货币所导致的价格上涨并不会与货币数量成比例地，对所有的产品和商品发生同等的影响，除非新增加的货币补充到了货币原来所在的同一流通渠道中。"③

---

① 理查德·坎蒂隆．商业性质概论［M］．余永定，徐寿冠，译．北京：商务印书馆，1997：第91页。

② 理查德·坎蒂隆．商业性质概论［M］．余永定，徐寿冠，译．北京：商务印书馆，1997：第87页。

③ 理查德·坎蒂隆．商业性质概论［M］．余永定，徐寿冠，译．北京：商务印书馆，1997：第106页。

第三，货币数量的增加有利于对外贸易。“只要能保持货币的充裕性，其流通中的货币多于邻国的任何国家都能对邻国享有优势。”①“在所有贸易部门，它所给予外国的土地和劳动少于它所取之于外国的土地和劳动。在货币最充裕的国家，土地和劳动的价格较高，因而上述国家往往可以用一英亩土地的产品换取别国两英亩土地的产品，用仅仅一个人的劳动换取别国两个人的劳动。”②

第四，货币数量的增加有利于国家税收。“在货币充裕的地方，国家的税收比较容易征集，而且同其他国家相比数量也大得多。这就使该国在同货币稀缺的敌国发生战争或争端时，能够享有各种优势。”③

第五，货币数量增加导致的价格上涨，不利于本国制造业的发展。“货币不断增加终将因其充裕而引起这个国家的土地和劳动昂贵。从长远来看，商品和制成品的价格将如此高昂，以致外国人会逐渐停止购买，并习以为常地到其他地方购买较之便宜的商品和制成品，这会不知不觉地毁坏这个国家的劳动和制造业。”④

（六）货币名义价值的变化意味着多种含义

对以黄金作为货币的名义价值的变化，理查德·坎蒂隆做了如下的理论阐述：

---

① 理查德·坎蒂隆．商业性质概论［M］．余永定，徐寿冠，译．北京：商务印书馆，1997：第112页。

② 理查德·坎蒂隆．商业性质概论［M］．余永定，徐寿冠，译．北京：商务印书馆，1997：第153页。

③ 理查德·坎蒂隆．商业性质概论［M］．余永定，徐寿冠，译．北京：商务印书馆，1997：第134页。

④ 理查德·坎蒂隆．商业性质概论［M］．余永定，徐寿冠，译．北京：商务印书馆，1997：第178页。

第一，“货币的名义价值的变化，无论何时都是一国中某些灾难或匮乏的结果，或者是某些君主或个人的野心的结果”[①]。

第二，“一切时代的历史表明，每当国王降低其货币成色但却维持它的名义价值时，所有未加工的产品和制造品的价格都会同货币的贬值程度成比例地上涨”[②]。

第三，“只要铸币的名义价值恒久不变，名义价值多少就无甚紧要，甚至毫无关系。在铸币的名义价值增加时，一切物品的价格逐渐上涨。铸币在重量和含量方面的实际数量（流通的速度也考虑在内），则是价值的基础和调节者”[③]。

第四，“名义价值总会一点一点地回到内在价值。在市场上和对外汇兑中，价格必定回到内在价值”[④]。

（七）黄金与白银价值比由市场决定

自古就有“金银不分家”的说法，研究黄金的同时不可避免地要研究白银，黄金与白银的价值比例就是最主要的研究内容。对此，理查德·坎蒂隆做了这样的阐述：“要判断黄金和白银之间的比例，只有市场价格才是决定性的。需要把一种金属换成另一种金属的那些人的数目和愿意进行这种交换的那些人的数目决定了比例”[⑤]，“金银币所

① 理查德·坎蒂隆．商业性质概论［M］．余永定，徐寿冠，译．北京：商务印书馆，1997：第189页。

② 理查德·坎蒂隆．商业性质概论［M］．余永定，徐寿冠，译．北京：商务印书馆，1997：第167页。

③ 理查德·坎蒂隆．商业性质概论［M］．余永定，徐寿冠，译．北京：商务印书馆，1997：第190页。

④ 理查德·坎蒂隆．商业性质概论［M］．余永定，徐寿冠，译．北京：商务印书馆，1997：第182页。

⑤ 理查德·坎蒂隆．商业性质概论［M］．余永定，徐寿冠，译．北京：商务印书馆，1997：第197页。

含价值的比例也是以金银的市场价格为基础的。如果金银的市场价格变化很大，铸币的市场价格就必须进行调整，以便跟上金银的市场价格。”①

此外，坎蒂隆还得出结论：“一般说来，白银的价值更有永久性，而黄金的价值容易发生变化。”② 从理查德·坎蒂隆的《商业性质概论》写成至今，近300年的历史证明，这一结论符合黄金市场实际的变化。

三、理查德·坎蒂隆黄金理论的现实意义

理查德·坎蒂隆所处的时代，没有像今天一样发达的黄金市场，也没有各式各样的黄金衍生品，正是如此，理查德·坎蒂隆对黄金问题的研究才更能够围绕着黄金最原始的层面，也是最核心的问题。在今天的时代，虽然对黄金问题的各种研究理论层出不穷，让人们眼花缭乱，然而“拨开云雾见青天”，除去黄金被人类披上的纷繁炫丽的外衣，借由理查德·坎蒂隆的研究，我们才更清晰地看到黄金最本质的内涵——“黄金是真正的、恒久的财富”。

随着国际货币金融体系的建立、演化与发展，黄金、货币与金融安全在不同的国际货币金融体系中客观上形成了不同的组合关系，表现出不同的金融风险形式。面对牙买加国际货币金融体系运行三十余年，国际经济、市场和金融全球一体化，特别是中国加入WTO后，金

---

① 理查德·坎蒂隆．商业性质概论［M］．余永定，徐寿冠，译．北京：商务印书馆，1997：第165页。

② 理查德·坎蒂隆．商业性质概论［M］．余永定，徐寿冠，译．北京：商务印书馆，1997：第154页。

融货币体系及黄金体系面临和国际接轨的全面改革新形势，以国际货币金融体系的演化为主线，以不同金融体系中黄金、货币与金融安全之间的关系为对象，以黄金为核心，通过国际比较，历史地、客观地分析并判断国际货币金融体系的发展趋势，明晰黄金、货币与金融安全的客观关系，构建国际化的中国黄金体系，这对当前中国的金融及黄金体系改革与发展、金融风险研究与控制无疑是非常重要的。

当今黄金是对抗通货膨胀及世界政治经济动荡形势的重要的避险工具，也是与股票、债券等平行的金融投资工具。近年来，国际政治经济的复杂形势及黄金属性的发挥，在全球和地区的重要性不断攀升，黄金价格屡创新高，黄金成为投资者关注的焦点。黄金市场投资需求的快速增加，使黄金成为资产管理业务中的重要组成部分。目前，黄金作为投资工具在我国还处于起步阶段，展望未来，黄金属性的发挥将对我国未来黄金市场产生重要影响。黄金是兼具商品属性和货币属性的特殊物品，它具有保值和投资的功能，又是国际储备资产和重要的工业原料。在历史不同的时期，这两种属性表现形式和相对地位有所变化，但是黄金的双重属性一直是相伴相随并同时发挥作用的，只是在不同历史发展阶段两种属性的凸显程度不一样而已。黄金作为一种重要的金融资产，它存在的历史比其他金融资产都更为悠久，它在世界经济中的重要作用从未改变。因此，理查德·坎蒂隆的黄金理论对于我们研究当前黄金市场问题具有重要的现实理论意义。

四、理查德·坎蒂隆黄金理论的局限性

当今黄金是一种特殊的商品，由于其特殊的物理化学性质、耀眼的光泽，加之全球存量稀少，成为人类历史上最宝贵的金属消费品。

黄金集商品属性、货币属性、金融属性、文化属性、政治属性于一身。黄金具有高度国际化、政治化、金融化的特点，不仅是全世界接受的支付手段，也是全球最重要的商品和金融投资工具。近年来，随着黄金价格的屡创新高，不管是作为金融投资工具还是消费品，黄金都已经成为投资者和媒体关注的焦点，相关的金融衍生品和商品首饰的成交量都以逐年递增的态势发展。同时，由于黄金的政治属性，加之全球区域政治动荡，每次重大政治事件背后都有黄金的身影。黄金已成为影响当今国际政治、经济和文化最重要的因素之一。在多重属性影响黄金市场走势的今天，理查德·坎蒂隆的黄金理论对于研究黄金问题未免太单一，因此我们要放眼全球，纵观古今中外，全面分析黄金问题及黄金市场未来走势。

参考文献

[1] 理查德·坎蒂隆. 商业性质概论 [M]. 余永定，徐寿冠，译. 北京：商务印书馆，1997.

[2] 王仲君. 理查德·坎蒂隆的市场经济思想 [J]. 铁道师院学报，1999（4）.

[3] 何予平. 早期企业家理论的沿革与发展 [J]. 山西财经大学学报，2006（4）.

[4] 傅亚辰，杨会曼. 经典货币学说概论 [M]. 北京：商务印书馆，2007.

第二章　亚当·斯密论黄金

一、亚当·斯密简介

亚当·斯密（Adam Smith，1723—1790）是西方经济学的主要创立者。1723 年，亚当·斯密出生在苏格兰法夫郡的寇克卡迪，著有《国富论》《道德情操论》等。其中《国富论》一书是其最具影响力的著作，这本书对于经济学的创立有极大贡献，使经济学成为一门独立的学科。《国富论》一书是第一本试图阐述欧洲产业增长和商业发展历史的著作，使亚当·斯密成为古典经济学的先驱，它也提供了资本主义和自由贸易最为重要的论述基础之一，极大地影响了后代的经济学家。

二、亚当·斯密眼中的黄金

在《国富论》一书中，亚当·斯密所表达的对人类社会运作机制的全新理解，几乎从根本上改变了我们对人类社会的认识。《国富论》的出现，可以说恰逢其时，它既是亚当·斯密智慧的结晶，也是人类社会的宝贵遗产。在《国富论》中，亚当·斯密也论及了黄金。

（一）货币起源于交换

分工确立之后，劳动者会专心从事自己的生产工作，但是他所生产的种类必定比较单一，并不能完全满足他的生活需求，而需要靠与其他人交换来满足生活的全部需要。但是这种交换有时是很难实现的。

"如果一个人拥有的某种商品比自己需要的多些，而另一个人少些，那么，前者愿意卖掉这个多余的部分，而后者则愿意购买这个多余的部分。但是，如果这个后者碰巧没有前者需要的任何东西，他们之间的交易就无法进行。"① 亚当·斯密在《国富论》中举了一个这样的例子，比如说屠夫在他的店铺中有比自己所能消费的更多的肉，酿酒师和面包师每人愿意买一部分肉，但是他们没有东西可以用来交换，而屠夫又已经有了暂时需要的全部啤酒和面包。那么在这种情况下，他们之间的交换就无法进行，屠夫不能成为他们的商人，他们也不能成为屠夫的顾客。为了解决这一问题，人们身边会随时带有一定数量的某一种物品，这种物品会被所有人认可，可以同所有物品相交换以换取自己所需物品。有许多不同的商品被先后用于这个目的。"在社会的野蛮时代，据说牲畜曾被用来作为普遍的交换媒介。荷马说，戴奥米底的铠甲只值九头牛，而格劳克斯的铠甲却值一百头牛。在阿比西尼亚，据说盐是商业和交易的普遍媒介；在印度海岸的某些地区则用一种贝壳；纽芬兰用干鳕鱼；弗吉尼亚用烟草；英国的某些西印度殖民地用糖；某些其他国家用兽皮或皮革。"② "然而在所有的国家，由于不可抗拒的理由，人们似乎最后决定选用金属来完成这种职能。金属不仅能像任何其他商品一样保存起来不受丝毫损失，没有任何东西比它更不容易损坏，而且还可以没有任何损失地分割成许许多多的小块，又可以很容易地把这些小块再熔合起来。"③ 假如一个人想要买盐，但是他手头上只有牲畜可以用来交换，那么他必须要买和一整头牲畜价

---

① 亚当·斯密．国富论［M］．唐日松，等，译．北京：华夏出版社，2005：第19页。
② 亚当·斯密．国富论［M］．唐日松，等，译．北京：华夏出版社，2005：第19页。
③ 亚当·斯密．国富论［M］．唐日松，等，译．北京：华夏出版社，2005：第20页。

值相等的盐才可以，这给当时的人们带来了很大的不便。相反，假如用来交换的不是牲畜而是金银，他便可以很容易地按当时需要的商品的精确数量按比例地支付金属的数量。“但是不同国家选取了不同的金属。在古代斯巴达人之间，铁是普通的交换媒介，古罗马人之间用铜，所有富裕的商业国家使用金和银。”① 公元前635年，世界上第一枚黄金铸币诞生于小亚细亚，黄金作为货币的序幕从此拉开。黄金因其体积小、价值大、易于分割、携带方便等特点，成为最适合充当交换的等价物。

（二）货币的使用越来越便捷

用于等价物交换目的的金属最初都是粗条，没有任何印记或币型。用这种粗条金属来进行交换，带来两种很大的不便：第一是称量的困难；第二是化验的困难。在贵金属中，数量上的微小差异会造成价值上的重大差异，而要进行十分准确的衡量，至少需要有非常精确的砝码和天平，尤其是黄金的衡量，是一项颇为精密的操作。化验的过程则更加困难，有时人们出售货物换回来的纯银或纯铜是掺了假的粗糙物质，但表面上看去和纯金属没有什么区别。为了杜绝这种情况，很多国家都发现有必要在用来购买货物的金属上加盖一个官印来确保那些投入市场的不同商品的数量和统一质量。“最初在这种流通金属上加盖的官印大多是用来确保金属的质量或纯度的。这种保证是最困难而又最重要的。”② 官印用来确保金属的纯度，而不涉及重量。据说白银是当时商人通用的货币，用重量而不是按个数来计算。

① 亚当·斯密．国富论［M］．唐日松，等，译．北京：华夏出版社，2005：第20页。

② 亚当·斯密．国富论［M］．唐日松，等，译．北京：华夏出版社，2005：第21页。

准确地衡量这些金属的不方便性和困难性使铸币制度得以产生，这不仅用来确保金属的纯度，也用来确保它的重量，这样便省去了称重的麻烦。

那些铸币的名称，最初似乎是表示它们所含金属的重量和数量。亚当·斯密认为："世界上的每一个国家，由于君主和国家的贪婪与不公，他们背弃自己群臣的信任，逐渐减少了他们铸币中原来含有的金属的数量。"[①] 显然，用这种手段他们就能用比原来要少的白银偿还他们的债务和履行他们的契约，但这会损伤债权人的利益而使债务人获利。"之后又通过一系列变革，最终在所有文明国家中确立了普遍的商业媒介——货币，所有各类货物通过它来进行买卖，或彼此进行交换。"[②]

价值，有时表示使用价值，有时表示交换价值。"具有最大使用价值的东西常常很少有或者根本没有交换价值；反之，具有最大交换价值的东西常常很少有或者根本没有使用价值。没有什么东西比水更有用，但不能用它购买东西，也不会拿任何东西和它交换；反之，钻石没有什么用途，但常常能用它购到大量的其他物品。"[③]

"劳动，一切商品交换价值的真实尺度。一种商品的实际价值，是它能为自己节省的而又能转嫁到他人身上的辛苦与烦恼。用货币买到的东西实际上都是用劳动来购买的。"[④] 劳动是为购买一切东西付出的初始价格，是原始的购买货币。所以亚当·斯密认为："最初用来购买

① 亚当·斯密．国富论［M］．唐日松，等，译．北京：华夏出版社，2005：第22页。
② 亚当·斯密．国富论［M］．唐日松，等，译．北京：华夏出版社，2005：第22页。
③ 亚当·斯密．国富论［M］．唐日松，等，译．北京：华夏出版社，2005：第23页。
④ 亚当·斯密．国富论［M］．唐日松，等，译．北京：华夏出版社，2005：第24页。

世界全部财富的不是金或银，而是劳动。”[①] 虽然劳动是一切商品交换价值的真实尺度，但是商品的价值却通常不是用劳动来衡量的。为什么呢？很简单地说，劳动者工作时的艰难程度不同，而且工作中所用的技巧程度不同。“所以在市场上进行商品交换时，不是用任何精确的尺度来调整的，而是通过市场上的争执和讨价还价来进行的，即根据能满足日常生活的那种商业行为的大致而非精确的计算来平衡的。”[②] 另外，每种商品更频繁地同其他商品而不是同劳动相交换，从而和其他商品而不是劳动相比较。这是因为劳动是一种抽象的东西，商品则是一种看得见、摸得着的东西。

“当物物交换停止时，货币成了商业的通用工具，每件具体的商品更频繁地同货币而不是同任何其他商品进行交换。”[③] 延续最开始的那个例子，这时屠夫就很少带着肉到面包师或酿酒师那里去了，而是他把肉带到市场去卖，然后换回一些货币，再用货币交换面包或啤酒满足自己的需要。因此，人们更习惯用货币的数量而不是劳动的数量来衡量物品的交换价值。

（三）货币代表着一定的购买力

亚当·斯密在《国富论》中重点解释了他的货币理论，货币理论又可以分为货币的购买力思想和货币金融思想。亚当·斯密认为，国民真实财富的大小取决于纯收入的大小而不是总收入的大小。固定资本中的机器和工具都不是社会纯收入或是总收入的一部分，它只是资本的一部分。机器和工具的维护费也不是社会纯收入的一部分。货币

① 亚当·斯密．国富论［M］．唐日松，等，译．北京：华夏出版社，2005：第24页。
② 亚当·斯密．国富论［M］．唐日松，等，译．北京：华夏出版社，2005：第25页。
③ 亚当·斯密．国富论［M］．唐日松，等，译．北京：华夏出版社，2005：第25页。

也是如此，构成社会收入的只是生产出来的产品，而不是作为交换媒介的货币。货币不是社会收入的一部分，货币只是货物借以流通的轮毂，而和它所流通的货物大不相同。亚当·斯密的货币的购买力思想认为货币是指两种价值：一是指货币内所含有的金量；二是指货币所能购买到的商品的价值。但是货币所代表的财富决不能同时等于这两种价值，只能是二者之一。他认为货币所代表的不是货币或货币中所含的金量本身，而是代表着一定的购买力。人们获得货币不是最终的目的，而只是手段，货币只是一个可供交换使用的媒介工具，而真正的目的是货币所代表的购买力，即货币能够换回多少生活必需品、便利品和娱乐商品等。正如亚当·斯密所说："如果这一个几尼竟然不能换得什么物品，那么它的价值就像破产者所开出的票据，同样没有价值。"抛开货币所代表的购买力，货币什么都不是。货币的基本职能有流通手段、价值尺度、储藏功能、支付功能和世界货币。流通手段是货币的首要职能，也是亚当·斯密特别强调的职能。流通手段是指货币充当商品交换媒介的职能，人们用货币换取自己所需要的物品。随着这种交换的频繁发生，商品的价值便开始用货币来衡量，这时便出现了货币的价值尺度。货币的其他职能在《国富论》中也曾被亚当·斯密提及，但并不是他重点所要阐述的。

（四）货币具有溢出效用

亚当·斯密在《国富论》第二篇第二章中详细阐述了他的货币金融思想，他认为维持货币费用的减少，必然会增加社会的真实收入，节省的费用会增加产业的基金，从而增加投入的资本，增加社会的生产物即社会的纯收入。所以用纸币来替代金银币是有好处的，它不仅可以降低维持货币的费用，还能替代金银币在市场上起到流通作用。

有了纸币，流通界无异使用了一个新的工具，它的建立费和维持费比金银币显得轻微得多。然而国内的流通渠道只能容纳刚够流通国内全部年产物的货币量，纸币的发行必然会充满流通界，将金银币挤出。这样便会产生一个溢出效应，多余的金银币便会溢出，人们会把溢出的多余金银币输往国外。但这巨量金银送往外国不是无所为的，不是送给外国做礼物的。它的外流，定然会换进一些外国商品，供本国人消费，或转卖给别国人民消费。亚当·斯密认为人们用来购买所需商品之中就包括用于增加生产物的原材料和工具等，这样便可以增加国内的生产投资，进而增加一国的年产物，增加其社会纯收入，这也在某种程度上反映出亚当·斯密关于增加货币供应量可以促进经济发展的货币金融思想。银行在一定程度和范围内增加的货币供应量会起到扩大生产、投资和消费的目的，从而扩大国内的生产物，增加社会的纯收入，使得商业发展的速度加快。亚当·斯密认为银行发行的纸币代替金银币的流量不能超过其所代表的价值，如果发行过多，多发行的纸币一定又会流回银行去兑换金银币，必然会引起挤兑的麻烦，增加银行经营风险。但亚当·斯密只是强调货币的溢出效用，并没有意识到多发行的货币会引起物价上涨。

（五）金银支付手段在变革

金银与每一种商品一样，价值是变动的，有时低廉，有时昂贵，有时易于购买，有时则难以买到。“任何特定数量的金银所能购买的其他商品数量常常依赖于这种交换进行时人们已经知道的金银矿藏的丰富或稀有程度。”[①] “16 世纪，美洲发现了丰富的矿藏，使欧洲的金银

① 亚当·斯密．国富论［M］．唐日松，等，译．北京：华夏出版社，2005：第26页。

价值比原来的价值下降了大约三分之一。”① 原因可以解释为，在此期间欧洲大部分地区在产业和改良方面向前发展，因而对白银的需求必然不断增加。但白银的供给增加似乎超过白银需求的增加，使得白银价值大幅下降。像这种自身价值不断变化的商品绝不能成为其他商品价值的精确尺度，只有本身价值绝对不变的劳动才是最终而真实的标准。所以，劳动是商品的真实价格，货币是商品的名义价格。劳动也和其他一般商品一样，有名义价格和实际价格之分。劳动的实际价格是存在于为得到劳动而给予的生活必需品和便利品的数量之中，而劳动的名义价格则是由货币的数量构成的。商品和劳动都有名义价格和实际价格之分，相同的实际价格总是具有相同的价值，但是由于金银价值的变化，相同的名义价格有时具有非常不同的价值。

“君主和主权国家常常想象逐步减少他们铸币中所包含的纯金属的数量可以得到暂时的利益，但是他们从来没有想到要增加这种数量。因此，我相信在所有国家，铸币包含的金属的数量几乎都在不断地递减，而没有任何增加。”②

“美洲矿山的发现，降低了欧洲金银的价值。据一般人推测，金银价值还会逐步下降。对于欧洲财富的增加，通行的观念认为，当贵金属的数量随着财富的增加而自然增加时，其价值也随着其数量的增加而下降，可能使得许多人相信，在欧洲市场金银的价值仍在继续下降，而许多土地天然产物的价格仍逐步上升，更使得他们相信这种观念。”③ 所以在这种观念下，“即使地租不规定为铸币若干镑，而规定为纯银或

① 亚当·斯密．国富论［M］．唐日松，等，译．北京：华夏出版社，2005：第26页。
② 亚当·斯密．国富论［M］．唐日松，等，译．北京：华夏出版社，2005：第27页。
③ 亚当·斯密．国富论［M］．唐日松，等，译．北京：华夏出版社，2005：第165页。

某种成色的白银若干盎司，这种变动多半会降低而不是增加货币地租的价值。”① 当白银价值跌落至和同一面额的铸币所包含的白银数量的减少量相一致时，损失常常更大。所以用谷物规定的地租比用货币规定的地租更能保持地租的价值。值得注意的是，虽然从长期来看，谷物地租实际价值的变化比货币地租实际价值的变化要小得多，但是从具体的年份来看，却要大得多。白银刚好相反，它的价值虽然有时从长期看变动很大，在具体的年份却变动不大，常常保持不变，或者几乎不变。所以大家都承认，我们不能用购买商品的白银数量来衡量不同商品从一个世纪到另一个世纪的真实价值，也不能用谷物的数量来衡量不同商品从一年到另一年的真实价值。然而我们可以用劳动的数量十分准确地衡量不同商品从一个世纪到另一个世纪和从一年到另一年的真实价值。“从一个世纪到另一个世纪来看，谷物是比白银更好的衡量尺度，因为等量的谷物比等量的白银更能支配等量的劳动。反之，从一年到另一年来看，白银是比谷物更好的衡量尺度，因为等量的白银更能支配等量的劳动。”②

“随着产业的进步，商业国家发现将几种不同的金属铸成货币非常方便，大额交易使用黄金，中等价值的交易使用白银，小额交易使用铜或其他粗金属。”③ 无疑这种情况会造成币种太多，但也无须担心流通不畅，他们会选定一种作为主要的价值尺度，这也是商业中最初使用的金属，被称为本位金属。“据说罗马人在第一次布匿战争前的五年中才开始铸造银币，之前一直使用铜币。在罗马所有账簿的记录中，

---

① 亚当·斯密．国富论［M］．唐日松，等，译．北京：华夏出版社，2005：第27页。
② 亚当·斯密．国富论［M］．唐日松，等，译．北京：华夏出版社，2005：第29页。
③ 亚当·斯密．国富论［M］．唐日松，等，译．北京：华夏出版社，2005：第30页。

都是用阿斯或塞斯特蒂表示。阿斯是一种铜币的名称。塞斯特蒂阿斯一词表示两个半阿斯。在罗马帝国废墟上建立起来的北方各国最初都使用银币，在以后的几代人中既不知道有金币，也不知道有铜币。在撒克逊时期的英格兰有银币，但在大不列颠，爱德华三世以前几乎没有金币，詹姆士一世以前没有任何铜币。”① 最初在所有国家，亚当·斯密相信只有被特殊地看作是价值标准或尺度的那种金属铸成的货币才是可以用于支付的法定货币。“在英格兰，黄金在铸币后很久还不曾取得法定货币的资格。金币和银币价值的比例，不由法律或公告规定，而完全取决于市场。所以债务人如果以金偿还债务，债权人可以拒绝，否则，就须按照双方同意的金价计算。”② 所以本位金与非本位金有着很大的不同。币种种数之多，其中作为价值尺度的特定铸币与其他币种的价值比例也日渐为人们所熟悉。1 几尼换多少先令，1 先令换多少便士，在法律上都有明确规定，人们可以根据实际数额大小来选择合适的支付方式。从这点考虑，本位金与非本位金似乎只是名义上的不同罢了。但是当法定比例变动的时候，本位金与非本位金的不同又开始显现了。假如商业行为习惯用银币来表示，这时似乎是以银衡量金的价值，而不是以金衡量银的价值。金的价值就取决于金所能交换的银量，银的价值却不取决于所能交换的金量。若习惯用金币来表示，也会面临相同处境。法定比例的变动带来了紊乱。“实际上，在不同铸币金属各自价值之间的任何一种法定比例继续有效期间，所有铸币的价值是由最昂贵的那种金属的价值来规定的。”③

---

① 亚当·斯密．国富论［M］．唐日松，等，译．北京：华夏出版社，2005：第 31 页。
② 亚当·斯密．国富论［M］．唐日松，等，译．北京：华夏出版社，2005：第 31 页。
③ 亚当·斯密．国富论［M］．唐日松，等，译．北京：华夏出版社，2005：第 32 页。

在大不列颠的金币改革前，金币比起大部分的银币，一般都很少跌落到它们的标准重量以下。可是，在市场上，二十一先令的磨损的银币仍然被认为值一个完好金币相当于一几尼的价值。所以这次金币改革显然提高了可以和金币兑换的银币的价值。这次改革以前，市场上标准的金块的价格许多年来都是每盎司三镑十八先令以上，有时为三镑十九先令，常常是四镑，在磨损剥蚀的四镑金币里，或许很少包含一盎司以上的标准金。自从金币改革以来，标准金块的市场价格很少超过每盎司三镑十七先令七便士。改革前，市场价格总是或多或少在造币厂价格之上。改革后，市场价格总是在造币厂价格以下。但不论用金币还是银币支付，这一市场价格总是一样的。"因此，最近的金币改革，不仅提高了金币的价值，同样也提高了银币与金块相比的价值，或许还提高了银币与所有其他商品相比的价值。"① 在英格兰的造币厂中，一磅重的标准银块可以铸成六十二先令，同样包含一磅重的标准银。所以五先令十二便士一盎司便被说成是英格兰的白银造币厂价格。"在金币改革以前，标准银块的市场价格在不同场合不同，但多数情况下是五先令八便士。自从金币改革以来，标准银块的市场价格偶尔跌落至每盎司五先令三便士、五先令四便士、五先令五便士。虽然自从金币改革以来银块的市场价格大大跌落，但还没有跌得像造币厂的价格那么低。"② "就英格兰货币中不同金属之间的比例来说，由于铜的估价远远高于其真实价值，所以银的估价略低于其真实价值。但是，在英格兰，正如铜块的价格没有因英格兰铸币中铜的价格高而

① 亚当·斯密．国富论［M］．唐日松，等，译．北京：华夏出版社，2005：第33页。
② 亚当·斯密．国富论［M］．唐日松，等，译．北京：华夏出版社，2005：第33页。

提高一样，银块的价格也没有因英格兰铸币中银的比价低而下降。银块仍保持着它同黄金的适当比例。基于同一原因，铜块也仍然保持着它同白银的适当比例。”①

虽然在英格兰铸造货币是免费的，但在将金块送到造币厂以后，要等几星期金币才能回到所有者手中。“在现今造币厂工作繁忙的情况下，甚至要等待几个月，所以这种时间上的拖延就相当于征收了小额税，使金币的价格略高于相同数量金块的价值。”② 对于铸造金银币征收小额的铸币税，或许使铸币中的金银的价值比同等数量的条块中的金银价值更高。这时，铸币会按照税额的大小增加所铸金属的价值。“铸币的价值高于条块的价值时，人们就不会将铸币熔化或出口。在国外它只能按它的条块重量出售，但在国内它却能比条块重量购买更多的东西，所以将它带回本国是有利可图的。”③

“金银条块的市场价格也不是永远不变的，而是偶然会发生波动，其原因也和所有其他商品的市场价格波动一样。”④ 由于海陆运输的各种事故使这些金属经常受损，由于在镀金和包金、镶边和装饰中不断耗费这些金属，由于铸币的磨损和器皿的磨损，因此所有自己不拥有矿藏的国家，都需要不断地进口金银，以弥补这些损失和消耗。我们可以相信，进口商们像所有其他商人一样，都在尽力使自己的不定期进口符合他们所判断的当时的需求。可是，尽管他们十分注意，仍然有时进口过多，有时进口过少。当他们进口的条块比需要的多时，他

---

① 亚当·斯密．国富论［M］．唐日松，等，译．北京：华夏出版社，2005：第33页。
② 亚当·斯密．国富论［M］．唐日松，等，译．北京：华夏出版社，2005：第34页。
③ 亚当·斯密．国富论［M］．唐日松，等，译．北京：华夏出版社，2005：第35页。
④ 亚当·斯密．国富论［M］．唐日松，等，译．北京：华夏出版社，2005：第35页。

们有时宁愿按低于普通价格或平均价格的条件出售一部分，而不愿意冒将其再出口的风险和麻烦。反之，当他们进口比需要少时，他们就能得到比这个价格更高的利润。但是，尽管有这种偶然的波动，金块或银块的市场价格却在几年之中连续保持稳定和持久的状态，略低于或是略高于造币厂价格。

（六）黄金价值和白银价值比例在变动

黄金和白银的价格，当偶然发现更富饶的矿山没有使它降低时，由于它随着每个国家财富的增长而自然上涨，所以无论矿山的状态如何，任何时候在富国自然比在穷国更高。黄金和白银，像所有其他商品一样，自然会去寻找为它们出价最高的市场。在富国比在穷国、在生活资料丰富的国家比在仅能勉强提供生活资料的国家，黄金和白银自然会交换更多的生活资料。如果两国相距很远，这种差别也许极大，因为尽管贵金属自然会从较差市场快速流入较好市场，但也许很难大量运输使得两国接近相同水平。如果两国相距很近，这种差别会较小，有时都察觉不到，因为在这种情况下运输容易。"黄金和白银在最富裕的国家自然具有最大价值，在最贫穷的国家自然具有最小价值，在最贫穷的野蛮民族中，它们基本没有价值。"①

在发现美洲的矿产之前，纯金对纯银的价值由欧洲不同的造币厂规定，比例为1:10至1:12，也就是一盎司纯金值十盎司至十二盎司纯银。后来，这个比例规定为1:14至1:15，也就是一盎司纯金值十四盎司或十五盎司纯银。黄金的名义价值提高，即它们所购买的劳动数量减少了，而白银比黄金下降更多。虽然美洲的金矿和银矿均比此前已

① 亚当·斯密．国富论［M］．唐日松，等，译．北京：华夏出版社，2005：第147页。

知的所有矿山都更富饶，但银矿比金矿的富饶程度相对更大。

每年从欧洲运往印度的大量白银，已在某些英属殖民地逐渐降低白银相对于黄金的价值。白银在东方具有较高的价值。在中国，黄金对白银的比例为1:10或1:12，在日本这种比例为1:8。

亚当·斯密通过廉价商品和昂贵商品来比较说明白银和黄金的价值。一般认为，廉价商品的全部比昂贵商品的全部所值更多，因为送入市场的所有廉价商品不仅数量多，而且价值更大。例如，每年送入市场的所有面包，与每年送入市场的所有鲜肉相比，不仅数量更多，而且价值更大。当我们比较黄金和白银时，黄金就相当于昂贵商品，白银就相当于廉价商品，那结论应该是白银比黄金在市场上占有更多数量和更高价值。在许多国家的铸币中，银币多于金币。“比如在法国，最大的金额一般都用银币来支付，很难找到比在口袋中携带所必需的更多的金币。但某些国家的铸币中，两种金属的价值几乎相等。在苏格兰的铸币中，在与英格兰合并前，根据造币厂的记载，金币略多于银币，尽管相差不多。”①

“一种商品可以说成是昂贵，也可以说成是低廉，不仅根据其通常价格的高低，而且是根据通常价格超过最低价格的多少。”② 这里的最低价格是指能在长期内将这种商品送到市场的价格。这个最低价格仅能补偿将商品送入市场所必须运用的资本及其适当利润。“在西班牙市场的当前情况看，黄金肯定比白银更略微接近这种价格。这是因为，西班牙国王对黄金的课税仅为标准金的百分之五，而对白银的课税为

① 亚当·斯密. 国富论［M］. 唐日松，等，译. 北京：华夏出版社，2005：第162页。
② 亚当·斯密. 国富论［M］. 唐日松，等，译. 北京：华夏出版社，2005：第162页。

百分之十。”[①] 所以金矿开采者少有发大财的，他们的利润必然比银矿开采者的利润更适中。在西班牙，黄金的价格与白银的价格相比，由于提供的地租和利润都更少，一定更略微接近可能将其送入市场的最低价格。经过研究，白银的开采费用会增加，这会使白银逐渐短缺，并且必然导致银价上涨或者银税降低，或二者均发生。

（七）严厉批判了重商主义

不同时代不同国民的富裕程度不同，曾产生过两种不同的关于富国裕民的政治经济学体系：一是重商主义；二是重农主义。重商主义曾在欧洲盛行一时，重商主义者把金银看作一国财富的代表，这一点亚当·斯密进行了严厉的批判。亚当·斯密提出，金银可以分成三个部分：流通中的货币，私人家庭的器皿，存放在国库中的货币。流通中的货币很少能节省下什么东西，因为在流通中不产生价值。熔化私人家庭的器皿，提供的金银微不足道，还不足以弥补铸造的损失。而在国库积累金银，现在已经不成为国家为增加财富所采取的政策了。

我们称有大量货币的人为富人，称只有极少货币的人为穷人。俭朴的或急于致富的人被称为喜爱货币的人，粗心的、慷慨的或浪费的人被称为漠视货币的人。“致富就是等到货币。”[②] 与富人一样，富国被认为拥有大量货币。在任何国家，积累金银都被认为是致富的捷径。“在发现美洲后的一段时期，西班牙人抵达任何陌生海岸后所提的第一个问题，就是附近是否发现金银。”[③] 这就是重商主义。

重商主义是18世纪在欧洲盛行的一种政治经济体制，它建立在这

---

① 亚当·斯密．国富论［M］．唐日松，等，译．北京：华夏出版社，2005：第163页。
② 亚当·斯密．国富论［M］．唐日松，等，译．北京：华夏出版社，2005：第310页。
③ 亚当·斯密．国富论［M］．唐日松，等，译．北京：华夏出版社，2005：第311页。

样的信念上：一国的国力基于通过贸易顺差也就是出口额大于进口额所获得的财富。重商主义者认为一国积累的金银越多，就越富强；认为贵金属是衡量财富的唯一标准，一切经济活动的目的就为了获取金银。在重商主义者看来，从外国进口产品，就意味着财富的减少，因为要付给出口国金银；而向外国出口则会使财富增长，因为外国要向本国支付金银。重商主义的核心思想就是国家主义、货币主义和自利主义。

洛克先生说金银是一国动产中最稳固、最真实的部分。他认为，所有其他动产从本质上都是非常容易消耗的，由这些动产构成的财富不大可靠。相反，货币则是可靠的朋友。因此他认为，增加这些金属，应是一国政治经济学的重要目标。另外还有一些人认为，对于那些与外国有联系，以及被迫对外作战、在遥远国家维持海陆军的国家，只有向外国运送货币来支付给养，否则无法在遥远国度维持海陆军，并且除非该国在国内有大量货币，否则无法向国外运送太多货币。因此这些国家都必须竭力在和平时期积累金银，以便一旦需要时有财力进行对外战争。“由于这些通行的观点，尽管漫无目的，但欧洲各国都研究在本国积累金银的一切可能办法。西班牙和葡萄牙拥有向欧洲供应这些金属的主要矿山，两国以最严厉的刑罚禁止出口金银，或对金银的出口课以重税。甚至在某些古代苏格兰议会的法案中发现，曾以重刑禁止将金银运往国外。”① 当这些国家成为商业国时，这些禁令会使商人们觉得非常不方便。他们用金银购买所需外国货物进口到本国或运往他国，比用任何其他商品购买更加有利。而且金银价值大、体积

① 亚当·斯密．国富论［M］．唐日松，等，译．北京：华夏出版社，2005：第311页。

小，很容易就能走私到国外，所以这种禁令根本不能阻止金银的出口。当一国出口价值大于进口价值时，外国就欠该国一个差额，外国必然以金银偿还该国，从而增加该国这些金属的数量。当一国进口价值大于出口价值时，该国就欠外国一个差额，该国必然以金银偿还外国，从而减少该国这些金属的数量。在这种情况下禁止出口金银并不起作用，只不过使其更危险、费用更高而已，因而汇率就更不利于有贸易逆差的国家。

产生于15～16世纪的早期重商主义在对外贸易上强调少买，严禁货币输出到国外。盛行于17世纪的晚期重商主义强调多卖，主张货币输出到国外，只要购买外国商品的货币总额小于出售本国商品所得总额，就可以获得更多的货币。重商主义这个名称最初是亚当·斯密提出的，他在《国富论》中驳斥了黄金作为唯一财富这一观点，试图恢复其作为金属的本来面目。他认为：金银像其他所有商品一样，是用一定价格购买来的，由于金银是所有其他商品的价格，所以所有其他商品也是金银的价格。商品遵循有效需求理论，那么金银也不例外。“在任何国家，人类劳动所能购买或生产的每种商品的数量，自然会按照有效需求，即按照愿意为了支付生产和出售这种商品所必须支付的全部地租、劳动和利润的那些人的要素来自行调节。同时金银比任何其他商品更加容易或更加准确地以有效需求来调节自己，因为金银的体积小而价值大，比其他任何商品都更容易从一地运往另一地，从其售价低的地方运往售价高的地方，从超出有效需求的地方运往不能满足有效需求的地方。”[①] 所以，如果金银的价格低于邻国，各个国家一

① 亚当·斯密．国富论［M］．唐日松，等，译．北京：华夏出版社，2005：第314页。

切严峻法律均不能使自己的金银留在国内。我们不能愚蠢到不顾自己的实际需求而一味地囤积金银，过多的闲置资金就是死的资本，它最不能产生利润，不可能为我们带来财富。

当进口到一国的金银数量超出有效需求时，政府的任何警戒措施都无法阻止其出口。西班牙和葡萄牙的所有严峻法律都不能将其金银留在国内。不断从秘鲁和巴西进口的金银超出了西班牙和葡萄牙这两国的有效需求，并使两国的金银价格低于邻国。相反，如果一国的金银数量不能满足有效需求，从而使其价格高于邻国，那么不必劳烦政府去进口金银。如果政府甚至费心去禁止进口金银，那也是无效的。

“金银很容易从金银充足的地方运到金银短缺的地方，而大多数其他商品由于体积的缘故，不便从存货过多的地方转运到存货不足的地方，部分是由于这个原因，金银的价格不像其他大多数商品那样经常波动。当然，金银的价格并非完全不变，但这种变动一般是缓慢、渐进、统一的。”①

亚当·斯密认为：“从任何方面来说，任何一国政府对于保持或增加国内货币量的关注都是最不必要的。”② 因为如果一个有财力购买金银的国家在任何时候短缺金银，供应的方法比供应任何其他短缺商品的方法都多。如果制造业的原料短缺，产业就必须停下来；如果粮食短缺，人民必然挨饿；但是如果货币短缺，易货贸易可以代替它，尽管这非常不方便。

“对于货币稀缺性的抱怨最常见”③，货币对于想要得到它却又无

---

① 亚当·斯密. 国富论［M］. 唐日松，等，译. 北京：华夏出版社，2005：第314页。
② 亚当·斯密. 国富论［M］. 唐日松，等，译. 北京：华夏出版社，2005：第315页。
③ 亚当·斯密. 国富论［M］. 唐日松，等，译. 北京：华夏出版社，2005：第315页。

力得到它的人来说总是稀缺的，但是这种抱怨不仅限于没有远虑的浪费者，有时候在整个商业城市和周围的乡村也普遍存在这种抱怨，其原因是贸易过度。没节制的人，其计划与其资本不相称，有时也没有财力去购买货币，没有信用去借入货币，就像一个浪费者一样，支出与收入不成比例。在计划完成以前，他们的资财已经耗尽，信用亦同归于尽。他们跑到各处去借钱，各处的人都告诉他们无款可贷。即使是这种普遍的抱怨货币缺乏，也不能总是证明国内流通的金银数量不正常，而只能证明许多人需求金银却没有东西可以和金银交换。当商业利润大于普通利润时，贸易过度是大小商人都会犯的普通错误，他们并不总是将比平常更多的钱送到国外，而只是在国内和国外赊购比平常更多的货物，将其送往远方市场，希望在请求支付货款前收回本利。付款请求在回收以前来到，他们手头空空，没有东西可以用来购买货币，或作为借款的担保，并不是金银的缺乏，而只是这种人感到借款困难，以及他们的债权人感到收回货款困难，造成了普遍的对货币缺乏的抱怨。

并不是因为财富主要由货币而不是由货物组成，所以商人才感到用货币购买货物比用货物购买货币更加容易。而是因为货币是公认的确立的交易媒介，所以它容易和一切货物交换，而一切货物却不能同样容易地和它交换。此外，大部分的货物都比货币容易坏，保存货物常常遭遇更大的损失。当货物在手时，比起他在金柜中已经得到货物的代价来，他会接受支付货币的请求。此外，他的利润更直接地是从售卖产生而不是从购买产生，由于这一切原因，他一般更渴望用货物去交换货币，而不是用货币交换货物。但是，虽然某一个在货仓中保存大量货物的商人可能因未能将其及时出售而遭遇破产，一个国家却

不会遭遇相同的意外。一个商人的全部资本常常就是用来追逐货币的易损货物，但是一国土地和劳动年产物中却只有一个非常小的部分用于交换来自邻国的金银，绝大部分是在国内流通和消费，即使是送往国外的剩余，其中大部分也是用来购买其他的外国货物。因此，即便用来购买金银的那部分货物不能交换到金银，国家也不会破产。的确，它可能遭受某种损失和不便，不得不采取为填补货币空缺所必须采取的办法。可是，它的土地和劳动年产物还会和通常一样或差不多一样。虽然以货物交换货币并不总是像以货币交换货物那么容易，从长期来看，以货物交换货币比以货币交换货物更有必要。货物除了购买货币之外，还有许多其他的用途，但货币除了购买货物之外没有其他用途，因此货币必然追逐货物，而货物并不是必然追逐货币。购买货物的人并不总是要再出售，而常常是用于消费，而出售货物的人总是想要再购入。前者做完了他的全部工作，而后者最多只做了一半。人们想要得到货币不是为了货币本身，而是为了货币所能购买的东西。

有人认为，可消费商品不久就会损坏，而金银却具有更大的耐用性，如果不是由于不断地出口，可以将其在多少个世代中积累起来，使一国的真实财富增加到令人无法相信的程度。因此，他们认为，对任何一国，最不利的事情莫过于用这种耐久商品去交换这种易坏商品的贸易了。可是，我们并不认为用英格兰的铁器去交换法国的葡萄酒是不利的贸易，铁器是最耐久的商品，如果不是不断地出口，它可以在多少个世纪中积累起来，使一国的锅类增加到令人无法相信的程度。但是很容易看出，每个国家这种用具的数目，必然受到它们用途的限制，使锅类的数目比用来烹调在那里消费的食物所必要的更多，那是可笑的。如果食物的数量增多了，锅类的数目会很容易地随之增加，

即将一部分增加的食物用来购买锅类，或用来维持额外的以制锅为业的工人。应当很容易看出，每一个国家的金银数量受到这些金属用途的限制，它们的用途在于作为铸币去流通商品，以及作为一种家庭用具如金银器皿。各国的铸币数量受到用来流通的商品的价值调节，增加这种价值，立刻就有一部分商品被送往国外，去在可以购到的地方购买为使商品流通所必要的额外金银。金银器皿的数量，受到喜欢使用这种豪华物件的私人家庭的数目和财富调节，增加这种家庭的数目和财富，一部分增加的财富最有可能被用来在可以购到的地方购买额外的金银器皿。凡是想通过将不必要的金银数量引进国内或保留在国内来增加国家财富的企图，就像迫使私人家庭保持不必要数目的厨房用具以增加其快乐的企图一样，都是可笑的。购买这些不必要的用具的开支会减少而不会增加家庭食物的数量和品级，同样购买不必要的金银数量的开支在每一个国家也必然会减少在衣食住方面的、用来维持人民和为他们提供就业机会的财富。“必须记住，黄金和白银，不论采取铸币的形式还是采取器皿的形式，都是用具，就像厨房用具一样。增加金银的用途，增加用它们来流通、经营和制造商品的数量，就一定会增加金银的数量。但是如果你试图用别的办法来增加金银的数量，你就一定会减少它们的用途，甚至还要求降低它们的数量，这些金属的数量绝不可能大于用途所要求的。假若它们被积累到超过所需要的数量，由于它们容易运输，任其闲置不用损失如此巨大，任何法律都不能阻止它们被立即输出国外。”①

美洲的发现使欧洲富起来，并非由于输入金银。由于美洲矿山的

① 亚当·斯密．国富论［M］．唐日松，等，译．北京：华夏出版社，2005：第317页。

产量丰富，使金银价格更为低廉。现在购买一套金银器皿，只需要15世纪所值谷物的大约1/3，或所费劳动的1/3。欧洲每年用相同的劳动和商品支出，可以购到的金银器皿相当于15世纪所能购到的3倍之多。但当一种商品的售价只及通常售价的1/3时，不仅购买的人现在可以买到过去3倍的东西，而且会使购买者的人数大为增加，增至过去10倍以上，甚至20倍以上。所以假设美洲的矿山没有被发现，即使在欧洲现在的进步状态下，它现在拥有的金银器皿不仅可以多达3倍以上，而且可以多达20倍或30倍以上。因此，欧洲无疑地获得了一种真实的方便，虽然肯定是一种微不足道的方便。金银价格低廉，使这些金属不及过去那样适宜做货币的用途。为了相同的购买，我们现在必须携带数量更大的金银。

金钱只是为交换提供便利的工具，由于国际贸易在总的商业活动中仅仅是很小的一部分，因此，黄金的跨国流动几乎不会损害一个国家的利益。金银财宝不是国民财富的代表，一个国家的富有程度是指一国国民每年劳动的总产出。

以上就是亚当·斯密在《国富论》中关于黄金货币属性、价值尺度等方面的一些论述。随着社会的发展，具有悠久历史的黄金，其经济地位和商品地位也在不断发生着变化，黄金日后的发展趋势必将成为学者研究的热点。

三、亚当·斯密黄金理论的现实意义

亚当·斯密在《国富论》中特别提出了重商主义，其核心内容是经济自由主义，他大力主张自由经营、自由竞争和自由贸易，反对国家对经济生活的过多干预。他主张不要把黄金当作一个国家的唯一财

富代表。在全球化时代，亚当·斯密对国际贸易和国内贸易的研究直击要害，因为他指出了影响我们生活的各种力量。积极发展出口工业的主张，是一批工业强国崛起的一个重要原因。重商主义者以及其后德国李斯特、美国汉密尔顿提出的积极发展出口工业、提高产品质量、保持出口优势的观点以及保护关税的措施，至今对发展中国家制定对外贸易政策仍有参考价值。长期以来，中国贸易政策奉行的是以“出口创汇”为基本原则的传统贸易战略。为了扩大出口创汇，政府采取了一系列鼓励出口的优惠政策，如为出口企业提供优惠贷款、贴息、出口补贴、退税等。“出口导向”贸易政策的实施使得中国外贸出口连续20多年保持高于GDP增速一倍的速度增长。我国的对外贸易取得了举世瞩目的成就，其本身由改革前的“调剂余缺”变成了拉动经济增长的重要力量。2013年我国外贸进出口总额超过4万亿美元，比起改革开放初期的206.4亿美元，增长了192倍，由1978年的世界排名第26位，上升到世界第1位。外汇储备由1978年的8.4亿美元增长到2013年底的3.82万亿美元，创历史新高。

在外汇储备增加的同时，越来越多的人对这种现象表示关注甚至担忧，这种担忧来自于我国对外贸易所表现出的重商主义政策的局限性。持续的贸易顺差对正处于工业化中后期的中国来说并非是一件好事。巨额贸易顺差导致中国贸易成本上升，给中国经济造成了潜在损失，也带来了诸如国内企业不成熟、中长期贸易条件的恶化以及与贸易对象国的摩擦加剧等负面影响。随着贸易失衡程度的加剧，将会威胁中国经济的稳定。我们实施的重商主义贸易政策只是利用了自己国内的资源，加工成成品然后出口到国外去，贸易顺差很大程度上是一种对本国资源的消耗。因此，我们应该从传统的追求贸易顺差转变到贸易差额基本平衡或保持适量的贸易逆差上来。

参考文献

［1］亚当·斯密．国富论［M］．唐日松，等，译．北京：华夏出版社．2005.

［2］徐腾．国富论轻松读［M］．北京：新世界出版社，2009.

第三章　大卫·李嘉图论黄金

一、大卫·李嘉图简介

大卫·李嘉图（David Ricardo，1772—1823）是英国资产阶级古典政治经济学的主要代表之一，也是英国资产阶级古典政治经济学的完成者。大卫·李嘉图早期是交易所的证券经纪人，后受亚当·斯密《国富论》一书的影响，激发了他对经济学研究的兴趣，其研究的领域主要包括货币和价格，对税收问题也有一定的研究。大卫·李嘉图的主要经济学代表作是1817年完成的《政治经济学及赋税原理》，书中阐述了他的税收理论。1819年他曾被选为上院议员，极力主张议会改革，支持自由贸易。大卫·李嘉图继承并发展了亚当·斯密的自由主义经济理论，他认为限制政府的活动范围、减轻税收负担是经济增长的最好办法。

二、大卫·李嘉图眼中的黄金

（一）若银行能以硬币兑付纸币，黄金法定平价和市场价格将没有差别

大卫·李嘉图在他的著作中写道："大家都知道，尽管有最严厉甚或不合理的法律，但由于不易发觉，当黄金市价高涨、使个人大有利益可图时，硬币就会被熔化掉，然后按照最能投合从事这种买卖的人

的心意的办法，作为黄金出卖或出口。”①

大卫·李嘉图想表述的是，如果银行券可以随时兑换成纸币，就不会出现黄金市价高涨的情况，因为一旦黄金价格有一个很小幅度的提高，投机者就会用纸币向银行兑换黄金，再将黄金投入到市场上进行出售，增加了市场上黄金的供给量，平抑金价。

（二）如果禁止熔化或出口硬币，黄金市价将不会高涨

“如果禁止熔化或出口硬币的法律有可能严格执行，同时黄金可自由出口，那就不会由此得到什么利益，而对于那些可能要以二盎司或二盎司以上铸成硬币的黄金去买一盎司未铸成硬币的黄金的人，却一定会带来巨大的损害。这将成为我们通货的一种真正贬值，使所有其他商品的价格依黄金的价格提高以同一比例而提高。”②

如果可以通过法律和行政手段来禁止由于黄金市价高涨所引起的金币外流和人们非法将金币铸成黄金来出售的行为，那么就会引起金币和黄金价格的不一致，引起通货膨胀，使得货币所有者利益受损。

（三）国际贸易会自动调节一国的黄金数量，使得其保持与商品数量的一定的相关关系

“因此，就相等数量的贵重金属而言，似乎一个国家的通货绝不会在任何时期内比另一国家的通货有更大的价值。所谓通货过多只是一个相对的说法，假如英国流通的数量是 1 000 万，法国是 500 万，荷兰是 400 万，如此等等，只要它们能保持它们的比例，即使每一国家的

---

① 大卫·李嘉图．大卫·李嘉图著作和通信集（第三卷）［M］．郭大力，王亚楠，译．北京:商务印书馆，2013：第 58 –98 页。

② 大卫·李嘉图．大卫·李嘉图著作和通信集（第三卷）［M］．郭大力，王亚楠，译．北京:商务印书馆，2013：第 58 –98 页。

通货增加了一倍或两倍，也没有一个国家会感到通货过多。商品的价格在任何地方都会由于通货的增加而上涨，但哪一个国家都不会有货币出口。但如果这些比例由于英国单独倍增了它的通货而遭到破坏，而当时法国、荷兰等国的通货数量仍同从前一样，那么，我们就会感到我们通货过多，并且由于同样的原因，其他国家会感到通货不足，于是我们一部分过剩的通货就会出口，直到三国以 10:5:4 的关系重新确立起来为止。

"如果在法国一盎司的黄金比在英国有更大的价值，因而它在法国可以多买一些两国都生产的任何商品，黄金就会立刻为此而离开英国，并且我们运黄金出去比运其他任何东西都要有利，因为这将是在英国市场上可以换到的最低廉的商品。因为如果黄金在法国比在英国昂贵，那边的货物一定比较低廉，所以我们不会把货物从贵的市场运到贱的市场去，恰恰相反，它们会从贱的市场来到贵的市场，并将换取我们的黄金回去。"①

因为本国黄金的价值总量总是跟这一国的商品数量对应，所以当黄金数量减少，一单位黄金所对应的商品量就会增加，就会使得黄金价格上涨。如果有一个与本国有贸易关系的国家，且该国的黄金数量与商品数量的比例没有改变，那么黄金就会通过国际贸易从外国流向本国，从而使国家间的商品总量和黄金总量维持在一个相对固定的比例。

毫无疑问，大卫·李嘉图的这个观点带有很强的局限性，他之所

---

①　大卫·李嘉图．大卫·李嘉图著作和通信集（第三卷）［M］．郭大力，王亚楠，译．北京:商务印书馆，2013：第 58 –98 页。

以提出这样的论断，完全是为了反驳产生于金价论战时期的另一个很有影响力的观点。正如他在著作中所写：

“但桑顿先生对这个问题考虑得十分随便，以为如果这个国家发生农业歉收，因而引起谷物的进口，就会在贸易上造成很大的逆差。同时对我们有债权的国家可能不愿意接受我们所偿付的货物，所以我们对外国所欠的差额就必须以硬币构成我们那一部分通货去偿付，这样就引起对黄金的需求及其价格的增长。他认为银行以其纸币补充硬币出口所造成的缺额，是对商人提供了很大的便利。

“既然桑顿先生在其著作的很多部分承认黄金的价格是以金币估价的，既然他也承认禁止将金币熔为金块并将其出口的法律是易规避的，那么，这个或任何其他原因所引起的对黄金的需求就不可能提高那种商品的货币价格。这一推论的错误就在于未能把黄金价值的提高同它的货币价格的提高区别开来。

“……如果这一论点还不能认为确实，我就会竭力主张，像这里所假定的那种通货上的空缺，只能以取消或限制纸币的方法去造成，然后这一空缺很快就会被进口的金属所填补，因为这种金属的价值既已因流通媒介的减少而提高，它就必然会被吸引到有利的市场上来。”①

尽管根据常识，我们可以很明显地发现大卫·李嘉图这一观点中的局限性，可是我们又不得不承认，他的观点在当时确实是最合理、最符合现实情况的。

---

① 大卫·李嘉图．大卫·李嘉图著作和通信集（第三卷）［M］．郭大力，王亚楠，译．北京:商务印书馆，2013：第58－98页。

（四）当各国通货由贵金属或由随时可换取贵重金属的纸币构成时，当金属币并没有因为损耗或修截而减轻重量时，只要把他们银币的重量和纯度做一比较，我们就能算出他们汇兑的平价

“当任何国家的流通媒介由两种金属构成时，不能说存在着衡量价值的永久不变的尺度，因为它们彼此间的价值经常会有变动。造币厂的主管在规定金银的比率时，在分配黄金对白银在硬币中的相对价值方面不论做得如何精确，他们总不能阻止这两种金属之一上涨，而另一种的价值仍然不动或下跌。凡是发生这种情况的任何时候，硬币中的一种将被熔化出卖以换取另一种。洛克先生、利弗普尔勋爵以及其他许多作家曾经很有才能地考虑过这个问题，一致认为通货从这一方面所发生的各种弊害的唯一补救方法就是只使金属中的一种成为衡量价值的标准尺度。洛克先生认为用于这一目的的最适当金属是白银，并建议让金币去确定它们自己的价值，使其按黄金对白银的市场价格的变动，作为一个较大或较小数额的先令流通市面。

“恰恰相反，利弗普尔勋爵则认为，黄金不但是我国可以充当衡量价值一般尺度的最适当的金属，而且由于人民共同赞成，它早就是这样一种尺度，连外国人也有这样的看法，并且认为它对于英国扩大的商业和财富是最相宜的。”①

准确地说，当时英国采取的是一种平行金银复本位制度，这里对金银复本位制及劣币驱逐良币做一个简要回顾。

---

① 大卫·李嘉图．大卫·李嘉图著作和通信集（第三卷）［M］．郭大力，王亚楠，译．北京:商务印书馆，2013：第58－98页。

1. 金银复本位制

金银复本位即白银与黄金同时作为本位币。在金银复本位下，金币和银币都可以自由铸造、自由熔化，都具有无限法偿能力；银行券与它们可自由兑换；黄金与白银可自由出入国境。这种制度是资本主义发展初期西方国家曾经普遍实行的一种货币本位制度。

平行本位制是指金币和银币按其所包含的金银的实际价值流通的复本位制，即金银比价完全由市场价格确定的复本位制。

复本位制具有一定的优点，实行金银复本位对推动资本主义经济的发展起到了积极作用：第一，因为白银适于零星交易，黄金适合用于大额交易，资本主义城乡商品贸易和大工业的发展，不仅需要服务小额商品交易的白银流通，而且还需要服务大宗商品交易的黄金流通。在金银复本位制下，人们可依据交易额大小，选择不同的货币来支付。第二，从16世纪开始，美洲黄金和白银矿相继发现和开采，大量金银流入西方国家，从而金银币材充足，能满足流通之需，为克服货币流通紊乱局面、稳定市场奠定了基础。第三，双本位制下金银比价由政府规定，能够“矫正”金银的市场价，利于金银币值稳定。

复本位制也有其固有的缺陷，金银复本位是一种不稳定的货币制度。因为货币就其本性来说具有排他性、独占性，而法律承认金银同时作为本位币，与货币的本性相悖。在平行本位制下，金银铸币按市场流通商品出现双重的价格，即金币价格和银币价格，而且这两种价格的对比关系又会随金银市场比价的变化而变化，故市场交易会陷入混乱。若实行双本位制，用法律规定金银比价，虽可克服市场商品的双重价格以及由此造成的混乱，但随之又会出现“劣币驱逐良币”现象。

2. “劣币驱逐良币”规律

该规律又称格雷欣法则（Gresham's Law）。所谓“劣币”就是实际（市场）价值低于名义（法定）价值的货币，良币相反。所谓“劣币驱逐良币”规律就是在两种实际价值不同而面额（名义价值）相同的通货同时流通的情况下，实际价值较高的通货（良币）必然会被人们熔化或输出国外而退出流通领域，实际价值较低的货币（劣币）反而会充斥市场进行流通。例如，假定当时金银法定比价 1∶15，市场比价 1∶16。由于法定比价的调整跟不上金银市场比价的变化，导致金币与银币仍然按 1∶15 铸造，而金块与银块的实际价值早已与其背离，变成了 1∶16。此时金币的实际价值高于法定价值，成为良币，银币则相反。在这样的条件下，如按实际价值买卖、兑换，则1 盎司金换 16 盎司银。于是人们宁愿用劣币支付债务，购买商品。这不仅因为符合法定要求，而且会省钱，用劣币按名义价值去兑换良币还会赚钱（投机）。于是金币被人们熔化为金块，并在市场上将金块按实际比价换为白银，把白银铸成银币，然后又用银币按法定比价换为金币，金币再熔化为金块……如此反复进行就会获得许多利润。结果金币在市场上消失，银币则充斥市场。

“劣币驱逐良币”对货币流通的影响总结起来包括以下几点：其一，它使良币退出流通，劣币充斥市场。劣币的实际价值小于名义价值，使得流通中的货币趋于贬值，即商品的价格按劣币的价值重新估价且上涨。其二，它导致货币投机。一些人伺机以劣币去兑换良币，然后将良币出售赚钱。其三，它会使流通中的货币不足，因为人们将良币熔化成金块作为商品输出。其四，它会导致货币流通的混乱，因为两种货币的实际价值与名义价值的矛盾必然导致比价的变动，而比价的变动导致币值不稳。

为了避免“劣币驱逐良币”这种现象的发生，英国政府只好通过修截硬币这样的手段，而修截硬币又使得金属货币实际价值降低。大卫·李嘉图用汇价作为比较，说明了银币修截而产生的金属货币实际价值的降低。正如大卫·李嘉图在其著作中所写：

“公众已在不同时期由于修截硬币的非法行为而产生的流通媒介的贬值，受到很严重的损失。

“按照这些硬币减轻重量的比例，它们所能交换的每种商品的价格在名义价值上也就上涨，金银的价格也并不例外。因此我们看到，在国王威廉三世朝代重铸银币以前，银币已经降低到这样一种程度，以致 62 便士所应该包含的一盎司白银要卖到 77 便士，而一个几尼在造币厂的定价虽为 20 先令，但在所有契约上都定为 30 先令，这种弊害于是靠重铸的方法得到补救。黄金通货减轻重量也引起类似的后果，并且是用同样的方法在 1774 年予以纠正的。

“我们的金币从 1774 年以来差不多能够继续维持它们的标准纯度，但我们的银币已再度发生减轻的情况。1798 年造币厂化验的结果，曾查验我们的先令低于造币厂规定的价值达 24%，而半先令的六便士硬币则达到 38%。据我所知，照最近的化验，它们的重量不足还远不止此数，所以它们已经不像国王威廉时代包含同样多的纯银，但这种减轻在 1798 年以前并没有同前次发生一样的作用。在那个时候，金银都按银币减轻的程度上涨，所有外汇汇价都整整逆转了 20%，其中有很多还不止此数。但是，虽然银币的减轻继续了多年，在 1798 年以前它却既没有提高黄金的价格，也没有提高白银的价格，更没有在汇价上产生任何影响。这是个令人信服的证据，足以证明金币在那个时期是被当作衡量价值的标准尺度的。金币的任何减轻那时都会对金银的价

格和外汇的汇价产生同样的影响，而这在从前是由银币的减轻所造成的。

“当各国通货由贵金属或由随时可换取贵重金属的纸币构成时，当金属币并没有因为损耗或修截而减轻重量时，只要把他们银币的重量和纯度做一比较，我们就能算出他们汇兑的平价。这样，荷兰和英国之间的汇兑平价就约计为 11 荷盾，因为 11 荷盾所包含的纯银等于 20 格标准先令所包含的纯银。

“……因此，汇价将是一种相当精确的标准，可据以判断通货的跌价，不管这种跌价是由银币的修截或由贬值的纸币所造成。”①

（五）限制纸币的数量，使它们能与其所代表的硬币具有相同的价值……所以我们可以公正地断言：这相对价值上的差额，换句话说，就是银行纸币这种实际价值的低落，是由于银行把过多数量的纸币投入流通而发生的

金价论战的另一位十分有影响力的学者桑顿这样认为：“如果在任何时候，本国的汇价是这样不利，以致黄金的市价大大超出法定平价，从银行董事会某些成员对议会提出的证词来看，他们就想减少他们的纸币，作为一种减少或消除这一超额并从而为他们机构的安全提供保障的方法，而且无论什么时候，为了同样的慎重的理由，对于他们纸币的数量，总是习惯于遵守某种限制。当我们的银币在国外行情坚挺，以致诱使人们将其出口时，银行的董事由于担心机构的安全，自然会在某种程度上减少他们纸币的数量，减少了他们的纸币，他们就可以提高其价值。在提高其价值时，他们也就提高在英国可以用纸币来兑

---

① 大卫·李嘉图．大卫·李嘉图著作和通信集（第三卷）［M］．郭大力，王亚楠，译．北京：商务印书馆，2013：第 58－98 页。

换的那种通用银币的价值。这样我们金币的价值就符合于通用纸币的价值，而通用的纸币则由银行的董事使它具有为阻止大量硬币出口所必须具有的价值，这种价值有时涨得稍高于、有时跌得稍低于我们的硬币在国外所能得到的价格。”①

也就是说，如果纸币发行过多，就会使得贵金属大量出口，从而导致银行的危机。大卫·李嘉图对此观点表示赞同，并补充道：“但防止银行兑现的法案所取消，银行就不必再因‘为了机构的安全所感到的恐惧’而限制纸币的数量，使它们能与其所代表的硬币具有相同的价值……所以我们可以公正地断言：这相对价值上的差额，换句话说，就是银行纸币这种实际价值的低落，是由于银行把过多数量的纸币投入流通而发生的。使银行纸币与黄金相比发生15%～20%差额的同一原因，也可以把这种差额增加到50%。不断增加纸币的数量，能使其因而发生的贬值漫无止境。通货过多对硬币出口的刺激现在已经获得新的势头，但不能同从前一样摆脱它自己的困难。现在我们只有纸币在流通，这必然是限于我们自己的范围以内。纸币数量的每一次增加都会把它贬低到金银的价值以下，也会把它贬低到其他各国通货的价值以下。”②

大卫·李嘉图的观点是，在没有停止银行纸币兑换硬币之前，因为银行畏惧黄金的大量外流，造成其没有足够的金属货币来兑换纸币，所以银行是没有胆量超发货币的，可是一旦法律禁止银行以纸币兑换金属货币，银行就不再畏惧没有足够的金属货币来兑换纸币了，所以

① 大卫·李嘉图. 大卫·李嘉图著作和通信集（第三卷）［M］. 郭大力，王亚楠，译. 北京：商务印书馆，2013：第58－98页。

② 大卫·李嘉图. 大卫·李嘉图著作和通信集（第三卷）［M］. 郭大力，王亚楠，译. 北京：商务印书馆，2013：第58－98页。

银行一定会超发货币，而且会造成汇价的进一步下跌以及通货膨胀。

（六）银行纸币使我们减轻银币的代表而不是我们标准银币的代表，这是不正确的，根据法律规定，银币除非按实重计算，只有在不超过25镑的数额内才是法定货币

“如果银行坚持要以银币兑付1 000镑的纸币，他们或者必须给他以重量十足的标准银，或给以折合同等价值的轻质银币，只有那规定的25镑他们才可以用轻质的银币偿付。但这1 000镑既然是由975镑的纯质货币和25镑的轻质银币所构成，按白银的现有市场价值到1 112镑以上。”①

也就是说，当时的法律规定，银币只限于小额的支付，所以以纸币兑换白银的交易，大部分其实是以纸币兑换纯质货币，而以纸币兑换银质硬币的数量是极其有限的。大卫·李嘉图得出的结论是银行纸币的贬值跟银币含银量的下降之间并没有紧密的联系，所以银行券贬值或黄金价格的上涨跟银币含银量的下降无关。

（七）以改进的银行经营方法在节省使用流通媒介的技术上每天所做的改进，会使较早时期同样的商业情况所需的同一数额的纸币到现在成为过多

银行纸币的流通数量同时也应当适用于贸易的实际需要，所以当时有人对大卫·李嘉图提出质疑：银行纸币增加的数额，在比例上并没有大于我们的贸易所增加的数额，所以不会是发行过多。大卫·李嘉图回应：

“这一说法是难以证明的，如果确实的话，也只会是以虚妄的论

① 大卫·李嘉图．大卫·李嘉图著作和通信集（第三卷）［M］．郭大力，王亚楠，译．北京:商务印书馆，2013：第58－98页。

证作为根据。我们以改进的银行经营方法在节省使用流通媒介的技术上每天所做的改进，会使较早时期同样的商业情况所需的同一数额的纸币到现在成为过多。

“……如果事实就是这样，同一数额的英格兰银行纸币现在也会显得过多，而那个数额，在过去商业范围较小时仅足以使我们的通货与其他国家的通货维持在同一水平。所以，从银行纸币实际流通的数额并不能得出公正的结论，虽然如果我们把事实加以分析，我相信银行纸币的增加数额通常总是以黄金的高价相互伴随的。”①

（八）纸币的价值由于数量的增加会变得小于英格兰银行的纸币，正如英格兰银行纸币的价值会变得小于其所代表的几尼一样，所以人们将以地方银行的纸币换取英格兰银行的纸币，直到它们价值相等为止

19 世纪的英国银行制度，允许中央银行——英格兰银行和各地方银行发行银行券。有人提出，银行纸币的过量发行有可能根源于银行业务上的相互竞争。大卫·李嘉图经过论证后得出结论：银行纸币发行量过大绝不是地方银行和英格兰银行相互竞争的结果。他是这样阐述的：

“由于地方银行在很少几年内已经有了加倍的数目，它们的活动是不是很可能已经胜利地以它们的纸币排斥了英格兰银行的许多纸币呢？

“有人怀疑，究竟 2 000 000 镑、3 000 000 镑的银行纸币（这是英格兰银行可能已经增加到流通量中去的纸币的数额，超过了它能轻易负担的限度）是否会有现在归属于它们的那些影响？但应该想到，英

① 大卫·李嘉图. 大卫·李嘉图著作和通信集（第三卷）［M］. 郭大力，王亚楠，译. 北京：商务印书馆，2013：第 58 –98 页。

格兰银行是调节所有地方银行流通的，如果英格兰银行增加 3 000 000 镑的发行量，他们很可能会使地方银行给英国全部流通量增加 3 000 000 镑以上。

“个别国家的货币，根据世界货币分配与其所组成的各国之间的同样通则，分配于各省之间。每一地区将按其贸易——也就是按其支付——在与全国贸易比较下所需要的数额，在其流通中保持全国通货的一个适当份额。一个地区流通媒介的任何增加，不能不广泛地散布到各地，也就是使其他每一地区增加一个相应的数量，这就是地方银行的纸币能与英格兰银行的纸币经常具有相同价值的原因。如果在只发行英格兰银行纸币的伦敦，在流通上增加1 000 000镑的数额，那么这里的通货将会比任何其他地方廉价一些，或货物将变得贵一些。因此货物就会从各地运到伦敦市场，以期按高价出卖。或者更为可能的是，地方银行将利用地方通货相对不足的机会，按英格兰银行曾增加的比例增加它们的纸币，于是价格就会普遍地而不是局部地受到影响。

“同样的，如果英格兰银行的纸币减少 1 000 000 镑，伦敦通货的比较价值就会提高，各种货物的价格就会降低，那时英格兰银行的纸币就会比地方银行的纸币具有更大的价值。因为人们将需要用它在廉价市场上购买货物，由于地方银行在受到顾客要求时必须以英格兰银行的纸币兑换它自己的纸币，它们就会遇到这样的要求，直到地方银行的纸币数量减少到它们以往对伦敦纸币所保持的同一比例，因而在这种纸币所能交换的全部货物的价格上产生一个相应的比例为止。

“地方银行绝不会增加它们纸币的数量，除非是为了填补地方通货由于英格兰银行增加发行量而造成的相对不足。如果他们企图这样做，

那么，迫使英格兰银行在其顺应要求以硬币兑换纸币时期从流通中收回它们一部分纸币的那种牵制行动，也会迫使地方银行采取同样的步骤。它们纸币的价值由于数量的增加会变得小于英格兰银行的纸币，正如英格兰银行纸币的价值会变得小于其所代表的几尼一样。所以人们将以地方银行的纸币换取英格兰银行的纸币，直到它们价值相等为止。"①

尽管英格兰银行和地方银行都有发行的权力，但是因为供求规律，如果其中一家银行的银行券发行数量过多，就会导致贬值，降低其信用。英格兰银行作为"纸币的巨大调节者"，有能力制约其他各家银行的货币发行量，所以并不存在因为竞争所有银行争相滥发纸币的情况。所以黄金高价的原因并不是由于银行之间相互竞争进而滥发银行券的后果。

（九）工人真正的收入并不包括在货币里面，而是包含在货币的价值里面，不是在金属币里面，而是金属币所能换得的东西里面

在继承亚当·斯密关于利息理论的基础上，大卫·李嘉图否定了利息率可以反映货币是否过量这一标准。首先他引用了亚当·斯密的相关表述："货币这一流通的巨轮，商业的伟大媒介，同贸易的其他一切媒介一样，虽然也构成资本的一部分，而且是很有价值的一部分，却并不是它所属社会的收益的组成部分。虽然构成货币的金属币，在其每年流通的过程中分配给每一个人以他所应得的收益，它们本身却并不是那种收益的组成部分……当我们计算任何社会的流动资本所能

① 大卫·李嘉图. 大卫·李嘉图著作和通信集（第三卷）［M］. 郭大力，王亚楠，译. 北京:商务印书馆，2013：第58－98页。

适应的劳动量时，我们必须经常注意到流动资本里只包含粮食、原料和制成品的那些部分，另一个包含货币的部分既然只能用来流通那三样东西，就必须经常从流动资本中减去。为了推动工业运转，有三种东西是必需的，即所施工的原料、用以工作的工具以及为此而完成工作的工资或报酬。货币既不是施工的原料，也不是用以工作的工具。虽然工人的工资通常都以货币支付，但与所有其他人的收入一样，他的真正收入并不包括在货币里面，而是包含在货币的价值里面，不是在金属币里面，而是金属币所能换得的东西里面。”①

（十）通货的所有祸害都是由于银行纸币的发行过多

如果银行发行的银行券或者说纸币不受约束的话，就一定会无限制大量发行，结果是货币（即纸币）大大贬值，使民众的财产遭受损失。大卫·李嘉图说：

“显而易见，我们通货的所有祸害都是由于银行纸币的发行过多，由于给了银行一种危险的权力，让它可以随意减低每一有钱者的财产价值，并通过提高粮食和每种生活必需品的价格，使受领国家年金的人以及所有因收入固定而不能从他们自己肩上转嫁其任何负担的人都受到损失。”②

（十一）银行应该逐渐减少他们纸币流通的数额，直到他们已使剩下的部分与其所代表的硬币具有同等价值

金价的持续上涨是由于银行券发行过多而贬值，因此消除货币制

① 大卫·李嘉图．大卫·李嘉图著作和通信集（第三卷）［M］．郭大力，王亚楠，译．北京：商务印书馆，2013：第58－98页。

② 大卫·李嘉图．大卫·李嘉图著作和通信集（第三卷）［M］．郭大力，王亚楠，译．北京：商务印书馆，2013：第58－98页。

度中一切流弊的办法是：银行应该减少流通中的纸币数量，直到金银的价格降低到法定的价格为止。他指出："对于我们通货的一切弊害，我所建议的补救办法是，英格兰银行应该逐渐减少他们纸币流通的数额，直到他们已使剩下的部分与其所代表的硬币具有同等价值。换句话说，也就是直到金银的价格被压低到它们法定平价为止……如果它们曾经恪遵它们在必须以硬币兑付纸币时所自认的调节发行的原则，即把纸币限制在足以防止黄金市价超过法定平价这样一个数额以内，那么，我们现在就不会遭受一种贬值的、永久发生变动的通货的各种祸害了。"①

（十二）以纸币代替黄金，以增加国家财富

大卫·李嘉图并不主张取消纸币，认为一种调节得当的纸币是商业上的一种巨大进步。如果只有金属货币，可能会发生黄金的生产赶不上人口增加的情况，这时金价上涨，物价将下降，根据社会的需要妥善谨慎地发行纸币，就可以防止这种危险。他甚至不希望英格兰银行恢复兑现，否则一种最贵的媒介物将代替另一种价值较低的媒介物，他说："以纸币代替黄金就是用最廉价的媒介物代替最昂贵的媒介，这样国家便可以不使任何私人受损而将原先用于这一目的的黄金全部用来交换原料、用具和食物，使用这些东西，国家财富和享受品都可以增加。"②

但是如果使用纸币，怎样才能保证纸币的价值，调节它们的发行，

---

① 大卫·李嘉图．大卫·李嘉图著作和通信集（第三卷）［M］．郭大力，王亚楠，译．北京：商务印书馆，2013：第58－98页。

② 大卫·李嘉图．政治经济学及赋税原理［M］．丰俊功，译．北京：商务印书馆，1976：第308页。

避免它们的贬值？他认为，只要银行里保持一笔黄金准备，不必用铸币的形式，而是用金锭的形式，就能达到这一目的。银行发行纸币，不得超过这些金锭的价值，这种办法可以使纸币保持票面价值，因为纸币一旦有任何贬值迹象时，银行业者和兑现商立即把纸币换成黄金，但这不等于一般公众将重新恢复使用金属货币，因为那些金锭对日常生活用处不大。他说：

“维持纸币的价值并不一定要使它能够兑现，只要根据公开宣布作为其本位的金属的价值来调节它的数量就行了。……所以在一切国家中，纸币发行都应当受到某种限制和管理，对于这一目的来说，最适当的方法莫过于使纸币发行人负担以金币或者金块的兑现义务。”①

（十三）流通媒介数量的多寡，不会改变它和商品的比例关系

关于价值的衡量问题，大卫·李嘉图认为，作为价值尺度的商品本身的价值，应该是不会发生变动的，在许许多多商品中，只有黄金或白银价值才比较稳定，所以它们才被人们选作价值尺度。因此作为价值尺度代表的纸币，也应该维持它效用的完整性。他写道：

“流通媒介数量的增加或减少，不管它是由黄金、白银或纸币所构成，都不能使它的价值增加到这个比例（流通媒介的价值对于它所流通的商品价值的某种比例）以上或减低到这个比例以下。如果矿山不能再供给贵重金属每年的消费量，货币就会有较大的价值，并且只会有较小的数量用做流通的媒介，数量的减少将同它的价值的增加成比例。同样，如果发现了新矿，贵重金属的价值就会减低，并且会有一

① 大卫·李嘉图．政治经济学及赋税原理［M］．丰俊功，译．北京：商务印书馆，1976：第303、305页。

个加大的数量用于流通。因此无论是在哪一种情况下，货币对其所流通的媒介数量的减少将同它价值的增加成比例。

“在银行随时以硬币兑付纸币的时期，如果他们要增加纸币的数量，不会对通货的价值产生恒久不变的影响，因为几乎会有同一数量的硬币从流通中收回并输出。如果银行受到限制，不得以硬币兑换纸币，并且所有的硬币已经出口，那么，他们纸币的任何过剩，都会按其过剩的比例而贬低流通媒介的价值。”①

（十四）黄金的价格要用白银或各种货物加以估计才可能见其昂贵

在大卫·李嘉图的著作中，他顺便指出商品数量和生产商品所花的劳动量同是商品价值的决定因素。他在《黄金的高价是银行纸币贬值的证明》中写道：“黄金和白银也同其他商品一样，有其内在的价值，这并不是随便决定的，而是取决于它们的稀少性、为取得这些金属而使用的劳动量，以及在开采它们的矿山所用的资本的价值。”②

三、大卫·李嘉图黄金理论的现实意义

当今世界的汇率大多是根据市场供求关系而自由涨跌，货币当局不进行干涉，所以使得美国可以频繁采用滥发货币来弥补财政赤字，用使本国货币贬值的办法来改变对外贸易赤字局面，用通货膨胀来剥夺世界。同时导致纸币无约束性滥发、主权债务危机不断加深。

在纸币无约束性滥发、主权债务危机不断加深的今天，回归“金

① 大卫·李嘉图．大卫·李嘉图著作和通信集（第三卷）［M］．郭大力，王亚楠．译．北京：商务印书馆，2013：第58－98页。

② 大卫·李嘉图．大卫·李嘉图著作和通信集（第三卷）［M］．郭大力，王亚楠．译．北京：商务印书馆，2013：第58－98页。

本位”成了一项全世界热议话题，上至世界银行行长，下至各路经济学专家学者，似乎都又在讨论当年大卫·李嘉图争论的问题。其背后的驱动力是人们对美国奉行国家利益凌驾于世界利益之上原则的厌恶，以及对大卫·李嘉图货币思想中金本位所代表的经济自由、各国相互信任、公民和政府自觉遵守契约、纸币发行和交易严格按规定执行的美好内核的向往。

曾经风光的黄金，如今能否再回到货币舞台？基本可以肯定，回归金本位绝对不再是解决危机的办法，只会加重经济萧条。为什么？金本位最大的障碍在于黄金供给不足，如果黄金做本位币的话，全球将面临通缩的风险。因为黄金实物数量有限，若用黄金做本位币，将出现货币不够用的情况。与全球 GDP 总量相比，黄金的储备总值实在太少。黄金的总量确实不足以让它成为通用货币，如果金本位恢复，可能会带来极大的通货紧缩。不仅如此，如果给予黄金极高的定价，让数量有限的黄金发挥通用货币的作用，则会产生明显的不公平，届时黄金储备量最大的美国将成为最大受益者，而新兴国家将遭受不公。以中国和美国相比较，目前我国 GDP 是美国的 1/3 左右，但是我国的黄金储备大大少于美国，如果回归金本位，中美之间的财富水准就将拉大。

从最早的货币到装饰首饰再到现在的投资品，现在黄金已经跟货币割裂开了，它仅仅是主权货币投资的一个手段。“金本位”的时代潮流已经过去了，现在的经济不再支持回到金本位。历史告诉我们，在大萧条时期，经济之所以能迅速回暖，是因为当时货币与黄金脱钩。现代市场经济是一种信用经济，而金本位很重要的缺陷就在于不能创造信用，特别是从 19 世纪开始，随着工业革命产生，生产力不断发展而且超越了国界，更注重信用经济，于是有了现代银行制度，所以，金本位必然退出历史舞台。金本位所以在今天有市场，只是反映人们渴望有稳定的货币制度的愿望。金本位回不去，那么稳定的货币制度怎么办?

实际上，当前国际货币体系不稳定的最大根源在于不负责任的美元，所以如果改革国际货币体系，最根本的任务是各国要管住自己的货币发行量，首先是约束美元，让美国更负责任，也许这就是我们从大卫·李嘉图事件和大卫·李嘉图货币理论中能够得到的最大启迪。

所以，究竟如何制定一种合理的货币体系来充分体现大卫·李嘉图货币思想的合理内核，依然值得我们深思。

四、大卫·李嘉图黄金理论与货币理论的局限性

大卫·李嘉图认为银行券（即纸币）要以十足黄金准备作为基础的货币理论是错误的，混淆了银行券（即纸币）和贵金属货币，要求把纸币发行和黄金准备死硬捆绑在一起，即纸币发行必须有黄金做保证，纸币发行量应当由贵金属进出口情况来调整。大卫·李嘉图说过，如果纸币发行以黄金做保证，那么，如果一国货币数量增加，币值会跌落，物价会上升，出口就会减少，进口会增加，形成贸易逆差，黄金就会流向外国；反之，黄金则会流入国内。由于黄金在各国间流动，会使得每一国的货币量适应于流通需要，并使物价稳定。大卫·李嘉图这个结论是针对自由贸易反对者提出的，因为这些反对者认为贸易自由会引起不利的贸易差额，使黄金储备减少，而大卫·李嘉图则认为，自由贸易会自动调节各国流通中所需货币量，有利于稳定物价，因此，他的货币数量理论不仅要为稳定物价服务，还要为自由贸易服务。但是大卫·李嘉图的这个货币理论混

淆了纸币和贵金属货币的不同属性和流通规律。我们知道，金属货币本身是有价值的，而纸币只是价值的符号，因此，流通中的纸币数量并非取决于金银的储备数量，而是取决于流通中对货币的需要量。在经济危机时期，由于对货币需要特别感到迫切和尖锐，因此，英国政府不得不在货币市场最紧张的时候，即1847年和1857年两次废除银行券发行的限制。皮尔法案遭到了失败，使通货学派无论在理论上还是在实践中都受到了否定。大卫·李嘉图不仅混淆了纸币和贵金属货币的不同属性和流通规律，甚至也混淆了纸币和银行券的不同属性和流通规律。因为银行券是银行发行的、代替商业票据的银行票据，是一种信用货币，银行券以商业票据流通为基础。真正的银行券具有信用保证和黄金保证，信用较好，流通稳定。信用保证就是银行所持有的银行券有商业票据为保证，是商业流通的客观需要；黄金保证体现在中央银行的金准备上面，从而限制了银行券发行不能超过一定范围。而纸币是国家发行和强制流通的价值符号，它产生于货币的流通手段，因此纸币的发行数量必须受到限制，必须适度，与货币需要量相一致。如果国家任意无限制发行纸币，势必贬值，导致通货膨胀。大卫·李嘉图在论文和小册子中有时称银行券，有时称纸币，把二者混为一谈了，但是从整个精神来看，他说的实际是纸币。

所以从这方面来看，大卫·李嘉图的黄金思想中对金本位制度的设想是一种货币数量和物价水平之间机械论的因果关系、一种严格成比例的货币数量理论，这种理论并不适应我们这个时代经济政治的真实情形。

尽管大卫·李嘉图混淆了纸币和贵金属货币以及纸币和银行券的

不同属性和流通规律，然而他的货币理论具有十分重大的意义。后来西方国家在相当长的历史时期内实行金本位制度，很大程度上就体现了大卫·李嘉图的黄金思想。

参考文献

［1］大卫·李嘉图．大卫·李嘉图著作和通信集（第三卷）［M］．郭大力，王亚楠，译．北京：商务印书馆，2013.

［2］大卫·李嘉图．政治经济学及赋税原理［M］．丰俊功，译．北京：商务印书馆，1976.

第四章　卡尔·马克思论黄金

一、卡尔·马克思简介

卡尔·马克思（Karl Heinrich Marx，1818—1883）是近代最伟大的经济学家之一，马克思主义理论体系的创立者。作为政治经济学的杰出代表，他对当代经济研究产生了重要影响。卡尔·马克思从商品研究开始，逐步延伸到经济世界的方方面面，他运用唯物史观和科学分析方法，深入揭示了资本主义生产方式及其发展规律，揭露了它的本质和矛盾，对后人关于资本主义生产的研究具有指导意义。

二、卡尔·马克思眼中的黄金

卡尔·马克思虽然没有研究黄金的专著，但他对黄金钟爱有加，加之他所生活的时期实行金本位制，因此在《政治经济学批判》及《资本论》等著作中，卡尔·马克思“到处把金作为货币商品”① 进行研究论述，并贯穿于其货币理论的始终。

（一）卡尔·马克思的货币理论

所谓货币，即一般等价物，是商品随着经济社会的发展而出现的

① 中央编译局．马克思恩格斯全集（第13卷）［M］．北京：人民出版社，1962：第54页。

特殊形式，指某一种或几种特殊的在交换过程中充当固定媒介的商品。正如卡尔·马克思所说：“代表一切商品的交换价值的最适当存在的特殊商品，或者说，作为一种分离出来的特殊商品的商品交换价值，就是货币。”① 货币作为社会分工和经济发展的产物，外在表现是一种商品，但实质上“是一种社会关系”②。卡尔·马克思的货币理论所包含的内容比较广泛，主要有三方面内容：货币的本质、货币的职能及其相互关系、货币流通规律。在《资本论》等著作中，卡尔·马克思的货币理论是按照价值尺度、流通手段、贮藏货币、支付手段和世界货币五个职能依次分析说明的。

（二）金银天然不是货币，但货币天然是金银

在《哲学的贫困——答蒲鲁东先生“贫困的哲学”》一文中，卡尔·马克思第一次公开发表并提出金的地位问题：“金银除了与其他商品一样是由劳动时间来衡量价值的商品以外，还具有普遍交换手段，即货币的性质。”③“普遍交换手段”即一般等价物，是对货币本质描述最直白的代名词。在货币发展史中，很多种商品先后充当了一般等价物这个角色，但慢慢地固定为以金为代表的贵金属。卡尔·马克思认为，黄金之所以能够成为货币是因为它的自然属性决定的。

首先，黄金具有同一性，同质性，因而“等量的金银代表同样大

---

① 中央编译局．马克思恩格斯全集（第13卷）［M］．北京：人民出版社，1962：第38页。

② 中央编译局．马克思恩格斯全集（第4卷）［M］．北京：人民出版社，1958：第119页。

③ 中央编译局．马克思恩格斯全集（第4卷）［M］．北京：人民出版社，1958：第118页。

小的价值”[①]，能够执行价值尺度；第二，它可以“任意分割为若干部分，并且能够重新合而为一”[②]，可以作为价格标准；第三，黄金的“比重大，一个小体积代表着较大的重量”[③]，一小块黄金就可以代表比较大的交换价值，方便携带，适于流通；第四，黄金的“比值高，耐久，比较不易损坏”[④]，自然属性的稳定，使金既不容易损坏，又不跟其他自然物发生化学反应，能够很好地贮藏；第五，黄金储量稀少，加之本身质地较软，一来不会作为生产工具，二来可以冶炼成任意形状，方便铸币；第六，黄金的“美学属性使它们成为满足奢侈、装饰、华丽、炫耀等所需要”，可以作为财富象征。黄金以上的自然特性使其满足作为货币的所有要求，同时，它在铸币形式、条块形式、奢侈品形式之间可以自由转变，因而成为充当一般等价物即货币的天然选择。

“金银天然不是货币，但货币天然是金银。”[⑤] 最初源于《政治经济学批判》里的这句话可谓是目前有关卡尔·马克思对于黄金看法中最为人所熟知的论断，它基本代表了卡尔·马克思关于黄金和货币之间关系的看法。一方面，黄金是“人所发现的第一种金属”[⑥]，是一种自然产物而不是货币，“自然界并不出产货币，正如自然界并不出产银

① 中央编译局．马克思恩格斯全集（第13卷）［M］．北京：人民出版社，1962：第144页。

② 中央编译局．马克思恩格斯全集（第13卷）［M］．北京：人民出版社，1962：第144页。

③ 中央编译局．马克思恩格斯全集（第13卷）［M］．北京：人民出版社，1962：第145页。

④ 中央编译局．马克思恩格斯全集（第13卷）［M］．北京：人民出版社，1962：第144页。

⑤ 中央编译局．马克思恩格斯全集（第13卷）［M］．北京：人民出版社，1962：第145页。需要说明的是，在很多地方，马克思将金银并列来写，但它们之间还是有区别的。

⑥ 中央编译局．马克思恩格斯全集（第13卷）［M］．北京：人民出版社，1962：第146页。

行家或汇率一样”[①]。但正是由于它特殊的能够满足作为一般等价物要求的自然属性，随着商品经济的发展，黄金由特殊商品变为一般商品，成为能够代表其他一切商品交换价值的货币。正如卡尔·马克思所说，“金银之所以在法律上具有交换能力，只是由于它们具有事实上的交换能力，而它们之所以具有事实上的交换能力，那是因为当前的生产组织需要普遍的交换手段。”[②] 另一方面，金银的货币结晶是商品交换的固定媒介，也是流通过程留下的唯一产物，这种“社会过程的一般产物，或者说作为产物的社会过程本身，是一种特殊的自然产物，是一种藏在地壳里并从那里发掘出来的金属”[③]。这实际上就是说作为货币的金银是流通过程的社会产物，而社会的一般产物（即货币）是“自然属性适于执行货币的职能”[④] 的自然产物。具体来说，由于价值形式从一般价值形式发展到货币形式时采取的最重要形式是金，就是说“有一种商品在历史过程中夺得了这个特权地位，这就是金”[⑤]，因此货币天然是金银。在《资本论》等著作中，卡尔·马克思主要按照货币职能来分析货币，因而其对黄金的观点也囊括于这些职能之中。

1. 黄金是商品世界的价值材料

按照卡尔·马克思的货币理论，货币的第一个职能是价值尺度职

---

① 中央编译局．马克思恩格斯全集（第13卷）［M］．北京：人民出版社，1962：第145页。

② 中央编译局．马克思恩格斯全集（第4卷）［M］．北京：人民出版社，1958：第124页。

③ 中央编译局．马克思恩格斯全集（第13卷）［M］．北京：人民出版社，1962：第145页。

④ 中央编译局．马克思恩格斯全集（第23卷）［M］．北京：人民出版社，1972：第107页。

⑤ 中央编译局．马克思恩格斯全集（第23卷）［M］．北京：人民出版社，1972：第85页。

能。每个商品都有价值和使用价值，作为使用价值的商品具有一定的价值量，金作为一种商品也具有一定的价值量，即包含一定量的劳动时间，这是黄金能够作为价值尺度的基础。不同之处在于，金是一种特殊商品，被“当作一般劳动时间的直接化身即当作一般等价物”[①]从其他一般商品中分离了出来。因此，当其他商品都通过一定量的金与自身含有劳动时间的比值来衡量他们自身的交换价值时，金就变成了价值尺度。这个过程是相互的，因为金表现其他商品价值的同时，其他一切商品也相应地是金的交换价值的表现。基于此，卡尔·马克思在《资本论·第一卷》中说道：“金的第一个职能是为商品世界提供价值的材料，或者说，是把商品价值表现为同名的量，使它们在质的方面相同，在量的方面可以比较……由于这个职能，金这个特殊的商品才成为货币。”[②] 执行价值尺度职能的金首先是足值的，这是表现其他商品价值并衡量价值大小的基础。其次，它只需要是观念上的金即可，也就是说不需要在一件商品旁边摆上一堆与其等值的金，人们就能知道该商品的价格。对于执行价值尺度的金只需要是观念上的，卡尔·马克思在多处反复强调，而且还列举了很多例子，比如西伯利亚同中国的商品贸易，虽然实际上是物物交换，但是以银作为价格尺度，同时，是否有真实的银存在并不影响交易的进行。另外，卡尔·马克思还认为：“货币作为计算货币完全只在观念上存在，而实际存在的货

① 中央编译局．马克思恩格斯全集（第13卷）［M］．北京：人民出版社，1962：第55页。

② 中央编译局．马克思恩格斯全集（第23卷）［M］．北京：人民出版社，1972：第112页。

币却按照完全不同的标准铸造。”① 对此卡尔·马克思解释说，英国在一些北美殖民地中的流通货币为西班牙币和葡萄牙币，但却采用与英国本国一样的计算货币。

深入分析后，卡尔·马克思认为，金的价值量变动不会影响金执行它的价值尺度职能，相反，“金所以是价值尺度，因为它的价值是可变的”②，这是因为“商品与金之间真正的尺度是劳动本身”③。生产力带来劳动生产率的改变如果只是针对金的生产，而其他商品劳动生产率没变，则其他商品的实际价值量是没有变化的，变化的只是它们对金价值的相对涨跌。而金作为价值尺度，对其他商品的影响也不过是表面数值的变化，没有本质的影响。因此，无论金的价值如何变动，其他商品都可以用变动后的金量估计自己的交换价值。比如，某三种商品价值比例为2∶4∶8，由于金价值上升一倍而变为1∶2∶4，或者由于金价值下降一半而变成4∶8∶16时，其比例实际是没有变动的，只需要金的数量增加或者减少就可以。同样的，无论金的价值如何变动，10盎司金的价值仍然是1盎司金价值的10倍。

卡尔·马克思紧接着进一步区分了价值尺度和价值标准的含义。他认为：“当商品不再作为用劳动时间来衡量的交换价值，而作为用金来衡量的同名量相互发生关系的时候，金就从价值尺度转化为价格标准。”④

---

① 中央编译局．马克思恩格斯全集（第13卷）［M］．北京：人民出版社，1962：第64页。

② 中央编译局．马克思恩格斯全集（第13卷）［M］．北京：人民出版社，1962：第61页。

③ 中央编译局．马克思恩格斯全集（第13卷）［M］．北京：人民出版社，1962：第56页。

④ 中央编译局．马克思恩格斯全集（第13卷）［M］．北京：人民出版社，1962：第60页。

由此可见，价格标准就是金作为一定量的衡量商品价格的金属重量。也就是卡尔·马克思所说的："金作为物化劳动时间是价值尺度，金作为一定的金属重量是价格标准。"① 这是二者的第一个区别，第二个区别在于货币执行价值尺度与劳动时间有关，受劳动生产率客观影响，与人类的意识无关，而价格标准却是由法律所规定。

在最初的时候，金属重量的货币名称与其一般重量名称是相同的，只是随着发展出现了脱离，而这是由国家以及历史因素造成的，需要指出的是这种脱离为伪币的铸造创造了条件。具体来说，最初采用的金属货币是粗糙的条块，没有固定的符号、花色等，并没有进行精密加工。由于在流通中，执行价格标准职能的金的重量受到磨损而不断减轻，但是它的重量名称并没有改变，这出现了金属的货币名称和金属的一般重量名称的脱离，这种脱离使得地区间的交易产生了极大的不便。于是，一方面由历史因素的约定俗成，另一方面由法律规定的强制性和普遍性，贵金属的计量单位、等分及其名称由国家代表——政府给予了严格的规定，使得这些重量名称与货币名称已不再相同。比如，卡尔·马克思说道："在英国，作为金属重量的盎司分为本尼威特、克冷、克拉，但是作为货币单位的1盎司金分为3 $\frac{7}{8}$索维林，1索维林分为20先令，1先令又分为12便士。"② 由此，一夸脱小麦虽然等于一盎司金，但人们不说它等于一盎司金，而是说它等于3镑17先令101便士。这样，价格就可以用相同标准的名称表示出来了，商品的交

① 中央编译局．马克思恩格斯全集（第13卷）［M］．北京：人民出版社，1962：第61页。

② 中央编译局．马克思恩格斯全集（第13卷）［M］．北京：人民出版社，1962：第63页。

换价值转化为货币名称。这种发展产生了黄金的造币局价格，简单来说，就是“作为价格标准的金和商品价格表现为同样的计算名称”[①]。例如一盎司的金与一吨铁如果价值相同，则它们可以同样表示为3镑17先令10便士。

对于造币局价格的认识曾经颇为混乱，卡尔·马克思在《政治经济学批判》中对认为“金用自身来估计价值，而其他商品由国家规定价格”的想法进行了批判。他认为这种想法实际上是把一定重量的金的计算名称和这个重量的价值混淆了，或者说把后者误认为是前者。因为，金在作为价格规定执行计算货币的作用时，并没有价格。如果金有一个价格，那么不能用金自身来估价，比如不能说一盎司金等于一盎司金，这样的做法没有意义，这就需要用另外一种特殊的商品去表现它的价格，而这意味着将会产生另一个价值尺度。卡尔·马克思列举了爱德华三世到乔治二世时期英国币制史的一段混乱。这一时期的英国将金和银都作为价值尺度，但是实际上二者之间的法定比值却往往与现实比值不断冲突，时而黄金估价过高，时而白银估价过高，估价低的金属往往退出流通，被熔化掉或者输出国外。在分析法国等国家的情况之后，卡尔·马克思总结道：“凡有两种商品依法充当价值尺度的地方，事实上总是只有一种商品保持着这种地位。”[②]

2. 金货币在流通中升华为自己的象征

卡尔·马克思在《政治经济学批判》中说过：“价值尺度和流通手

---

① 中央编译局．马克思恩格斯全集（第13卷）［M］．北京：人民出版社，1962：第64页。

② 中央编译局．马克思恩格斯全集（第13卷）［M］．北京：人民出版社，1962：第66页。

段的统一是货币。”[①] 黄金之所以能够成价值尺度，是因为一切商品都用金来计量它们自身的价值，从而使金成为它们在观念上的对立面，成为它们的价值形态。卡尔·马克思在《资本论》中也说过：“金能够成为实在的货币，是因为商品通过它们的全面让渡使金成为它们的实际转换或转化的使用形态，从而使金成为它们的实际的价值形态。”[②]商品在流通中的形式为“W－G－W”，即分为买卖两个阶段，而货币“作为商品的媒介，取得了流通手段的职能”[③]，作为流通手段的金总是留在流通之中，而其他商品在经过交换之后会退出流通进入消费。同时，“作为流通手段的货币总是表现为购买手段”[④]。不过，卡尔·马克思对于认为货币仅仅是作为物物交换的媒介、买卖之间只有统一没有分裂的结论进行了批判。他认为，由于货币的介入，买与卖在时空上产生了分离，这是商业危机发生的基础。就是说“可以有货币流通，而不发生危机，但是没有货币流通，却不会发生危机”[⑤]。

将商品流通公式分为卖“W－G”及其逆运动买“G－W”两个阶段来看，无论是哪一阶段，商品和金，或者说使用价值和交换价值总是对立的，而这种两极对立是商品交换过程包含矛盾的解决之道。分别处于这两个阶段中的货币表现为实际货币——真金白银，而不是观念

① 中央编译局．马克思恩格斯全集（第13卷）［M］．北京：人民出版社，1962：第113页。

② 中央编译局．马克思恩格斯全集（第23卷）［M］．北京：人民出版社，1972：第128页。

③ 中央编译局．马克思恩格斯全集（第23卷）［M］．北京：人民出版社，1972：第134页。

④ 中央编译局．马克思恩格斯全集（第13卷）［M］．北京：人民出版社，1962：第89页。

⑤ 中央编译局．马克思恩格斯全集（第13卷）［M］．北京：人民出版社，1962：第87页。

上的货币。不过卡尔·马克思补充道，当商品流通“W－G－W”不断进行时，“金虽然是实在的金，但只是执行虚幻的金的职能，因而在这个职能上它可以由它自己的符号来代替”①，而且“金只要处在流通中或仅仅作为铸币发生作用，金实际上只是货币商品形态变化的联结，是商品的仅仅瞬间的货币存在”②。

货币流通规律是指，在简单货币流通中，社会中所需要的全部的货币量等于社会中全部商品的价格总额除以货币流通速度。货币流通规律告诉我们：“金的流通速度可以代替金的数量。”③ 不过卡尔·马克思也指出，货币流通速度只能在一定程度上代替货币的数量，这是因为买和卖的无限分散使得每一时刻都有大量的交换在空间上并行发生。但总之，由于流通中所需的金量随商品价格总额和金流通速度的变化而变化，金属的流通量就必须有扩张和紧缩的能力，而这是通过贮藏货币的职能实现的，在贮藏货币一节中卡尔·马克思做了详细的解说。另外，卡尔·马克思在《政治经济学批判》第二章的“货币流通”一节中说道，货币流通规律是有假设条件的，一方面是不考虑信用、城乡发展等影响商品价格和货币流通速度变化的因素，另一方面是假定了金本身的价值不变。因此从第二个假设来看，货币流通规律还有第二表述：“已知商品的交换价值，已知商品形态变化的平均速度，流通的金量就决定于金本身的价值。”④ 这

① 中央编译局．马克思恩格斯全集（第13卷）［M］．北京：人民出版社，1962：第105页。

② 中央编译局．马克思恩格斯全集（第13卷）［M］．北京：人民出版社，1962：第105页。

③ 中央编译局．马克思恩格斯全集（第13卷）［M］．北京：人民出版社，1962：第95页。

④ 中央编译局．马克思恩格斯全集（第13卷）［M］．北京：人民出版社，1962：第96页。

是说，原来价值尺度或者说金的价值发生变化，被价值更高或更低的金取代时，商品的价格将向相反方向同比例变动，所需的货币流通量也就发生改变。

卡尔·马克思在《政治经济学批判》中还专门介绍了铸币。铸币是有特定的花纹、形状、成色等特殊规定的金属货币。铸币的铸造任务是由国家承担的。因此卡尔·马克思认为，铸币是有地方性和政治性的，即一个地方的铸币只能在该地方内流通，往往是以国界为范围。“金块和金铸币的差别，并不比金的铸币名称和它的重量名称的差别更大”[①]，它们之间可以通过熔化等物理变化相互转换，这纯粹是件技术性的事务。卡尔·马克思说，拿一定量的金，比如100磅到英国造币局去，可以换到4 672 $\frac{1}{2}$镑或金索维林。如果将之前的100磅金和之后这4 672 $\frac{1}{2}$金索维林放在天平两端，则天平将会是水平的，或者说二者的重量相同。这说明“索维林不过是在英国造币局价格中用这个名称来表示的具有特定形状和印记的金的一定重量”[②]。

黄金虽然有耐久的特性，但是流通中的金铸币还是会有磨损。卡尔·马克思曾经举例说，如果一个金铸币磨损较大，另一个磨损较小，则他们实际包含的价值量并不相同，但是由于货币表现为铸币形式（即法定价值），它们仍然表现相同的价值，也就是没有磨损时铸币所

---

① 中央编译局．马克思恩格斯全集（第23卷）［M］．北京：人民出版社，1972：第97页。

② 中央编译局．马克思恩格斯全集（第13卷）［M］．北京：人民出版社，1962：第98页。

表示的价值，这样就产生“铸币观念化”了。铸币名义含量和实际含量的分离使作为铸币的金和作为一般等价物的金之间产生了矛盾。“作为价值尺度，金总是分量十足的，因为它总是当作观念的金来用的”。“但是当它充当铸币时，它的自然实体就不断同它的职能发生冲突”[①]。这一方面会导致铸造伪币的活动，而国家对伪造货币以及货币磨损的纠正导致的是货币标准的改变。这也反映了货币流通手段和价值尺度的关系，即“金作为流通手段而发生的观念化，会反过来改变金曾经借以成为价格标准的法定比例”[②]。另一方面，金会逐渐退出磨损最快的流通领域，或者说交易频率高而交易额小的流通，而被价值较低的银符号或铜符号等辅币所代替。但这些银符号和铜符号作为金的辅币，同金一样也会在流通中磨损，“并且随着它们的流通速度和频繁程度而观念化，更快地变成单纯的影子”[③]。这种重复的磨损替代，使得金属辅币们无论减少了多少实际价值，都要作为同量的金的象征流通，这也从本质上暗示了，即使是没有价值的东西（比如纸）也有了作为金货币象征的可能。于是，卡尔·马克思说道：“正如商品的交换价值通过商品的交换过程结晶为金货币一样，金货币在流通中升华为自己的象征，最初采取磨损的金铸币形式，而后采取金属辅币形式，最后采取价值的记号、纸片、单纯的价值符号形式。”[④] 最终，强制通用的国

---

① 中央编译局．马克思恩格斯全集（第 13 卷）［M］．北京：人民出版社，1962：第 101 页。

② 中央编译局．马克思恩格斯全集（第 13 卷）［M］．北京：人民出版社，1962：第 100 页。

③ 中央编译局．马克思恩格斯全集（第 13 卷）［M］．北京：人民出版社，1962：第 103 页。

④ 中央编译局．马克思恩格斯全集（第 13 卷）［M］．北京：人民出版社，1962：第 104 页。

家纸币成为价值符号的完成形式。

卡尔·马克思指出，纸币与银质和铜质的辅币并没有什么区别，只是随着商品交易的发展，它的流通范围更广一些。纸币虽然是金的象征，但纸币和金之间还有很大的区别。首先，流通中的金量取决于商品价格，“已知商品的交换价值，流通的金量决定于金自己的价值，而纸票的价值却决定于流通的纸票的数量”①。这就是说纸币的价值取决于自己的数量，无论发行多少纸币，流通总能吸收掉，但每张纸币的价值会相应地下降，而且这里改变的只有价格标准。其次，卡尔·马克思认为：“既然纸币在实际上代替金币而流通，它们就受金币流通规律的支配……纸币的发行额应当限于它所代替的金的实际流通量。”②这是因为作为金铸币的象征符号，纸币是受金的流通规律制约的，正如第一条所说，过多的纸币会导致纸币自身价值的下降，而不会改变商品或金铸币本身的价值。这一方面说明纸币不能脱离金而独立存在，另一方面也说明过量的纸币会有导致通货膨胀的可能。最后，二者之所以作为货币的原因不同，卡尔·马克思精简地概括道：“金因为有价值才流通，纸票却因为流通才有价值。”③

3. 作为货币静止的金银就是贮藏货币

在《政治经济学批判》第二章的“货币”一节中，卡尔·马克思指出，黄金的价值尺度职能，是作为观念货币完成的；在流通手段职

---

① 中央编译局．马克思恩格斯全集（第13卷）［M］．北京：人民出版社，1962：第111页。

② 中央编译局．马克思恩格斯全集（第16卷）［M］．北京：人民出版社，1964：第283页。

③ 中央编译局．马克思恩格斯全集（第13卷）［M］．北京：人民出版社，1962：第111页。

能中，它可以由符号来体现，是象征性的。但是在有些形式中，“它必须是以其贵金属表现为商品的实际等价物或表现为货币商品”[①]。货币是价值尺度和流通手段的统一，但是“作为这样的统一，金又有了一个独立的、同它在两个职能上的存在不同的存在……在它简单的金属实体形式上，金是货币，或者说，货币是实在的金”。作为一切商品的价值代表，金可以直接转化为任何需要的对象，它的使用价值可以代表一切商品的使用价值，正因如此，金成了财富的代表。在这个意义上说，作为货币的金“从商品的区区帮手变成了商品的上帝”[②]。金作为货币最初离开流通停留在金蛹形式时，构成了货币的第三种职能——贮藏货币。卡尔·马克思认为，执行流通手段职能的货币是铸币，而铸币一旦停止流通，就变为货币，但大部分情况下卡尔·马克思并未对铸币和货币加以明确区分。

卡尔·马克思认为：“作为货币而静止下来的金银就是贮藏货币。”[③] 随着经济社会的发展，一方面，买卖的分离造成、也要求交换各方手中持有一定量的交换媒介，这种短暂停留的货币被卡尔·马克思称为“暂歇的铸币”。暂歇货币的出现，或者说流通手段变为货币的第一个原因仅仅是流通过程中货币转化的一个技术因素造成的。另一方面，随着生产力的提高和剩余产品的出现，财富的最初形式——“剩余或过剩的形式”也产生了。卡尔·马克思认为：“这种剩余的最

---

① 中央编译局．马克思恩格斯全集（第49卷）［M］．北京：人民出版社，1982：第201页。

② 中央编译局．马克思恩格斯全集（第13卷）［M］．北京：人民出版社，1962：第115页。

③ 中央编译局．马克思恩格斯全集（第13卷）［M］．北京：人民出版社，1962：第117页。

适当的存在形式是金和银，这是财富被当作抽象的社会财富保存时采取的第一种形式。”① 金银作为被保存形式上的财富，使得“每一个商品生产者都必须要握有这个物的神经，这个‘社会的抵押品’”②。“随着商品流通的扩展，货币——财富的随时可用的绝对社会形式——的权利也日益增大。”③ 而由此产生的货币的静止就是货币贮藏。卡尔·马克思在《资本论第一卷提纲》中提出，这种贮藏金的欲望，或者说求金欲是无止境的。“货币贮藏者为了金偶像而牺牲自己的肉体享受。”④ 在卡尔·马克思看来，贮藏货币借以形成的活动是“一方面是通过不断重复的卖从商品中取出货币，另一方面是简单的收藏、积累”⑤。

关于贮藏货币的作用，卡尔·马克思认为它“对于流通的货币起着泄水道和引水道的作用”⑥。也就是说，在流通过程中商品价格上涨流通速度下降，则会有更多的贮藏货币进入流通；当然，如果流通中所需的货币量下降，则会有部分铸币退出流通。同时，他指出，流通中的货币变为贮藏货币及其相反的运动相互交替、不断摆动，至于摆动的哪一方占优势，这完全是由商品流通决定的。在商品流通不发达

① 中央编译局．马克思恩格斯全集（第13卷）［M］．北京：人民出版社，1962：第117页。

② 中央编译局．马克思恩格斯全集（第23卷）［M］．北京：人民出版社，1972：第151页。

③ 中央编译局．马克思恩格斯全集（第23卷）［M］．北京：人民出版社，1972：第151页。

④ 中央编译局．马克思恩格斯全集（第23卷）［M］．北京：人民出版社，1972：第153页。

⑤ 中央编译局．马克思恩格斯全集（第13卷）［M］．北京：人民出版社，1962：第122页。

⑥ 中央编译局．马克思恩格斯全集（第16卷）［M］．北京：人民出版社，1964：第284页。

的地方，贮藏货币是十分零散的，而在发达的资本主义国家，这些贮藏货币集中到了银行的金库中。

在《资本论》第三卷中，卡尔·马克思深入研究了黄金贮藏的国家储备形式，并探讨了其与危机的关系。卡尔·马克思从贵金属在国际流动开始入手分析，首先他认为，金属在不生产金银的区域（包括不生产金银的国家之间和各自内部）流通，而生产金银的国家产出的金银则按一定需要追加给其他国家。第二，贵金属在各国之间流进流出只是“平行运动，大部分会互相中和”①，但也有某一方向占优的情况，最终的流向与贵金属作为交易手段及与交易无关的流入流出两方面有关。第三，贵金属流入和流出的多少，大体可以用中央银行的黄金准备变化来测量，不过考虑到流入的部分金银可能用于制造奢侈品等原因，无法用这个标准精确衡量。第四，卡尔·马克思认为，如果金属贮藏由于没有追加的输入而持续减少，并导致银行的金属准备下降到中等水平以下，甚至接近最低限度，则金属的输出就会采取流出的形式。第五，他明确了国家银行的金属准备的用途，分为三个方面：“作为国际支付的准备金，也就是作为世界货币的准备金；作为时而扩大时而收缩的国内金属流通的准备金；作为支付存款和兑换银行券的准备金。”② 一国的金属储备会受到这三种职能变动的影响。同时，卡尔·马克思还指出，“在纯粹是金属流通和银行业集中的地方，银行还会把它的金属贮藏看作是支付存款的保证”③，在金属流出的时候，就

① 中央编译局．马克思恩格斯全集（第25卷）［M］．北京：人民出版社，1974：第643页。

② 中央编译局．马克思恩格斯全集（第25卷）［M］．北京：人民出版社，1974：第641页。

③ 中央编译局．马克思恩格斯全集（第25卷）［M］．北京：人民出版社，1974：第643页。

可能发生恐慌。第六，他还认为贵金属的流出在多数情况下是对外贸情况变化的表现，是接近危机的预兆。在卡尔·马克思看来，危机总是“在贵金属的输入又超过它的输出时爆发”①，即危机显现具有一定的滞后性，可以把黄金等贵金属流动方向的变化作为危机的信号。第七，他认为，在其他条件不变时，各国的相对储藏量是由国家在国际市场上的重要性或者说作用决定的，即便出现存额不正常，贵金属也会自己流动调整直到“恢复金属储备在各国之间原来的分配”②。

卡尔·马克思认为，在国际流动的贵金属，不单纯在量上产生影响，更重要的是它的货币性质以及它处在货币、信用体系的核心的地位。一方面贵金属的货币形式使它有不同于一般商品的特殊性质，它们作为一般等价物表现一切商品的价值而与商品对立，同时又表现为社会财富。另一方面，在信用制度和银行制度的发展下，它的作用“像加到天秤的一根羽毛的作用一样，足以决定这个上下摆动的天平最后向哪一方面下坠”③。在他看来，“中央银行是信用制度的枢纽。而金属准备又是银行的枢纽”④。信用制度和银行制度的发展，一方面促进货币资本为生产服务，另一方面在一定时期使金属准备降到最低，进而不足以执行它的职能。换句话说，信用不断地排挤货币并试图篡

① 中央编译局．马克思恩格斯全集（第25卷）［M］．北京：人民出版社，1974：第643页。

② 中央编译局．马克思恩格斯全集（第25卷）［M］．北京：人民出版社，1974：第645页。

③ 中央编译局．马克思恩格斯全集（第25卷）［M］．北京：人民出版社，1974：第647页。

④ 中央编译局．马克思恩格斯全集（第25卷）［M］．北京：人民出版社，1974：第648页。

夺它的位置。“正是这种发达的信用制度和银行制度，引起了整个机体的这种过敏现象”①，即危机。卡尔·马克思最后总结说：“在危机中，会出现这样的要求：所有的汇票、有价证券和商品应该能立即兑换成银行货币，而所有的银行货币又应该能立即同时再兑换成金。”②

黄金不仅具有货币属性，还具有商品属性。黄金的奢侈品形式是卡尔·马克思黄金理论中唯一涉及黄金非货币的属性。他在《资本论》第一卷中提到：“除了直接的贮藏形式以外，还有一种美的贮藏形式，即占有金银制的商品。”③ 黄金本身稳定的物理化学属性使它成为人类发现的第一种金属，而它璀璨夺目、金光灿烂的色泽又使其具有独特的美学性质，能够满足人们关于奢侈、炫耀等方面的需求，因而成为财富象征，受到人们的追求、收藏和使用。当然，不管这些金银制品有什么样的美学属性，由于它们所用的材料是货币材料，因此它们可转化为货币。卡尔·马克思认为：“在和平时期，以金银货币变成奢侈品为主，只有在动荡的局面下，才以奢侈品倒过来变成条块或铸币为主。”④

4. 交换价值的独立发展成为信用制度的自然基础

卡尔·马克思认为货币的价值尺度和流通手段是货币之所以成为

① 中央编译局．马克思恩格斯全集（第25卷）［M］．北京：人民出版社，1974：第647页。

② 中央编译局．马克思恩格斯全集（第25卷）［M］．北京：人民出版社，1974：第650页。

③ 中央编译局．马克思恩格斯全集（第23卷）［M］．北京：人民出版社，1972：第154页。

④ 中央编译局．马克思恩格斯全集（第13卷）［M］．北京：人民出版社，1962：第125页。

货币的根本原因，而支付手段是随着经济的发展逐步由前两种职能中延伸分化出来的一种职能。它与黄金本身属性的关系已经较远，黄金理论的研究也不很深入。但卡尔·马克思从支付手段这一角度对信用、危机和黄金（准备金）做了几点说明。

首先，由于种种原因，买卖双方一手交钱一手交货的形式不存在了，取而代之的是货币支付与商品转移在时空上的分裂，卖者作为现有商品的所有者按照商品的价格实际转移商品，买者作为未来货币的代表者在后来约定的时间支付。这时，“买者本身象征地代表货币”①，而其形式是法律上有强制性的私人契约。在这种形式中，货币表现为绝对的商品，起着一般支付手段的作用，同时货币有了新规定形式，正如卡尔·马克思所说：“货币，或者说交换价值的独立发展，已不再是商品流通的中介形式，而是它的最终结果。”② 卖者和买者变成了债权人和债务人，这种关系是“信用制度的自然基础”③，而且在信用制度真正建立之前就已经很发达。另外需要指出的是，随着经济联系的发展，人们之间逐渐形成了支付锁链，这一方面加速了货币作为支付手段的流通速度，另一方面也减少了货币的实际需要量。不过，这种发展“如果有什么震动强制地打断了支付之流，破坏了它的抵销制度”④，货币危机就很有可能爆发了。

---

① 中央编译局．马克思恩格斯全集（第 13 卷）［M］．北京：人民出版社，1962：第 130 页。

② 中央编译局．马克思恩格斯全集（第 13 卷）［M］．北京：人民出版社，1962：第 132 页。

③ 中央编译局．马克思恩格斯全集（第 13 卷）［M］．北京：人民出版社，1962：第 133 页。

④ 中央编译局．马克思恩格斯全集（第 13 卷）［M］．北京：人民出版社，1962：第 136 页。

其次，卡尔·马克思认为，在支付手段出现以前，货币不同于流通手段的只有两种形式，即基于 W－G 之后的贮藏货币和为 G－W 而暂时停留的“暂歇货币”。但随着支付手段这一职能的出现，又出现了支付需要的准备金，“一笔作为支付手段的货币的积累”①。这笔准备金既“不像货币贮藏那样是流通本身之外的活动，也不像铸币准备金那样仅仅是铸币的技术性的停留”②。这种准备金的发展导致“随着资产阶级社会的发展，作为独立的致富形式的货币贮藏消失了，而作为支付手段准备金形式的货币贮藏却增长了”③。正如前面所说，随着支付手段这一职能的发展和支付链的形成，出现危机的可能性也增大了，而金属准备金则有助于缓解危机。这是因为，金属准备金的存在一方面可以支付未来的约定支付期届满时的债务，减少违约情况的发生，进而避免支付锁链的断裂；另一方面，由于债务人手中持有一定量的金属货币，或者说现金，发生货币危机的时候，货币是唯一的财富形式。

最后，卡尔·马克思认为，虽然贵金属价值的变动并不影响它执行价值尺度的职能，但这种变动对于贮藏货币和作为支付手段的货币却有决定性的意义。“因为，随着金银价值的涨落，金银贮藏货币的价值量也会提高或降低。这种变动，对于作为支付手段的货币就更加重要。”④ 由于货币支付和商品转移是在两个不同时期发生的，货币也执

---

① 中央编译局．马克思恩格斯全集（第 13 卷）［M］．北京：人民出版社，1962：第 137 页。

② 中央编译局．马克思恩格斯全集（第 13 卷）［M］．北京：人民出版社，1962：第 137 页。

③ 中央编译局．马克思恩格斯全集（第 23 卷）［M］．北京：人民出版社，1972：第 162 页。

④ 中央编译局．马克思恩格斯全集（第 13 卷）［M］．北京：人民出版社，1962：第 138 页。

行了两种不同的职能，首先在商品转移时执行了价值尺度的职能，之后在货币支付的时候执行与之相适应的支付手段职能。如果在这两个时期之间，黄金等贵金属的价值发生变动，同量的金银的价值会发生相应的变动。“当它作为支付手段出现时，就会比它作为价值尺度时或签订契约时高些或低些。”① 而这种变动会改变债权人和债务人之间的地位，贵金属价值的下降有利于债务人，它的上升则有利于债权人。

5. 丢掉“民族外衣”的黄金是世界货币

在《政治经济学批判》的“世界货币”一节中，卡尔·马克思认为，黄金成为不同于铸币的货币有三种情况：首先是作为贮藏货币退出流通，其次是作为非流通手段进入流通，最后则是因为“它突破了国内流通的界限以便在商品世界中起一般等价物的作用。这样，金就成了世界货币”②。“金银的特征是世界货币”③，这是卡尔·马克思对于黄金与世界货币之间关系最直白的概括，也是金银不同于其他货币形式的最重要的特征。卡尔·马克思生活的时代，信用制度和银行制度已经很发达，当今世界所用的商业票据和银行票据很多当时已经有应用，但与当今最大的不同之一就是当时的世界货币只有金和银而不是其他任何形式的货币，尤其不是纸币。在卡尔·马克思看来，黄金等贵金属与其他货币形式最大的区别甚至是本质的区别就在于它的世界货币属性。虽然在当今社会看来这个论断有历史局限性，但在卡

① 中央编译局．马克思恩格斯全集（第 13 卷）［M］．北京：人民出版社，1962：第 138 页。

② 中央编译局．马克思恩格斯全集（第 13 卷）［M］．北京：人民出版社，1962：第 139 页。

③ 中央编译局．马克思恩格斯全集（第 23 卷）［M］．北京：人民出版社，1972：第 165 页。

尔·马克思生活的时期，“货币……只有以金银条块的形式才能充当世界货币”① 是无可非议的。

卡尔·马克思认为作为世界货币的金银在国内市场和世界市场中是有区别的。首先，一国金铸币流入世界市场后将会丢掉它“民族的外衣”，“货币的计算名称又恢复成为它相应的重量名称”②。在世界市场中的黄金不再有国家的官方印记，又回到了无差别的条块形式，这就是说它们的名称、花色、形状等变得毫无意义，而只有它们所包含的内容或者说劳动时间才有意义。其次，“在国内流通领域内，只能有一种商品充当价值尺度，从而充当货币。在世界市场上，占统治地位的是双重价值尺度，即金和银”③，这是由于不同国家使用的价值尺度可能是有差别的。以英国为例，在国内市场中只有金作为价值尺度，银、铜等其他金属货币（还有纸币）只能作为黄金的辅币满足流通需要，不能充当价值尺度。在世界市场上则不然，由于国际贸易的需要，金和银都成为世界货币，所有商品的价值由二者的相对价值决定。二者的相对价值表现为一个变动的过程，再加上一国商品所有者不得不用本国金属货币交换他国使用的金属货币，因此，每个国家都会把金和银当作世界货币。最后，“在国际的商品流通中，金和银不是表现为流通手段，而是表现为一般交换手段”④。在世界市场中，金银只是作

① 中央编译局．马克思恩格斯全集（第 16 卷）［M］．北京：人民出版社，1964：第 286 页。

② 中央编译局．马克思恩格斯全集（第 13 卷）［M］．北京：人民出版社，1962：第 139 页。

③ 中央编译局．马克思恩格斯全集（第 23 卷）［M］．北京：人民出版社，1972：第 163 页。

④ 中央编译局．马克思恩格斯全集（第 13 卷）［M］．北京：人民出版社，1962：第 140 页。

为购买手段和支付手段存在的。国际贸易中物质变换往往是单方面的，只有在买卖分离的时候，金银才起购买手段的作用。作为支付手段的金银可以平衡国际贸易差额，而在国内市场中，作为铸币的货币只是商品交换的媒介，是商品交换中瞬息的形式，它只能起购买手段的作用。

对于作为世界货币的金银的作用，卡尔·马克思说道，首先“金银作为世界货币，既是一般商品流通的产物，又是进一步扩展流通范围的手段”①。金银的使用统一了货币形式，它们作为世界货币放弃了“民族的外衣”，减少了国际贸易发展的阻碍，促进了世界市场的形成。从黄金符合要求变为最适当的货币这个角度来说，工业和贸易对于商品所有国来说只不过是从世界市场中获取金银的手段。其次，在世界市场上交换而来的黄金流入国内之后，对于国内市场的作用，卡尔·马克思认为有三种，即“补偿磨损了的金银铸币，供给奢侈品材料，并且凝固为贮藏货币”②。当然，也有一部分黄金“被拦蓄在铸币的、支付手段的和世界货币的各种准备金蓄水池中”③。

6. 卡尔·马克思关于黄金的其他观点

（1）产金国的黄金首先是商品。在这些生产黄金的国家，黄金是作为它们的直接产品或者说商品进行国际贸易的，而不是商品的转化形式。这些国家是金银进入货币市场和商品市场的起点，正如卡尔·

① 中央编译局．马克思恩格斯全集（第13卷）［M］．北京：人民出版社，1962：第142页。

② 中央编译局．马克思恩格斯全集（第23卷）［M］．北京：人民出版社，1972：第165页。

③ 中央编译局．马克思恩格斯全集（第13卷）［M］．北京：人民出版社，1962：第141页。

马克思所说：“金银的源流由这里四面八方地流向世界市场。”① 与其他一般国家不同，卡尔·马克思认为，在金银作为货币重新出现在这些国家以前，它们首先作为等价物，也就是商品，按照它们所包含的劳动时间在世界市场上去同其他国家的商品交换。它们的生产费用，或者说生产它们所需耗费的劳动时间的变化同比例地影响它们在世界市场上的相对价值。

（2）黄金与白银的价值存在相对变化。最初，黄金是人类所发现的第一种金属，这是因为它的自然属性十分稳定，不与其他物质化合，独立存在或者说“处于处女状态”。最初发现黄金是在河流中，只需要简单的劳动就可以获得，因此其初始的价值并不如银高。与此同时，银的获得需要开采，这是以矿山劳动和较高的开采技术为前提的，所以每单位银所包含的价值量最初相对地大于黄金。但是随着地表少量的金日益枯竭，想要获得更多的黄金也需要进行开采，而黄金的蕴藏量远小于银，其开采技术和所需劳动力的复杂程度也都高于银，因此，随着时间的推移，金的价值就逐渐高于银了。不过卡尔·马克思也指出：“在技术和交通工具的一定发展阶段上，新的金银产地的发现具有举足轻重的地位。”②

（3）金属货币的两次观念化。卡尔·马克思指出：“其他物因为与世界接触而失掉了自己的观念性，而铸币却因为实践反而观念化，变

① 中央编译局．马克思恩格斯全集（第 13 卷）［M］．北京：人民出版社，1962：第 141 页。

② 中央编译局．马克思恩格斯全集（第 13 卷）［M］．北京：人民出版社，1962：第 147 页。

成它的金体或银体的纯粹虚幻的存在。”① 这是作为货币的贵金属与其他一切商品的区别，是金属货币独有的特性。他认为，在流通过程中作为货币的贵金属先后出现了两次观念化：第一次是金属一般重量名称和金属重量的货币名称发生的脱离；第二次是金属铸币的名义含量与实际含量之间的分离。这两次脱离一方面是流通过程的产物，促进新形式的货币出现，另一方面被政府和私人冒险家积极利用起来，进行各种各样的铸造伪币的活动。

（4）汇兑率受黄金国际流动的影响。《资本论》第三卷第三十五章“贵金属和汇兑率”中有以英国为例的关于汇兑率的一些说明，由恩格斯的总结、“对亚洲的汇兑率”及“英国的贸易差额”三部分组成，主要是恩格斯根据卡尔·马克思的手稿整理得来，因此也掺杂了恩格斯自己的观点。该文通过威尔逊与纽马奇的问答形式来展示汇兑率的影响因素，其中与黄金有关的有四点。第一，在恩格斯的总结部分他说道：“汇兑率是货币金属的国际运动的晴雨表。”第二，如果由于某种原因，贵金属的输出较多、持续时间又长，则该国政府就会采取保护措施，主要的措施是提高利息率。第三，贵金属的输出对汇兑率的影响不同于一般资本输出对汇兑率的影响，二者不能够等同。卡尔·马克思以英国向印度进行铁路建设投资为例进行了说明。他认为，首先，无论是直接贵金属输出还是将铁轨运到印度，都只是同量资本的不同转移形式。其次，如果是以贵金属输出的形式进行的，则很多情况下，这会直接影响英国的资本市场，从而影响利率。“因为这是贵

① 中央编译局．马克思恩格斯全集（第13卷）［M］．北京：人民出版社，1962：第99页。

金属，而贵金属直接是借贷的货币资本，是整个货币制度的基础。它会直接影响汇兑率。”① 相反，如果是用铁轨的形式输出，则不会对汇兑率产生影响。第四，在“英国的贸易差额”一节中，卡尔·马克思列出了外汇率变化的几种原因，其中第三条指出，如果一国用金、另一国用银作为“货币”，那么，这两个国家的汇兑率就取决于这两种金属价值的相对变动，因为这种变动显然影响这两种金属的平价。随后他以1850年英国汇兑率为例做了说明，在当时没有金外流的情况下，由于金和银的相对价值突然提高，这种变动即便没有导致金的外流，也对汇兑率不利。

（5）卡尔·马克思关于其他学说的批判。卡尔·马克思在对金属货币进行研究的过程中，对前人的很多观点都进行了深刻的批判，这里对卡尔·马克思在《政治经济学批判》一书中单独列出的两个问题进行阐述。

第一个批判在“关于货币计量单位的学说”一节中。在本节中，卡尔·马克思首先对“观念的计量的货币计量单位学说”进行了批判。该学说认为英镑、便士、法郎等货币名称，并不是黄金的重量部分或物化的劳动，而是指观念上的价值原子。因此，如果一盎司的黄金包含了更多这样的原子，那么它的价值就提高了，它就应该能够铸成更多的先令。卡尔·马克思认为之所以产生这种学说，是因为在规定价格时只是观念中的黄金在起作用，同时它只起计算货币的作用，这两次观念的转化导致一些资产阶级代表看不清本质。在他看来，“如果货

① 中央编译局．马克思恩格斯全集（第25卷）［M］．北京：人民出版社，1974：第653页。

币的计算名称，如英镑、先令等，是一个商品在同其他商品交换时或多或少地吸进或吐出的一定数目的价值原子的名称，那么，一张英国的五镑券，就不依赖于它同金的比例，正像不依赖于它同铁和棉花的比例一样。既然它的名称不再使它同一定量的金或其他任何商品在理论上相等，所以它可兑现的要求，即它同一定量的某种特殊物实际上相等的要求，就被它的概念本身排除了"①。卡尔·马克思批判的第二个学说是"劳动时间是直接的货币计量单位的学说"。这一学说主张通过银行来确定生产各种产品所需的劳动时间，然后生产者将自己的商品交给银行换回一张价值凭证，这张凭证可以证明他的商品中包含多少劳动时间。同时，这些代表劳动时间的银行券，又是领取存放在银行仓库中其他商品的"一个等价物的证据"。卡尔·马克思认为，这种思想是不切实际的。因为既然劳动时间是价值的内在尺度，为什么现实生活中还需要一个价值凭证这样的外在尺度呢？卡尔·马克思对这个学说提出了一系列尖锐的问题。而且他指出，商品的生产是独立的、私人进行的，这些个别劳动时间并不等同于社会必要劳动时间，而后者才是价值的真正尺度，否则就没有计算商品价值的标准。这个学说的代表人物约翰·格林在后期还指出"每种商品直接就是货币"，这是对货币本质不清晰的认识所导致的。如果每种商品都是货币，那么货币本身就失去了存在的意义，这句话本身也就没有了存在的意义。卡尔·马克思认为，这些观点实际上表达了一种愿望："废除货币，同货币一起废除交换价值，同交换价值一起废除商品，同商品一起废除资产阶级生产方式"②。

---

① 中央编译局．马克思恩格斯全集（第13卷）［M］．北京：人民出版社，1962：第73页。

② 中央编译局．马克思恩格斯全集（第13卷）［M］．北京：人民出版社，1962：第76页。

第二个在“关于流通手段和货币学说”一节中。卡尔·马克思从对货币主义的批判入手，首先批判了古典经济学在18世纪最重要的代表休谟。古典经济学认为，金属流是流通的支配形式，金属货币就是铸币，而铸币是价值符号。于是，他们得出结论，商品的价格取决于流通中的货币量。从卡尔·马克思的理论来看，这显然是错误的。首先，货币流通是由商品流通决定的；其次，金属货币不仅是实体的而且还是观念上的，更不用说还有很多非铸币形式的黄金；再次，作为铸币的黄金自身也是有价值的。卡尔·马克思通过对休谟观点的研究发现：“一方面休谟让金银以非商品的资格进入商品世界，但是另一方面，一旦商品在铸币的形式规定性上出现，他又反过来把它们变成一种通过简单物物交换同其他商品交换的简单商品。”① 所以，休谟的错误在于他没有看到商品所包含的交换价值和使用价值的对立，没有看到由此引起的货币流通中结晶的货币的各种规定形式，而仅仅将一国贵金属总重量机械地等同于同时存在的商品数量。卡尔·马克思接下来简单批判了詹姆斯·斯图亚特、亚当·斯密的一些错误观点，并着重批判了大卫·李嘉图。大卫·李嘉图依据纸币贬值和同期商品价格上涨的客观情况，把信用货币的流通同价值符号的流通混为一谈。大卫·李嘉图的出发点是正确的，他认为劳动时间决定金银的价值并且金银是作为具有一定价值的商品来衡量其他商品价值的。但之后他的想法出现错误，他认为：“既然具有一定价值的货币能够流通的量是一定的，而它的价值在流通中又只表现在它的量上，那么它的单纯的价

① 中央编译局．马克思恩格斯全集（第13卷）［M］．北京：人民出版社，1962：第154页。

值符号如果按照由它的价值所决定的比例来发行，就可以在流通中替代它。”[①] 基于此，大卫·李嘉图也得到了货币数量决定商品价格的错误结论。卡尔·马克思认为，大卫·李嘉图错误的原因是被价值符号的数量和贬值的现象所支配，没有探究表象背后的原理。

总之，卡尔·马克思所批判的这些错误理论，要么把一些概念混淆，要么被现实表象所困，都没有得出正确的结论。

三、卡尔·马克思黄金理论在当今时代的意义

结合现实情况，总体而言，卡尔·马克思的货币理论及其黄金观点对我们现代的贡献主要有两个方面，即方法论和基本原理。卡尔·马克思在理论解释过程中所用的很多实例及统计数字不仅增加了说服力，而且使晦涩的理论变得更加生动易懂。这种唯物主义分析与历史实例相结合的办法既有助于我们了解黄金本身，有助于我们透过黄金看到货币本质，也为我们提供了一种研究货币、黄金的方法。对于货币研究，卡尔·马克思自己说道：“只要理解了货币的本源在于商品本身，货币分析上的主要困难就克服了。”[②] 另外，在研究过程中，卡尔·马克思还对一些小资产阶级的错误观点进行了深刻的批判，这一方面为我们提供了反面材料，使我们可以避免再犯类似的错误，另一方面也为我们提供了一种分析方法。

当今世界，黄金已不再是货币，而各种黄金投资品、衍生品层出

① 中央编译局．马克思恩格斯全集（第13卷）［M］．北京：人民出版社，1962：第161页。

② 中央编译局．马克思恩格斯全集（第23卷）［M］．北京：人民出版社，1972：第54页。

不穷，眼花缭乱，让我们无法看清黄金的本貌。卡尔·马克思的货币理论透彻分析并解释了黄金的货币属性及其商品本源，能够帮助我们拨开纷繁表象，直接触摸到黄金的根本属性。虽然退出了货币体制，但黄金却仍旧保留了它的货币属性。正是由于卡尔·马克思的货币理论中的黄金观点深入研究一些最基本的理论问题，因而具有适用范围广的特点，很多具体结论仍适用于当今有关货币或者黄金属性。比如，现代的货币体系形成原理能被卡尔·马克思理论所解释，现代货币的流通规律以及国家的黄金储备也有能用卡尔·马克思的理论来阐释的地方。这些能够解释现实的原理和方法，可以帮助我们在分析现实表象的基础上指明发展方向。

在中国，人民币是我们流通中使用的货币，它是一种纸币，而且是一种不与黄金挂钩而依靠国家信用及强制力发行的纸币。这种货币现在的流通规律如何、其职能是什么、如何更好地发挥其职能、它与银行券等信用货币之间的关系是什么等问题，借鉴卡尔·马克思的货币理论也可以做一定程度的解释。另外，人民币正处于走向国际化、努力成为世界货币的历史阶段，如何更好地构建新的国际货币体系，如何让人民币融入这个货币体系，都是值得我们研究的，而卡尔·马克思对黄金和货币的阐述在某些地方也有指导意义。比如：如果两个国家使用的货币不同，则两国之间的贸易需要考虑两种货币的相对价值；黄金储备在国际货币体系中的地位；等等。

另外，需要特别指出的是，卡尔·马克思关于货币职能发展、黄金贮藏和经济危机之间的关系对深处经济危机的当今世界很有指导意义。首先，卡尔·马克思认为货币流通手段和支付手段的出现是现代危机发生的根本原因，没有货币就没有危机，正是货币出现后买和卖

的分离及货币支付和商品转移的分离这两大“分裂”为危机的出现埋下了伏笔。其次，信用制度和银行制度的高度发达增大了危机发生的可能性和后果的严重性。按照卡尔·马克思所说，信用总是有取代货币、篡夺其位置的趋势，这对我们现在所处的经济结构提出了警告，也对我们未来发展方式有一定指导。再次，卡尔·马克思认为金银流动方向的变化，尤其是大量流出可以作为危机可能发生的信号，这有助于我们提前发现风险，早做准备避免或者减轻危机的危害。虽然现代金银已不再是货币，但作为大宗商品，金银的价格波动和商品流向仍在一定程度上反映各国经济政策和世界经济状况。从另一个角度来说，抽象掉黄金只看货币，这个论断也有一定意义，一国经济不景气会导致资本流出，进而由于资本短缺有发生危机的危险。最后，黄金的国家贮藏由于信用制度和银行制度的高度发展而下降，这会增大发生危机的风险。换句话说，在卡尔·马克思看来，危机发生的时候，我们可以通过储备黄金而寻求庇护。

四、卡尔·马克思黄金理论的历史局限性

依托对货币理论的综述，我们可以发现，卡尔·马克思有关黄金的观点主要集中在《哲学的贫困》《政治经济学批判》《资本论》（第一卷和第三卷）《经济学手稿（1857—1858）》等著作中。通过分析，我们能够总结出，卡尔·马克思研究黄金主要是从黄金的商品属性和货币属性来说的。黄金的商品属性源于其物理和化学等自然属性，在卡尔·马克思黄金理论中主要是具有美学性质和财富象征的金制品。卡尔·马克思对黄金的货币属性研究很透彻，从它的本质即商品开始研究，深入到黄金的价值决定及黄金作为货币的流通规律，进而专门

探讨了黄金这种货币形式与其他货币形式的关系，并且研究了黄金贮藏、汇兑率等有关问题。不过，卡尔·马克思的货币理论及其黄金观点虽然具有一定的现实指导意义，但这并不意味着它能够解答所有现实的货币、黄金问题。随着经济社会的发展，卡尔·马克思的货币理论及黄金观点并不能完全预料现代社会在发展中遇到的问题，因而其自身也需要不断地深化扩充。也就是说，许多当时适用于卡尔·马克思生活时代的结论，在今天已经不再正确了，我们需要结合实际批判地接受卡尔·马克思的理论并将其发展丰富。

卡尔·马克思黄金理论中的历史局限性主要有以下几个方面：

第一，卡尔·马克思对黄金的研究范围不够广。他的研究主要限于黄金的货币属性，偶尔涉及商品属性，其他属性则基本没有。这种比较窄的研究面虽然更为专一，但很大程度上影响了他对一些问题解释的完整性。

第二，卡尔·马克思所处的时代是金本位制，而现在黄金早已退出了各国和世界货币体系，恢复金本位制的可能性微乎其微，所以其现实指导意义有限。

第三，他对黄金的很多描述受现实变化的影响也不再符合客观情况。基本完全不再适用的理论，比如，黄金现在作为商品逐渐退出货币领域，已经不再是财富社会性质的独立表现等。部分不适用的结论较多，比如卡尔·马克思对黄金的国家储备虽然有比较深入的研究，但现在政府储备黄金的原因已有所不同，“补偿国内流通损耗”等功能已不再适用。

第四，需要特别指出，卡尔·马克思关于黄金是世界货币的论断已经不再适用，美元等强势货币取而代之成为世界货币，在世界贸易

中进行结算，黄金作为一种大宗商品，不再是一般支付手段。

总之，受卡尔·马克思所处历史时期的局限，其黄金理论有一定的局限性。

参考文献

［1］中央编译局．马克思恩格斯全集（第4卷）［M］．北京：人民出版社，1958：118－126.

［2］中央编译局．马克思恩格斯全集（第13卷）［M］．北京：人民出版社，1962：54－161.

［3］中央编译局．马克思恩格斯全集（第16卷）［M］．北京：人民出版社，1964：281－286.

［4］中央编译局．马克思恩格斯全集（第23卷）［M］．北京：人民出版社，1972：54－165.

［5］中央编译局．马克思恩格斯全集（第25卷）［M］．北京：人民出版社，1974：641－653.

［6］中央编译局．马克思恩格斯全集（第49卷）［M］．北京：人民出版社，1982：201.

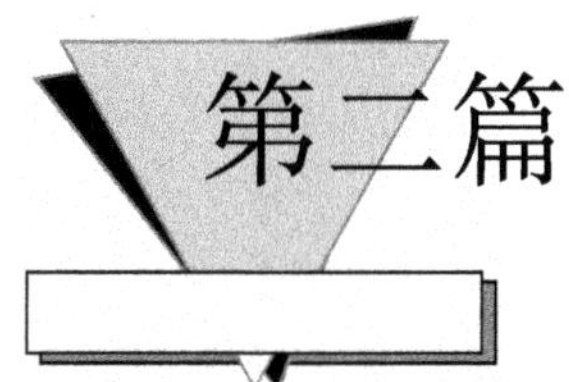

新古典经济学大师论黄金

第五章　阿尔弗雷德·马歇尔论黄金

一、阿尔弗雷德·马歇尔简介

阿尔弗雷德·马歇尔（Alfred Marshall，1842—1924）是英国著名经济学家，是新古典主义的奠基者以及新古典经济学家的重要代表。阿尔弗雷德·马歇尔不仅著有被誉为是经济学领域“圣经”的《经济学原理》一书，还相继出版了《产业与贸易》（1919）、《货币、信用与商业》（1923）等。在《货币、信用与商业》一书中，阿尔弗雷德·马歇尔对货币理论、信用体系、国际贸易和商业变动与市场等问题进行全面阐述，不仅对前人的相关学说进行补充发展，还包涵了许多重要理论的思想萌芽，对后世产生巨大影响，直到现在仍具有一定现实意义。

二、阿尔弗雷德·马歇尔眼中的黄金

在《货币、信用与商业》一书中，阿尔弗雷德·马歇尔阐述了货币的意义、功能与购买力，进而引出货币数量说以及他所主张的金银混合本位制等，对当今人们对黄金相关问题的理解有重要的指导意义。他所倡导的金银混合本位制对社会契约、黄金的地位与根本属性的认识也产生巨大影响。

阿尔弗雷德·马歇尔眼中的黄金可以归纳为以下几个方面：

（一）金银一向受到人们的高度重视

金银一向受到人们的高度重视，因为它们的光彩和耐久性适合于装饰和其他许多用途。虽然金银被称为“贵金属”，但它们实际上并没有其他一些在现代工业中占有重要地位的金属昂贵。不过，它们似乎是具有个人装饰品所必需的光彩和抵抗空气腐蚀能力的最好金属，而且即使采用原始的采矿方法，也能在许多地方大量地取得。几乎所有时代的人们都在竭尽全力探寻它们，那些容易找到的金银矿很快就被开采光了。正是为了它们，许多人扬帆远航，出海探险，从而发现并逐步打开了“新世界”。金银等贵金属促进了航海事业，自己也被源源不断地运送到遥远的地方①。

在人类生活在这个行星的早期，根据劳动计算的金银成本或许是很低的，后来其价格才逐渐达到很高的水平。随着诸多历史上的帝国衰落，殖民势力也逐渐中止，文明世界不得不满足于所储存的贵金属，它们被逐渐消耗，而没有补充，黄金变得稀少，以致不能再当作公用的货币材料了。白银的储量与对它的需要比起来也减少了，这使得欧洲的物价普遍下降，直到与亚洲、非洲、墨西哥和秘鲁的贸易带来了大量新的白银，这种情况才停止。在很长一段时期内，白银和货币几乎成了同义语，在大部分地区成了通货的主要基础，直到19世纪在澳大利亚和加利福尼亚等地发现了金矿，才使得好几个国家步英国的后尘，单独地把黄金，或与白银并用，当作通货的基础。② 很久以前，黄

---

① 阿尔弗雷德·马歇尔．货币、信用与商业［M］．叶元林，郭家麟，译．北京：商务印书馆，1985：第54页。

② 阿尔弗雷德·马歇尔．货币、信用与商业［M］．叶元林，郭家麟，译．北京：商务印书馆，1985：第55页。

金就被认为是“商人们的天然标准”，许多受商人严重影响的政府尽可能使铸币的价值与黄金挂钩。在现代历史上的大部分时期，白银或多或少稳定地与黄金相结合，是大多数国家通货的基础。但在最近的大战以前（编者注：一战以前），世界上所有主要的通货实际上都以黄金为基础。除了在少数国家外，老百姓都不大量买卖黄金，但大战以前的西欧国家，以及数目增加很快的另一些国家，一般都准备了足够的黄金，以便使各种通货都与表现其价值的金价挂钩。①

（二）文明国家通常采用黄金或白银作为货币

以前人们经常说，金银的价值是“人为的”。由于人们看到硬币的价值往往高于其所含金属的价值，因而便认为通货的价值一般是“人为的”，也就是认为通货的价值来自协商、习惯和心理倾向。许多世纪以后，人们才普遍注意到，每一单位通货的价值取决于该单位通货所必须完成的工作量。后来每当贵金属的天然供给量发生变动，或决定通货质量的人轻举妄动，从而引起或者有可能引起物价大变动的时候，人们的认识便前进一步。最后，人们认识到，在任何时候，现有购买力的数量，即为了方便一国的商业活动所需的现有购买力的数量，都取决于一国本身的状况。所以，通货量愈大，每一单位通货所完成的工作就愈少，对每个硬币的有效需求愈小，它的价值也就愈低。对于黄金价值的根本决定，阿尔弗雷德·马歇尔认为，实际上，决定其价值的因素，在供给方面是生产成本，在需求方面是人们对建立在金银基础之上的购买力的需求，再加上为了工业

① 阿尔弗雷德·马歇尔．货币、信用与商业［M］．叶元林，郭家麟，译．北京：商务印书馆，1985：第59页。

与炫耀的目的而产生的对金银的需求。对于每种贵金属的总需求，由用做通货的需求和用做工业及个人的需求所组成。①

文明国家通常采用黄金或白银作为货币，或者二者兼用。② 通货与别的东西不同，其数量的增加并不直接影响它所提供的服务的数量。一国货币量的增加，不会增加它所提供的总服务量。这并不与这一事实相矛盾，即作为一国通货的黄金数量的增加，会增加该国通过输出黄金获得商品的手段，并使该国可以把一些通货变成装饰品。它只是意味着，通货的目的首先是便利交易，为了这个目的，通货要有一个明确的定义，并为一般人所接受。其次，通货要有稳定的购买力，这种稳定性纸币也能取得，只要政府能防止伪币流通，能使人民绝对相信真钞票不会发行过多。金币之被当作通货，是因为人们相信，自然界不会让人们从它的仓库中获取的通货猛烈地增加，如果发现了和大煤矿一样大的金矿（尽管地质学家和矿物学家认为这种事情是不可能的），金币也就失去了任何效用。就购买力的稳定性而言，贵金属通货比纸币具有先天优势，这与其本身的价值稳定性密切相关。金币价值的稳定性也多少归功于装饰品和某些工业用途对黄金需求的稳定性。③

阿尔弗雷德·马歇尔就黄金对通货产生的影响阐述道：“如果发现了新的金矿，或由于别的原因，大大增加了通货的数量，则通货的价

① 阿尔弗雷德·马歇尔．货币、信用与商业［M］．叶元林，郭家麟，译．北京：商务印书馆，1985：第43页。

② 阿尔弗雷德·马歇尔．经济学原理［M］．廉运杰，译．北京：华夏出版社，2012：第51页。

③ 阿尔弗雷德·马歇尔．货币、信用与商业［M］．叶元林，郭家麟，译．北京：商务印书馆，1985：第51－52页。

值必将下降，直至通货价值的下降使开采更多的黄金无利可图为止。也就是说，自由铸造的金币的价值总是接近于获取金币中含有的黄金的成本。"[①] 在1879年阿尔弗雷德·马歇尔与妻子合著的《产业经济学》中，他表示货币价值变化的基本解释为数量理论，根据该理论，贵金属的相对可获得性会决定货币价值变化。[②]

金币需要用白银和青铜制的"代用品"来补充，这样它们的价值来自金镑的价值。只要它们在流通，它们的购买力就取决于金镑的价值，也就是说，实际上取决于黄金的价值，加上对于黄金间接抽取的微不足道的铸币税。健全货币制度的特点在于，每种通货的价值都非常稳定地固定在本位币的价值上，使每一个人除了自己一时的方便之外没有任何理由喜欢这种通货而不喜欢另一种通货。这样，每一个人便根据交易额的需要把自己掌握的通货分配于金币、纸币、银币和其他硬币。因此，人们的经济状况、习惯和性情决定着人们每掌握一百个金镑要有多少各种代用品。任何金币的交换价值都不可能大大低于它所包含的黄金的价值，因为以金币形式表现的黄金如果比别种形式的黄金便宜，金币很快就会被熔化掉。另一方面，只在被铸成硬币的黄金高于未铸成硬币的黄金的幅度超过铸币费时，人们才会铸造金镑以外的金币。[③]

而对于货币与物价的变动问题，阿尔弗雷德·马歇尔倡导：必须

---

① 阿尔弗雷德·马歇尔．货币、信用与商业［M］．叶元林，郭家麟，译．北京：商务印书馆,1985：第42页。

② 彼得·格罗尼维根．阿尔弗雷德·马歇尔传［M］．丁永健，译．北京：华夏出版社,2009：第67页。

③ 阿尔弗雷德·马歇尔．货币、信用与商业［M］．叶元林，郭家麟，译．北京：商务印书馆,1985：第60-61页。

把物价的短期波动与物价的长期波动区别开来。当我们连续比较几十年的平均物价时，物价短期波动实际上是看不见的，但比较连续几年的物价时，就看得很清楚了。物价的长期波动在一年和一年的比较中并不明显，但当我们比较各个年代的平均物价时，则显得非常突出。造成物价长期波动的主要原因是贵金属的数量相对于必须以贵金属为媒介的交易量而言发生了变化，当然，还要考虑贵金属随时可以把其职能交由钞票、支票、汇票及其他代用品来执行的程度发生的变化。如果可以使各个年代充当通货基础的金属的供应量保持一致，也就是使其根据商业的需要按比例地增加，那么，物价的长期波动必将被大大缓和。这在某种程度上也可以通过除黄金外增添白银充当通货基础的方法来实现，但人们并不能担保，金矿的产量低，银矿的产量就一定高。历史告诉人们，情况可能与此相反，因为在勘察未开发的国家时，往往在这一地区发现银矿，在另一地区发现金矿，而有些矿床既产金又产银。①

常有人建议，最终应这样调整一个国家通货的供应量，以使每一单位通货的购买力与某一绝对标准紧密联系在一起。尽管这一建议受到了猛烈的攻击，但似乎没有理由认为它完全不可能实现。不过，在采取适当的行动以前，必须进行许多长时间和令人乏味的研究，这里我们关心的只是这种建议所根据的主要思想。提出该建议的人认为，在订立一些长期契约时，当事双方都希望避免金本位制所必然带来的危险。政府举债的时候，应让投资者或者选择一定数量的金币的收益，

① 阿尔弗雷德·马歇尔．货币、信用与商业［M］．叶元林，郭家麟，译．北京：商务印书馆，1985：第 22－23 页。

或者选择能支配一定数量的、指定的、有代表性的主要商品的金币（或其他通货）的收益，这也许对大家都有好处。①

（三）黄金储量与购买力的通货量具有数额相等的倾向

一个国家所需要的并不是一定数量的金属货币，而是有一定购买力的通货量。阿尔弗雷德·马歇尔认为黄金储量有与这样一个数额相等的倾向，这一数额（以通货的价值计算）相当于人们愿意以黄金的形式或者自己保存或者存入银行的购买力，加上该国的工业技术以通货的价值所吸收的黄金量。在此基础上，阿尔弗雷德·马歇尔还分别就不同国家、不同情况的黄金储量决定做了进一步分析：其一，如果这个国家有自己的金矿，它的黄金储量将取决于黄金的生产成本，并受出口需求变动的间接影响。如果出口需求增多，黄金储量将减少；如果需求减少，黄金储量则会增多。其二，如果这个国家没有金矿，其黄金储量将等于它能以制造和输出商品的价格换得的黄金量。即黄金储量将取决于黄金生产国会接受黄金进口国提供的输出制造与商品的价格，黄金进口国用这一价格所换得的全部黄金数量就是黄金储备量。其三，如果某一国家的黄金储量由国家法令所固定，黄金只用作通货，其他一切交换媒介实际上都是一定数量黄金的订单，那么，该国黄金的总价值，不管其数量如何都将始终不变。由于黄金一般可以完全自由地从一个国家流动到另一个国家，因此每个国家所保有的黄金量总是要与该国对黄金的需求相适应，并随着需求的变动而不断变化。②

① 阿尔弗雷德·马歇尔．货币、信用与商业［M］．叶元林，郭家麟，译．北京：商务印书馆，1985：第23页。

② 阿尔弗雷德·马歇尔．货币、信用与商业［M］．叶元林，郭家麟，译．北京：商务印书馆,1985：第42页。

影响黄金储量变动的另一个因素就是黄金的购买力。由于黄金在某一国家内的购买力必须与其在其他国家内的购买力具有这样的关系：以致该国的进出口商大规模地用黄金取代其他商品，无大利可图。因此，一国的黄金储量从不会与这样一种数量（但这要扣除运输费和过境税）相差很大和很久，这一数量使该国的物价水平与其他国家的物价水平相一致。[①] 黄金储量变动的幅度是有限的。

贵金属（无论是贵金属块还是铸成硬币的贵金属）常被窖藏起来以应付未来的已知或未知的需要，这种习惯在世界大部分地区的农民中仍很流行。[②] 在论文《对研究贸易和产业萧条的皇家委员会提出的有关通货和价格流通问题的答复》（1887）中，马歇尔还提议制定有关储藏稀有金属的法律，稀有金属的储藏表明，在价格上涨的时候人们对金属储藏的需求是随之增加的，这种情况与一般的需求法则刚好相反。[③]

贵金属储量在全世界是这样分配的，除了窖藏和工业上的需求外，每个国家拥有的金银的总价值，正好相当于其人民习惯上以硬币来进行的那部分商业活动的总值，当然要考虑硬币流通速度和一部分贵金属被用来充当纸币的基础。一国使用多少黄金、使用多少白银，完全取决于它的爱好，如果它按固定比例自由地铸币，那就取决于格雷欣定律。由此可见，各国需要用硬币进行的交易额取决于它的财富和习

① 阿尔弗雷德·马歇尔．货币、信用与商业［M］．叶元林，郭家麟，译．北京：商务印书馆，1985：第43页。

② 阿尔弗雷德·马歇尔．货币、信用与商业［M］．叶元林，郭家麟，译．北京：商务印书馆，1985：第49页。

③ 彼得·格罗尼维根．阿尔弗雷德·马歇尔传［M］．丁永健，译．北京：华夏出版社，2009：第89页。

惯，而所使用（不管是用于铸造货币、用于窖藏还是用于满足工业上的需要）的金银之间的比例则取决于它的爱好。世界上这些条件的总和决定着对金银的需求总额。在任何时候，每一种贵金属的总供给量都可看作一个固定的量，因为在任何情况下，其每年增加的数量仅仅是其现有存量的一小部分，不过贵金属的总供给量还是被慢慢地改变着。贵金属的年产量一方面取决于矿藏的丰富程度，另一方面取决于每盎司贵金属以所能换得的商品量衡量的价值。每一种贵金属的价值取决于它的供求关系。①

（四）黄金被当作价值的标准

在世界历史上的某些时期，贵金属的数量相对于需要量而减少，在另一些时期相对于需要量又增加。这种情况使人不自觉地认为金银的购买力是始终如一的，因而认为应该把它们当作价值的标准。但这带来了下面的问题：这两种对立的力量大致相等，一种会抬高物价，另一种会降低物价，但它们却并不是偶然事件的结果。人们已注意到，交通工具的能力和速度的日益增长，减少了世界范围内各种不同物品相对价格的不相等，而且金银的流动性如此之大，以致它们在各地以其他商品表现的价格，比各地以不等成本所制造的大多数物品的相对价格更趋于一致。这种基本稳定的情况也许可以维持相当长的时间。毫无疑问，金银的耐久性将保证其储量不会发生很大的变动，它们的一般购买力也不会有急剧的波动，因而，它们将为延期支付和长逾数年的合同提供相当可靠的价值标准。不过，目前似乎还无法测知遥远

① 阿尔弗雷德·马歇尔．货币、信用与商业［M］．叶元林，郭家麟，译．北京：商务印书馆，1985：第232－233页。

的未来。①

总的说来，从古到今金银的势力一直在扩大和加强，但现在却在某种程度上有被一种更精确的标准代替的危险。因为，随着生活艺术的进步（而且作为生活艺术进步的一个条件），人们对所使用的工具（尤其是货币）要求具有越来越高的精确性；人们也正在开始怀疑，黄金、白银或两者结合起来，在他们的事业和合同日益扩大和延长的空间和时间内，能否提供一个足够稳定的价值标准。在世界历史上，金银的价值，一直不如维持人们生命的那些谷物的价值稳定。

在国际贸易中，我们虽然可以用货币较为可靠地衡量一国制造的货物的相对成本，但却不能用货币比较两个国家制造货物的实际成本。如果英镑和美元只是地方性通货，彼此没有丝毫联系，则我们根本无法进行比较。但如果我们知道英镑和美元都由黄金铸成，一英镑所含的黄金量比方说是一美元的十倍，那么我们或许会推测，两种货物的彼此交换是因为它们代表了相等的实际成本。但实际上，不同国家之间相等的黄金成本一般并不表示两国之间的实际成本也相等。例如，如果第二个国家对第一个国家商品的需求大大增加，那么第二个国家运美元或其他形式的黄金到第一个国家就将成为有利可图的事。这时，黄金的流动就将会继续下去，直到无利可图时为止，即直到在这两个国家中的任何一国，一公斤黄金都可以在对方国家买到价值一公斤黄金的商品时为止。因此，货币即使牢固地以黄金为基础，也不是国际

---

① 阿尔弗雷德·马歇尔．货币、信用与商业［M］．叶元林，郭家麟，译．北京：商务印书馆，1985：第55－57页。

价值的可靠尺度，它不但无助于说明国际需求的巨大变化所引起的国际价值的变化，反而会掩盖这种变化。因为它用以计量价值变化的标准本身，也随着我们想要计量的国际需求的变化而变化。黄金之所以不宜于作为国际贸易的价值尺度，主要是因为黄金本身可以通过直接的贸易行动自由地从一个国家流到另一个国家，而劳动和资本则不能同样自由地流动。为了避免这种混乱，穆勒建议用一码棉布代表一个国家的产品，一码麻布代表另一个国家的产品，但阿尔弗雷德·马歇尔认为更好的方法是以标准的“包”为单位，来代表两个国家各自的出口货物——标准的“包”就是每一包所含的劳动和资本的总投入量相等。①

阿尔弗雷德·马歇尔认为在他所处的时代以及更早之前，金银有作为货币的合理性和优越性，但从长远来看，黄金并不是良好的长期价值标准。金银有被其他标准替代的可能，其价值的稳定性是有限的和有条件的，存在一定制约因素。除此之外，黄金也不适宜作为国际贸易的价值尺度。金银可以单独地或共同地为不超过若干年的债务和交易充当一般购买力的可靠标准，但长期债务则需要有不受采矿业影响的标准。

（五）主张金银混合本位制

阿尔弗雷德·马歇尔在一篇名为“一般价格水平波动的补救措施”的文章中第一次提出了混合本位制，并且被刊登在 1887 年 3 月出版的《双周评论》上。随后阿尔弗雷德·马歇尔将该内容作为证

① 阿尔弗雷德·马歇尔．货币、信用与商业［M］．叶元林，郭家麟，译．北京：商务印书馆，1985：第 159 – 160 页。

词递交到金银委员会。在对货币的两种重要职能（交换媒介和价值尺度或是延期支付标准）进行陈述后，阿尔弗雷德·马歇尔又表示只有在相对稳定的货币量或是稳定的价格水平下，这两种职能才能有效地实现。①

1873年以来黄金价格急剧下降，带来了一系列不良后果，与大多数复本位制的支持者们不同，阿尔弗雷德·马歇尔认为复本位制也不能避免价格波动，而且在格雷欣定律的支配下，复本位制实际上是交替本位制，是不稳定的。而他所主张的金银混合本位制是对复本位制的补充与发展，解决了复本位制存在的问题与弊端。

格雷欣定律的大意是，劣币会把良币驱逐出流通领域。当然“良”和“劣”这两个词并不是指铸币技术的优劣，而是指用来制造硬币的金属的价值。该定律所依据的事实是：每当某种硬币的金属价值超过其流通价值的时候，这些硬币就会被熔化掉或被输出到其他国家。在价值相同的所有硬币的流通价值水平逐渐降低时，最先高于流通水平的是硬币的金属价值，因而最先被熔化的是最好的硬币，然后是次好的硬币，留下的是最坏的硬币，这就是格雷欣定律的实质。②

如果一盎司黄金的生产成本只等于十盎司白银的生产成本，而造币厂接受一盎司黄金与接受十五盎司白银的条件一样，那么，黄金就会把白银驱逐出流通领域，因为按照该厂的规定，黄金是贱金属。另一方面，如果一盎司黄金的生产成本等于二十盎司白银的成本，则在

---

① 彼得·格罗尼维根．阿尔弗雷德·马歇尔传［M］．丁永健．译，北京：华夏出版社，2009：第91－92页。

② 阿尔弗雷德·马歇尔．货币、信用与商业［M］．叶元林，郭家麟，译．北京：商务印书馆，1985：第63页。

同样的规定下，白银是劣金属，它将驱逐黄金。一般认为，格雷欣定律是针对铸币而言的，它告诉人们存在着一种把良币驱逐出流通领域的趋势。①

阿尔弗雷德·马歇尔认为按固定比价永久维持以金银为基础的通货遇到了困难。人类从自然界中开采每盎司黄金所花的劳动和费用，并不是总与开采十五盎司白银所花的成本一样。以“拉丁货币同盟”为例，当人们在澳大利亚和加利福尼亚开采大金矿的时候，每盎司黄金的成本低于十五盎司白银的成本；后来在南美洲开采银矿的时候，每盎司黄金的成本又高于十五盎司白银的成本。当黄金较便宜的时候，“拉丁货币同盟”通货基础几乎完全是黄金，但后来又主要是白银。也就是说，在一段时期内，“拉丁货币同盟”通货购买力的变化——在通货依靠贵金属的前提下——几乎完全为开采白银的成本所支配，过了一段时期，钟摆则摇向相反的方向。所谓“复本位制”实际上是交替地受黄金和白银这两种金属的影响。

当把条件放宽到全球上来看，以“世界联盟”为例，毫无疑问，如果世界上所有的商业国家订立协定，令其造币厂按照合理的比价对金银开放，只要这一协定被遵守，就会把这两种金属的价值束缚在这个比价上。但由于人的本性使然，在采矿条件变化使这两种金属的相对生产成本大大不同于协定上所规定的比价之后，这种协定似乎不可能持续很久。特别是，如果黄金是因这种变化而被低估的金属，而人们又知道生产方面对黄金的需求将急剧增加，就会引诱一些政府把黄

① 阿尔弗雷德·马歇尔．货币、信用与商业［M］．叶元林，郭家麟，译．北京：商务印书馆，1985：第64－65页。

金储存起来，因为它们知道，协定一旦中止，它们从拥有大量黄金所得到的利益，将比从储存白银所得到的利益大得多。虽然在协定规定的比价下白银与黄金相等，但当协定停止生效后，其价值就将大幅度下跌。在“世界联盟”的成员中，必定有一些国家具有不同的经济传统，有一些国家对白银或黄金特别感兴趣，同时成员国之间还潜藏着爆发战争的可能性。①

虽然按一固定比价铸造金币和银币会使物价的变动在很大程度上交替地受黄金和白银生产的支配，但可以采用一种方法使这两种金属共同起作用，这种方法可称为对称本位制。阿尔弗雷德·马歇尔建议在黄金和白银的共同而坚固的基础上创立一种国际通货，他还进一步完善了大卫·李嘉图曾提出的办法。大卫·李嘉图曾建议，我们应该使用一种纸币，其基础不是硬币，而是带有印记的每个重二十盎司的金条。这样一来，如果通货过多，价值会有低于金价的趋势，人们就会拿它向造币厂兑换金条向国外输出；如果通货不足，人们则会拿金条兑换通货来保持价值均衡。而阿尔弗雷德·马歇尔的方案是主张实行复本位制，而不是单本位制。他建议，在造币厂或发行局兑换的，不单单是黄金，而是黄金和白银这两者。人们可以用一根重 100 克的金条和一根重 100×20 克的银条在货币发行部门兑换一定数量的通货，这个数量应该在该方案被采用时一劳永逸地计算和固定下来。凡是只想买卖黄金或只想买卖白银以兑换通货的人，都可以先按照市价把黄金换成白银或把白银换成黄金，然后再兑换通货。政府每天规定黄金

① 阿尔弗雷德·马歇尔．货币、信用与商业［M］．叶元林，郭家麟，译．北京：商务印书馆，1985：第 65 –67 页。

和白银比价，以使这两种金属的储量保持适当的比例，从而确保兑换的进行，任何人都可以买卖金银以兑换通货。为了保证兑现，通货的数量不得超过货币发行部门保有的金银准备的两倍，只有在紧急时期，才能违反这个规则，或者由政府当局重新规定，或者听任其自行调整。国家应节省大量通货，使其能超过上述界限储备价值 2 000 万英镑的金银块作为正常准备。①

阿尔弗雷德·马歇尔认为，人们只要能够克服内心对纸币的厌恶，就会发现金银混合本位制有下面一些优点：①它是经济的、可靠的。②大量金银准备将能避免在金融市场上经常出现的大起大落。③该方案的重要性将随金银平均价格的变动而变动。④该方案并不控制金银的相对价格，因而即使 1 盎司黄金值 50 盎司白银，它也不会受影响；任何国家都可以立刻采用该方案，没有任何危险。⑤如果若干国家共同采用该方案，它会立刻奠定一个完善的通货和物价的国际基础，那时将可以不再考虑铸币费或硬币的磨损，金条和银条将成为理想的国际支付媒介。②

（六）以黄金为通货基础的国家之间，汇兑率的变动是有限的

阿尔弗雷德·马歇尔在《货币、信用与商业》一书的第三编中用例证法阐述了以黄金为通货基础的国家在国际贸易汇兑方面的问题，以及汇兑与黄金的相互影响等。在以黄金为通货基础的国家之间，汇兑率的变动是有限度的。“在 1922 年，黄金的国际价格与各国的一般

---

① 阿尔弗雷德·马歇尔．货币、信用与商业［M］．叶元林，郭家麟，译．北京：商务印书馆，1985：第 68 – 69 页。

② 阿尔弗雷德·马歇尔．货币、信用与商业［M］．叶元林，郭家麟，译．北京：商务印书馆，1985：第 69 – 70 页。

物价水平只有很微小的间接关系，因为纸币至少暂时已代替了金币。但在以黄金为通货基础的国家之间，从长期来看，汇兑是具有科学性质的。”①

阿尔弗雷德·马歇尔以互相毗邻的比利时与法国为例，解释了当这两国把本位币都定为每枚20个金法郎时它们的汇兑情况。我们姑且假设它们只是彼此之间开展贸易，而且不考虑如不升水一般就不能获得出口的黄金这一事实。在这种情况下，如果由于出售货物、借款及到期的汇款等，比利时要求法国立即支付的款项，正好等于法国要求比利时支付的款项，那么要出售的汇票就将等于要买入的汇票。这时在法国1 000法郎的比利时汇票就将卖1 000法郎（当然要考虑未到期的贴现率），在比利时1 000法郎的法国汇票也将卖1 000法郎，这就是所谓汇兑率相等。但是，如果法国对比利时的债权总额大于比利时对法国的债权总额，那么持有比利时汇票的人就不容易找到买主，因而在法国1 000法郎的比利时汇票卖不到1 000法郎。另一方面，由于在比利时法国的汇票较少，因而法国的汇票将升水，也就是其卖价将高于1 000法郎。这种汇兑情况习惯上叫作对法国有利、对比利时不利，但实际上是对从比利时运货到法国的人有利，不管是法国的进口商还是比利时的出口商都一样，对按相反方向运货的人则都不利。黄金也是可以运送的货物之一，如果汇兑对比利时非常不利，以致在比利时出售1 000法郎的法国汇票，其贴水超过运送价值1 000法郎黄金到法国的运费，那就到达了值得从比利时运黄金到法国的那一点，也就是

① 阿尔弗雷德·马歇尔．货币、信用与商业［M］．叶元林，郭家麟，译．北京：商务印书馆，1985：第147－148页。

到达了所谓的“输金点”。另一方面，如果汇兑对比利时非常有利、对法国非常不利，那就会到达另一输金点，也就是到达黄金将开始从法国流向比利时的那一点。

输金点是在金本位制下汇率波动的临界点。如果一国市场汇率上涨超过外汇平价加上向外输送黄金的费用及利息时，那对该国债务人直接输出黄金来清偿债务有利。因此，外汇平价加上输金费用就构成市场汇率上涨的上限，称为“黄金输出点”。反之，当一国的市场汇率下跌超过外汇平价减去输金费用时，对外国债务人输送黄金来清偿债务较为有利。因此，外汇平价减去输金费用构成汇率下跌的下限，称为“黄金输入点”。随着黄金输出量或输入量的增加，外汇市场的供过于求以及供不应求状况也会得到相应缓解，汇率上下波动的幅度也会减小，并逐渐恢复或接近铸币平价，从而起到自动调节汇率的作用，汇率的波动就被限制在有限的范围内从而保证相对的稳定。

阿尔弗雷德·马歇尔又进一步阐述道，采用不同通货的国家，尤其是如果其中有一个国家征收铸币税，它们之间的汇兑就更加复杂了，即使它们的通货都是以黄金为基础。他以德国与英国为例，表明在正常情况下，20 马克的铸币必须值与其重量和成色相等的黄金再加上对它征收的小额铸币费。但是，如果在正常的金融市场条件下，英国缺少金块而必须把黄金从德国运往英国，那么英国的造币厂势必把运来的德国金币仅仅看作是金块。在这个时候，德国如果不运出含有 1 000 金镑黄金的 20 马克铸币，就不能偿还 1 000 英镑的债务。也就是说，在德国，只有用重量等于 1 000 金镑的马克再加上运费才能买到价值 1 000镑的英国汇票。由此可见，英德之间汇兑率变动的极限是双重运

费加上在德国征收的铸币税。但在发生动乱时，如爆发战争或两个国家当中一个国家的通货贬值或受到其他破坏，这种限度也可能被突破。而货币贬值使汇兑率的变动突破限度的情况，只限于本位币是由不同材料（如金、银、纸）制成的国家之间的汇兑。①

此外，当对外国货物的需求增加或其他原因使汇兑对该国不利的时候，也就是当外国汇票的卖价高于平常卖价的时候，该国的商人就更加需要借款，这也会抬高贴现率。如果人们担心黄金被运出国，担心银行家和其他贷款人将因此而限制他们的放款，那么上述趋势就会特别强烈。同时，由于汇兑率的下降以及贴现率的提高，该国汇票的价格将下跌，这将诱使外国人购买和保有它的汇票，从而缓和该国金融市场所受的压力，阻止贴现率上升。由此可见，一国的贴现率与其国际汇兑经常是相互影响的。如果能保持住足够高的贴现率，黄金就会流入国内；黄金的流入会使银行家们愿意多放款。也许只有很少新黄金或者根本没有新黄金立刻变成通货，但通货的替代品却会增加，因而物价即使不上升，也不会下降。②

值得一提的是，在这里，阿尔弗雷德·马歇尔假定每个国家都能获得大量金币以供出口，他也认为实际情况并不常常是这样。在不能获得大量金币以供出口的时候，实际的输金点就会比上文指出的高得多，汇兑两极之间的差距也大得多。此外，当必须输出硬币时，可能发现硬币的重量不足，这时汇兑率会根据平均不足量而进一步变动。

① 阿尔弗雷德·马歇尔．货币、信用与商业［M］．叶元林，郭家麟，译．北京：商务印书馆，1985：第148－150页。

② 阿尔弗雷德·马歇尔．货币、信用与商业［M］．叶元林，郭家麟，译．北京：商务印书馆，1985：第153页。

在硬币质量差、有磨损的时候，汇兑者会遇到很大麻烦。阿尔弗雷德·马歇尔还赞同哈斯里的观点：商人必须留心的是他得到的一定数量的货币中究竟含有多少黄金。如果一个国家的贸易差额通常用硬币来偿还，而这些硬币由于磨损或其他原因低于法定标准，那么汇兑在表面看来不利于这个国家，可实际上并非如此。①

阿尔弗雷德·马歇尔还总结了以下两点：只要各国的通货实实在在以黄金为基础，每一种商品的批发价格就有到处相等的倾向（当然要扣除运费、过境税和铸市税等）。而究竟是运送贵金属还是运送别的东西来清偿债务，仅仅取决于各有关国家里贵金属和别的东西的相对价值。当然要考虑到这一事实，即输出包含在贵金属里面的一定数量的价值，要比输出包含在普通商品里的一定数量的价值方便而且便宜。②

三、阿尔弗雷德·马歇尔黄金理论的现实意义

（一）对黄金储备的指导作用

黄金储备是指一国用以平衡国际收支、维持或影响汇率水平、作为金融资产持有的黄金，它在稳定国民经济、抑制通货膨胀、提高国际资信等方面都有重要作用。在当前全球金融危机频发与金融危机下各国积极救市实现经济复苏的形势之下，大多数国家履行出资救市责任的方式更多是依赖大量印刷钞票和扩大债务，这样一来，通胀扩大

① 阿尔弗雷德·马歇尔．货币、信用与商业［M］．叶元林，郭家麟，译．北京：商务印书馆,1985：第151页。

② 阿尔弗雷德·马歇尔．货币、信用与商业［M］．叶元林，郭家麟，译．北京：商务印书馆,1985：第156页。

的风险不言而喻。此时，对于既是债务国又是黄金储备国的经济体来说，出售黄金是一个理想的选择，更多的国际金融机构甚至主要黄金储备国，都会加入到出售黄金的行列，各国政府也越来越把黄金视作防范纸币贬值、阻止经济动荡的工具。自2003年以来，我国就通过增产、杂金提纯以及市场交易等方式，大幅增加了黄金储备。世界黄金协会的数据显示，截至2013年8月，我国黄金储备官方数据1 054.1吨，全球排名第六，但占外汇储备的比重仅为1.2%，远远低于全球平均水平。由于黄金、白银等贵金属和石油、铁矿石等国际大宗商品价格波动较大、市场容量相对有限、交易和收储成本较高，且我国居民和企业对黄金、石油等的消费量非常大，所以，外汇储备直接大规模投资于这些领域，可能会推升其市场价格。但是对于力图实现人民币国际化的目标来说，中国央行持有更多的黄金储备是大势所趋。黄金储备作为国际储备的主要形式之一，自身存在局限性，因此我们应适度把握其规律，发挥其优势，从而稳定经济的发展。

（二）金银混合本位制的现实意义

在复本位制度下，金币与银币之间有一个法定的兑换比率，金银的市场比价波动常常会引起金币或银币的实际价值与法定价值发生背离。这时，实际价值高于法定价值的良币或者被窖藏、被熔化，或者被输出国外而退出流通；实际价值低于法定价值的劣币则会充斥市场，这就是“劣币驱逐良币”规律，又称格雷欣法则。在复本位制下，银贱则银币充斥市场，金贱则金充斥市场，必然造成货币流通的混乱。因此，复本位制是一种容易引起价格混乱、货币流通不稳的货币制度。

阿尔弗雷德·马歇尔提出了金银混合本位制，力图寻找一种方式来应对由黄金这一基础货币下降所带来的不良后果。其方法是通过一

定比例的白银数量的增加来有效扩大英国的基础货币，而这一比例是由货币储备中白银相对于黄金的市场价值所决定的。按照这种方式，基础货币的增加将带来通货的普遍扩张，从而消除了货币短缺及其对价格水平、经济活动水平和贸易竞争力的不利影响。这一方案使英国货币可转化为由黄金和白银组成的一揽子国际货币，其优势在于使英国拥有了“一种既经济而又安全的货币”，而且使英国拥有了足够的储备来弥合货币市场给英国带来的阵阵“伤痛”。①

由于金银比价不稳定，随着市场供求变化而变化，早期的金银复本位制不利于正常的市场交易，随后金银复本位制退出历史舞台，取而代之的是金银混合本位制，即在兑换通货时，将金银的比价固定。然而，金银混合本位制的缺陷也日益暴露，金本位制应运而生。自从英国于1816年率先实行金本位制以后，到1914年第一次世界大战以前，主要资本主义国家都实行了金本位制。1914年第一次世界大战爆发后，各国为了筹集军费，纷纷发行不兑现的纸币，禁止黄金自由输出，金本位制随之结束。第一次世界大战以后，在1924—1928年，资本主义世界曾出现了一个相对稳定的时期，主要资本主义国家的生产先后恢复到大战前的水平并有所发展，各国都企图恢复金本位制。但是由于金铸币流通的基础已经遭到削弱，以致不可能恢复典型的金本位制。

金银混合本位制实现了金银复本位制到金本位制的过渡，金本位制是以金银混合本位制为基础的发展与扬弃，对当今世界的确有一

① 彼得·格罗尼维根．阿尔弗雷德·马歇尔传［M］．丁永健，译．北京：华夏出版社，2009：第91页。

定的现实意义。首先，历史经验表明，实施金本位制可以长期保持较低的通胀，维持国内价格水平稳定。金本位制下，只有发生大规模战争、摧毁经济活动或新金矿被开采，才可能导致一段时间的高通胀。其次，实施金本位制有效限制了政府滥发纸币以收取“铸币税”的权利。再次，由于国内实施金本位制带来各国货币币值的相对稳定，使金本位制的国际货币体系成为可能。各国货币以几乎固定的汇率用于国际商品贸易和跨境资本流动，大大降低了商业活动的不确定性。各经济体间的国际收支失衡也最终由黄金储备在国家间自由流动、进而影响各国货币供给和价格水平实现自动调节。最后，金本位制能够有效遏制政府的长期赤字财政，政府无法制造通胀来逃避或减轻偿债责任。依据黄金储备增长来发行货币、承诺以固定价格自由兑付黄金的央行，不可能无限制为财政赤字提供融资，并成为公共债务的最终买单者。金本位制让政府在实施赤字财政和积累公共债务时，面临更为严格的制度性约束。金本位制强调黄金自由铸造、自由交易、自由进出口，各国纸币发行与黄金挂钩，其背后的含义就是经济自由、各国相互信任、公民和政府自觉遵守契约、纸币发行和交易严格按规定执行。因此，在这个时期，世界经济平稳发展，整个社会也相对公平合理。

四、阿尔弗雷德·马歇尔黄金理论的局限性

虽然金银混合本位制与金本位制有一定的优越性与现实借鉴意义，但是它们的局限性与缺陷也不容忽视。金银混合本位制与金本位制在贵金属充当货币的年代，货币贬值将导致整个货币体系的崩溃。在格雷欣定律的支配下，如果不足值的货币大量充斥于流通领域，且人们

普遍按照面值来接受，就会出现劣币驱逐良币的状况，以国家信用及统治者权威担保的货币就会失去其信用，人们将按照货币中的实际贵金属含量交换。在利益的驱使下，足值的货币将被熔化用来换取黄金，如此一来，一国的货币体系就会基本陷入瘫痪，国家不得不一次又一次进行货币重铸。

除此之外，在当今时代，重返金本位制也面临重重困难：第一，从黄金储量的角度看，现有国际黄金储量不足以满足当前全球经济贸易投资和跨国要素流动的需求，这暗示着黄金难以稳定地充当货币的世界结算和价值尺度的重大职能。第二，从黄金储备的分布来看，就自然属性而言，黄金在地理空间上的分布不均；就经济属性而言，不同国家的经济实力、市场发展甚至历史机遇的不同也会加剧黄金空间分布的不均。尤其是美国在黄金拥有量以及储备占比中均具有明显优势，即使从美元主导的国际货币体系退回到金本位的国际货币体系，仍难以摆脱美国对国际经济格局的实质性操控。这种情况也必然会导致许多国家，特别是缺少黄金储备的新兴经济体难以获得平等的货币流通基础，实际上进一步剥夺了国际上弱势群体的话语权，不利于平衡型世界经济新结构与新秩序的构建。第三，恢复实行金本位制将额外产生的大笔交易成本和各国货币汇率重估，由此发生的价值损益等都是棘手的问题。

客观地看，金本位制有其局限性，但金本位制所倡导的经济自由、公民和政府自觉遵守契约、货币发行严格受到限制和约束、各国相互信任和合作的内核是值得赞赏的。

参考文献

[1] 阿尔弗雷德·马歇尔. 货币、信用与商业［M］. 叶元林，郭家麟，译. 北京：商务印书馆，1985.

[2] 阿尔弗雷德·马歇尔. 经济学原理［M］. 廉运杰，译. 北京:华夏出版社，2012.

[3] 彼得·格罗尼维根. 阿尔弗雷德·马歇尔传［M］. 丁永健，译. 北京：华夏出版社，2009：51－92.

[4] 祝合良. 全球为什么关注黄金［N］. 光明日报，2013－09－18.

[5] 祝合良. 黄金市场的发展研究［J］. 中国市场，2012（33）.

第六章　约翰·梅纳德·凯恩斯论黄金

一、约翰·梅纳德·凯恩斯简介

约翰·梅纳德·凯恩斯（John Maynard Keynes，1883—1946），英国经济学家，是现代西方经济学最有影响的经济学家之一。因其深厚学术造诣，曾长期担任《经济学杂志》主编和英国皇家经济学会会长，1929 年被选为英国科学院院士，1942 年晋封为勋爵，1944 年出席布雷顿森林联合国货币金融会议，并担任了国际货币基金组织和国际复兴开发银行的董事。1946 年剑桥大学授予其科学博士学位，是年因心脏病去世。

约翰·梅纳德·凯恩斯一生对经济学做出了巨大贡献，他主张政府应积极扮演经济舵手的角色，透过财政与货币政策来对抗景气衰退乃至经济萧条。他创立的宏观经济学、弗洛伊德所创的精神分析法、爱因斯坦发现的相对论一起，并称为 20 世纪人类知识界的三大革命。他的货币主张有效地应对了 20 世纪 20 ~ 30 年代的世界性经济萧条，构筑起 20 世纪 50 ~ 60 年代资本主义社会繁荣期的政策思维，他的思想一度主宰资本主义世界，因而被世人称为“资本主义的救星”“战后繁荣之父”。

二、约翰·梅纳德·凯恩斯研究黄金的背景

约翰·梅纳德·凯恩斯生活在自由放任的私人企业制度到私人垄断过渡的英国。第一次世界大战以后，英国的经济实力被大大削弱，大英帝国自此由强盛转向衰退。1920—1922年的经济衰退，重创了英国经济，失业率在整个20世纪20年代都高达两位数。1929年，英国经济勉强恢复到战前的水平，然而同期美国经济总量翻了一番，日本经济总量则翻了三倍。英国经济刚刚恢复，1929—1933年的世界经济危机又骤然而降，对英国经济产生了巨大打击。结果，在两次世界大战期间，英国的失业率居高不下，未能达到“充分就业”水平，“失业”成了英国的一种“慢性病”，也有人称之为“英国病”。

由于在第一次世界大战中政府开支剧增，英国被迫中止实行多年的金本位制。然而，在摆脱金锁链之后，英国通货出现迅速的膨胀，英国开始从殖民帝国、世界工厂的峰顶一步步衰退下来。为了提高英国在国际金融界的信誉，巩固伦敦作为世界金融市场中心的地位，英国政府于1925年恢复了金本位制。这一举措压缩了它在全球性大萧条中的政策选择空间，加剧了其经济衰退程度，直到1931年英国再度退出金本位制、解除了黄金枷锁之后，才逐步走出危机。

在这种情况下，约翰·梅纳德·凯恩斯通过多年探讨和研究货币、利息与就业的关系，提出了总量分析的宏观经济理论框架。从时代背景上来看，约翰·梅纳德·凯恩斯写作他的“货币三论”，即《货币改革论》（1923）、《货币论》（1930）和《就业、利息和货币一般理论》（1936），并不是为1929—1933年的大萧条而开出的“药方”，而是为探索如何根治“英国病”而提出的一些可行且实用的“济世之道”。

约翰·梅纳德·凯恩斯对黄金领域也有着比较深入的研究，在他1923年所写的《货币改革论》、1930年所写的《货币论》以及其他文集中都对黄金相关问题做了系统阐述。约翰·梅纳德·凯恩斯对黄金的研究主要是针对金本位制度的恢复与否展开的。金本位制度顾名思义，即是以黄金为本位币的货币制度。在金本位制下，每单位的货币价值等同于若干重量的黄金（即货币含金量）；当不同国家使用金本位时，国家之间的汇率由它们各自货币的含金量之比——铸币平价（Mint Parity）来决定。金本位制于19世纪中期开始盛行，在历史上，曾有过三种形式的金本位制：金币本位制、金块本位制、金汇兑本位制。

约翰·梅纳德·凯恩斯作为浮动汇率制的支持者，反对英国的货币制度恢复到战争前的格局，在他看来，那将会导致货币量不能随着经济周期的需要自动调节，出现通缩、失业等问题。1923年，他在报刊撰写《货币政策的可选择目标》一文，详细解说了货币体制的选择问题。约翰·梅纳德·凯恩斯的黄金观点，不仅对当时是否恢复金本位制提出重要建议，而且对当今世界黄金相关问题的探讨也具有重大的现实意义。

三、约翰·梅纳德·凯恩斯眼中的黄金

（一）黄金是“野蛮的遗物”

约翰·梅纳德·凯恩斯关于“黄金是野蛮遗物”的观点，一度被当作反对使用黄金作为货币的理论依据。在《货币改革论》一文中，约翰·梅纳德·凯恩斯做了生动的比喻，他说：“以事实而论，金本位制现在已经是一种野蛮的遗物。主张古老的本位制的人没有察觉到这

个制度离时代精神的要求有多么遥远。一种管理体制下的非金属本位制已经不知不觉地登台亮相了。它的存在已成为既成事实。正当许多经济学家在打瞌睡的时候，百年来的学术梦想已经脱去了华丽服饰，穿上了破烂衣裳，悄悄地溜进了现实世界，而引它进来的就是那些离经叛道的财政部长们，他们时常受到指责，不过比起过去的循规蹈矩却还是要有力得多。”① 由此可见，约翰·梅纳德·凯恩斯认为，在当时的条件下，金本位已经不得不退出历史舞台，成为一种野蛮的遗迹。

约翰·梅纳德·凯恩斯继续指出，一些主张恢复黄金使用的开明人士的观点主要是出于感情和传统习俗的影响，而没有强有力的理由支持。如哈特里先生的观点，他并不赞成黄金重新成为“自然”通货，而坚决主张黄金成为一种“管理”通货。哈特里的观点具有进步性，他们只允许黄金回归以后成为一位立宪君主，而取消其古代的专制权力，强迫它接受银行议会的建议。哈里特认为“各中央发行银行之间应保持连续的合作关系”，应以金汇兑本位为基础形成一种国际常规，“目的在于防止黄金购买力的过度波动”。但是他不赞成在不顾“对于黄金购买力将来出现的困难是否做好了防备”的情况下，恢复金本位。他承认：“国际合作是不容易推进的，如果这一点办不到，则目前最明智的措施似乎是集中力量于以商品为依据的英镑的稳定，而不是把英镑束缚在一种前途变幻莫测的金属身上。”②

显然，哈里特的观点是自相矛盾的。约翰·梅纳德·凯恩斯指出，

① 约翰·梅纳德·凯恩斯．凯恩斯文集（上卷）[M]．李春荣，崔人元，译．北京：中国社会科学出版社，2013：第255页。

② 约翰·梅纳德·凯恩斯．凯恩斯文集（上卷）[M]．李春荣，崔人元，译．北京：中国社会科学出版社，2013：第255页。

既然目前的主要目的是以商品的形式稳定英镑的价值，那么为什么要利用黄金恢复金本位呢？对于哈特里关于与美国共同建立“管理”金本位的建议，约翰·梅纳德·凯恩斯表示怀疑。因为“它保留了太多的旧制度下的弊端，而其优点却丧失了，而且它还将使我们过于依赖联邦储备委员会的政策和意愿”。①

约翰·梅纳德·凯恩斯确实不喜欢黄金，在他的传记《约翰·梅纳德·凯恩斯的生平》一文中，作家罗伊·哈罗德说：“对金本位的钟爱或许还能复活，如果不然，我们的历史学家会说是凯恩斯单枪匹马地砍杀了这一历史悠久、最受人崇敬的体制。”在《货币论》中，约翰·梅纳德·凯恩斯也提到：“黄金被选做价值标准主要是基于传统习惯……黄金虽然作为一种价值储藏物来说一直受到拥护，但将其视为购买力的唯一标准的观点却像暴发户一样突然。在1914年，黄金在英国取得合法地位的时间还不到100年，在其他大多数国家还不到60年时间……黄金已经成为保守主义者的一种工具。”②

（二）黄金是最后的卫兵和紧急需要时的储备金

事实上，约翰·梅纳德·凯恩斯对待黄金的态度并不偏颇，他本人并不排除接受黄金作为在一个特定环境下经济和货币政策的实用和有效的工具。毋庸置疑，黄金在19世纪很长一段时期里保持了其价值的稳定。即使在澳洲和加利福尼亚发现金矿以后，金价大幅下跌；在南非金矿开采以前，金价又大幅上涨。然而在每一次危险中，黄金总

① 约翰·梅纳德·凯恩斯．凯恩斯文集（上卷）[M]．李春荣，崔人元，译．北京：中国社会科学出版社，2013：第255页。

② 约翰·梅纳德·凯恩斯．凯恩斯文集（中卷）[M]．李春荣，崔人元，译．北京：中国社会科学出版社，2013：第329页。

能化险为夷。约翰·梅纳德·凯恩斯在他的《货币改革短篇》曾说道："黄金也许不具有作为人为规定的货币标准在理论上的优势，但它不会被人操纵，其可信性也在实践中经受考验和得到证明。"①

约翰·梅纳德·凯恩斯将黄金在19世纪的良好表现归因于以下两个方面：一方面，黄金供给充裕。19世纪正处于人类对地球表层的逐步探索与开发时期，大批金矿被发掘，即使偏僻地区的金矿床也逐渐暴露。金矿发现方面的进展大体上与其他方面的进展趋于一致，此时黄金的供给量是充足的。但是，随着这一历史阶段的结束，金矿的产量将有赖于科学与技术知识的发展，由此会对采金行业造成间歇性的影响。

另一方面，金价的稳定。首先，黄金的"内在价值"使其不存在"管理"通货具有的危险性。黄金的价值并不是由人类中的某一单独群体的意志和行为决定的。黄金的边际价值体现在与其他事物相对照时的稳定的心理评估，其供给中的很大一部分会自动地流入艺术市场或在亚洲被贮藏起来，而且这么大的供给额并不会造成市场泛滥。其次，决定黄金价值的多种多样的独立因素本身就是一个稳定的因素。约翰·梅纳德·凯恩斯认为："世界上许多证券发行银行持有的用以抵偿负债的准备金，具有任意决定、变化无常的性质，但并不会由此形成一个难以捉摸的因素，事实上它是一个稳定因素。当黄金的供给相对充裕、流向这些银行时，它们就可以把准备金比率略微提高一些，从而吸收了黄金的增量；当供给相对稀少时，它们从来就没有打算把准

① 约翰·梅纳德·凯恩斯．凯恩斯文集（上卷）［M］．李春荣，崔人元，译．北京：中国社会科学出版社，2013：第264页。

备金利用于任何实际目的上，这样，它们当中的大多数对这一变化泰然处之，允许准备金比率的适当下跌。从南非战争结束到1914年期间，南部非洲黄金中的大部分流入了欧洲及其他国家的中央银行，但对价格影响甚微。”①

从更实际的角度看，约翰·梅纳德·凯恩斯详尽地阐述了一次由中央银行对黄金市场进行干预的方案和制订一项发行与黄金挂钩的国际债券计划。在《货币改革短篇》第五章“对将来货币管理的明确建议”中他还总结道：“我承认黄金在我们的制度中所具有的重要作用，它作为最后的卫兵和紧急需要时的储备金，还没有任何其他更好的东西可以替代它。但我极力主张可以利用黄金的优势，不必盲目地将法币同变化无常的将来实际购买力不可预测的黄金相联结。”②

约翰·梅纳德·凯恩斯关于黄金方面的分析并不是直线性的，在谈及新项目时，他曾不止一次地承认过使用黄金的可能性。在1933年出版的《通向繁荣之路》“国际货币发行和金本位制”一章中，约翰·梅纳德·凯恩斯也表达过自己的观点：“可能有人会奇怪，一个曾把黄金斥为‘野蛮遗物’的我，竟然在这个国家的保守当局企图为恢复金本位制提出种种不可能实现的条件时，却成为‘把国际货币同黄金相联结’政策的鼓吹者。虽然我从未喜欢过黄金，我也不特别抱有幻想。但是，总的来说，我相信黄金如此受到非议，现在也许可以立

① 约翰·梅纳德·凯恩斯．凯恩斯文集（上卷）［M］．李春荣，崔人元，译．北京：中国社会科学出版社，2013：第252页。

② 约翰·梅纳德·凯恩斯．凯恩斯文集（上卷）［M］．李春荣，崔人元，译．北京：中国社会科学出版社，2013：第264页。

下一些规定以便将来更好地管理黄金，这样的管理要求在其他情况下也许是不能被接受的。”①

（三）通货紧缩与货币贬值的关系

约翰·梅纳德·凯恩斯认为，除美国以外的大多数国家，货币的不稳定状态一般由两种因素的交织作用而造成：一方面，人们用黄金作为价值标准来衡量的国家通货不能保持稳定；另一方面，黄金用购买力衡量时不能保持稳定。然而，人们通常更关注以上两种因素的第一个。因此，人们往往认为恢复金本位，通过使国家通货按固定比率兑换黄金，可以达到稳定通货的目的，争论的焦点也往往局限于国家通货是应当保持在战前的黄金平价水平，还是应当更低一些。换句话说，就是必须在通货紧缩与货币贬值两者之中进行选择。

约翰·梅纳德·凯恩斯考察1918—1923年之间的货币价格，发现英国黄金的不稳定性比汇率的不稳定性影响更大，法国、意大利也出现类似情况。印度虽然遭受了猛烈的汇率波动，但它的价值标准却比其他国家更稳定。5年间，美国虽然一直采用金本位，仍遇到和其他国家一样的困难。因此，约翰·梅纳德·凯恩斯得出，通过固定汇率的办法并不能使我们摆脱通货方面的困难，甚至可能会削弱我们的控制能力，即固定汇率并不能解决货币问题。

在当时的特定条件下，如何确定黄金价值标准呢？是使金价接近于现有价值，还是使它恢复到战前的价值水平？约翰·梅纳德·凯恩斯表示：“直到1922年4月的热那亚会议上，公众对这两种政策（通

① 约翰·梅纳德·凯恩斯．凯恩斯文集（下卷）［M］．李春荣，崔人元，译．北京：中国社会科学出版社，2013：第196页。

货紧缩政策和货币贬值政策）之间的区别是不大清楚的，对两者之间的尖锐对立，后来才逐渐有了认识。即使在今天（1923 年 10 月），几乎没有一个欧洲国家当局明确表示，对于它们的通货价值要采取哪一种政策：是稳定币值呢，还是提高币值？许多国际会议建议认为，在目前水平下稳定币值的同时，许多国家通货的实际价值却在下降，而不是在上升。但是，从其他方面的迹象可以判断出，欧洲各国的国家银行，在通货政策方面，不论是实施得顺利的（如捷克斯洛伐克）或不顺利的（如法国），内心都期望提高它们通货的价值。”①

通货紧缩政策是指为了增加以黄金或某些商品为依据的通货的交换价值，可以实行降低国家通货的数量与它所需要的以货币形式表现出来的购买力这两者之间比率的政策。货币贬值政策则意味着我们可以使通货的价值稳定在接近于现在价值的某一点，而不考虑它战前的价值。当时，许多欧洲国家的公开政策是要把欧洲的多种通货价值恢复到战前平价，约翰·梅纳德·凯恩斯认为，这既是不能令人满意的，也是实际上不可能做到的。在《货币改革论》中约翰·梅纳德·凯恩斯用了大量的篇幅论证了通货紧缩的危害。

约翰·梅纳德·凯恩斯反对通货紧缩的观点可以简单归纳为以下两个方面：一方面，通货紧缩是不能令人满意的，因为它的影响总是有害的，它会造成现有价值标准的变化，同时也会导致财富发生不利于企业、不利于社会安定的再分配。约翰·梅纳德·凯恩斯指出，正如我们已经看到的那样，通货紧缩将使财富由社会的其余部分转移到食利者阶级和

① 约翰·梅纳德·凯恩斯．凯恩斯文集（上卷）［M］．李春荣，崔人元，译．北京：中国社会科学出版社，2013：第 243 页。

一切持有货币权利的人们那里，这同通货膨胀所引起的情况正好相反。特别是，通货紧缩将使财富从一切借入者（即工商业者和农民手里）转移到借出者手里，从活跃分子的手里转移到不活跃分子的手里。

另一方面，通货紧缩在许多国家是不可能做到的。值得注意的是，这里所指的通货紧缩在某种程度上，足以使通货价值恢复到战前平价，因为这将使纳税人的负担达到令人难以忍受的程度。这种实际上的不可能也许会使这个政策成为无害的。如果事实上不是这样，它会妨碍另一种政策的实行，将延长不安定状态和严重的季节波动。约翰·梅纳德·凯恩斯举了法国和意大利的例子：“目前法国和意大利政府公开宣布的政策仍然是要把它们的通货价值恢复到战前平价，这种做法必然会阻碍在这些国家所进行的对任何通货改革的合理探讨。有些人——在金融界这种人很多——是别有用心，故意说这种政策是‘正确’的，因此他们只得在这个问题上胡说八道。”①

（四）价格稳定与汇率稳定的抉择

国家通货的价值稳定是应该依据购买力还是应该依据某些国外的通货？约翰·梅纳德·凯恩斯指出，在某些限制条件下，一个国家的通货与世界其他各国通货之间的汇兑比率，决定于国内价格水平与国外价格水平之间的关系。因此可以说，除非国内与国外的价格水平都能保持稳定，否则汇率是不会稳定的。如果国外价格水平处于我们的控制范围以外，我们自己的价格水平或汇率将受到国外因素的牵制，我们不得不处于屈从地位。如果国外价格水平不稳定，我们就无法同

① 约翰·梅纳德·凯恩斯．凯恩斯文集（上卷）［M］．李春荣，崔人元，译．北京：中国社会科学出版社，2013：第244页。

时保持价格水平和汇率稳定。我们只能在价格稳定与汇率稳定之间选择一个，而不能兼顾。

约翰·梅纳德·凯恩斯认为："在战前，几乎整个世界都实行金本位，那时我们一致偏重的是汇率的稳定，而不是价格的稳定。那时如果由于完全处于我们控制范围以外的一些原因，例如在国外发现了新金矿，或国外银行政策的转变，而使价格水平发生了变动，对于这样的社会影响，我们是随时准备屈从的。我们的这种屈从态度，一方面是由于我们不相信有人为因素在内的政策，另一方面由于价格波动事实上比较缓和。尽管如此，也出现过政策上改弦易辙的有力倡议。特别值得提到的，是欧文·费舍尔教授建议的补偿元计划。不过，除非所有的国家采取同样的计划，否则这个建议的实践作用只在于国内价格水平的稳定，而不是外部汇率的稳定。"①

价格稳定和汇率稳定的选择中哪一个是正确的呢？约翰·梅纳德·凯恩斯认为，各国的具体情况不一样，不能一概而论，正确的选择部分取决于对外贸易在国家经济生活中所占地位的重要程度。虽然如此，几乎在任何情况下，比较可取的似乎总是价格的稳定，假使这一点真的能够实现的话。汇率的稳定则是自然而然的结果，这一点又可以促进那些从事对外贸易的人们在业务上的效率和繁荣。另一方面，价格的稳定对于上述各种弊端的避免，意义是非常深远的。各种契约关系与企业的预期，甚至在像英国这样的一个商贸国家中，以汇率稳定为前提总是非常少的，绝大多数都是以国内价格的稳定为前提的。

① 约翰·梅纳德·凯恩斯．凯恩斯文集（上卷）［M］．李春荣，崔人元，译．北京：中国社会科学出版社，2013：第248页。

与此不同的反对意见认为，汇率的稳定是较容易达到的目标，因为它所要求的只是在国内与国外采取同样的价值标准，然而要把国内标准调整到使之相对于物价指数保持稳定，却还是一个从未实践过的、艰难的科学创新。

无论如何，对这种把恢复固定汇率作为一个争取目标的未经深思熟虑的假说，还需要进行比平常更深一步的探索。目前多数国家采用同样本位制的前景非常渺茫，在这种情形下，特别需要做进一步的分析。当采用金本位时，我们可以同几乎整个世界保持汇率的稳定，而其他任何本位制都显得孤僻、反常，所以稳定和便利的确切优点就会支持保守派偏好黄金的心理。但是，即使是这样，如果没有另一种半偶然性的环境，商人的便利和对固体金属的原始热情这两点，依我看来，并不能充分保证黄金王朝的存在。毕竟在过去许多年里，黄金所提供的不仅是汇率的稳定，而且是整体上的价格水平的稳定。事实上，在稳定汇率和稳定价格两者之间做出选择在过去并不是一件进退维谷的事情，只是后来情势有了变化，在南非金矿开发的前夕，我们似乎要面对一个价格水平不断下降的局面，当时的本位制与价格稳定之间发生了严重矛盾，引起了对复本位问题的激烈争论，而争论实质上也反映了当时的不满情绪。

约翰·梅纳德·凯恩斯指出："第二次世界大战后各个国家的价格水平之间，出现了巨大的或突然的差别，利用战前的调节黄金国际流动的制度是否能够处理目前的问题，无疑是有疑问的。"① 在战前制度

① 约翰·梅纳德·凯恩斯．凯恩斯文集（上卷）[M]．李春荣，崔人元，译．北京：中国社会科学出版社，2013：第249页。

下，一国与外界之间的汇率是固定不变的，国内价格水平不得不进行自我调整以适应这一标准，这种制度的缺陷是行动上过于迟缓、感觉上过于迟钝；在战后制度下，价格水平主要取决于国内影响，对外汇率则不得不进行自我调整以适应这一标准，这种制度的缺陷是发生作用时过于迅猛，感觉过于灵敏，结果由于一时偶然的原因，就会导致剧烈的变动。但是，当发生了广泛而突然的波动时，为了保持平衡的确需要有一种迅速的反应，这种迅速反应的需要正是战前方式不能适应战后条件的一个决定因素，而且它使每一个人对最终公布的汇率感到迷惑不解。

变动不定的汇率意味着，政治方面和情感方面瞬间的影响，以及季节性贸易间或产生的压力，有可能导致相对价格的混乱。但是同时它也意味着，对无论何种原因造成的国际收支不平衡，调整汇率是一个最迅速有力的纠正方法。当国家的对外支出超过其所有资源时，它是一个相当有效的防范措施。因此，当国内与国外价格水平已经存在的平衡出现了剧烈波动时，战前的方法在实践中很有可能失败，原因很简单，就在于它不能充分迅速地促成国内价格的重新调整。从理论上讲，如果允许黄金价格连续地、无限制地移动，直到价格的涨落达到必要程度，那么战前的方法迟早总会奏效的。但是事实上，黄金作为实际通货和硬币的支持者，它的外流（在比率上、在数额上）一般是有限度的，如果货币或信贷供给额的缩减速度超过了社会和企业安排所能容许的价格下降速度，将造成不堪忍受的不利后果。

到此为止，约翰·梅纳德·凯恩斯的结论是，当国内价格水平稳定和汇率稳定这两者不能兼得时，一般说来，前者更值得争取；如果出现了进退维谷的尴尬局面，也许幸运的是，争取前者而牺牲后者是阻力最小的一个办法。

（五）反对恢复金本位

约翰·梅纳德·凯恩斯认为，虽然在19世纪的很长一段时间里，黄金表现出良好的价值稳定功能，但是，并没有充分理由保证黄金在战前保持一种平衡状态所依赖的特殊条件仍然继续存在。恢复金本位制不能解决当时英国面临的问题，固定汇率也不能解决货币问题。约翰·梅纳德·凯恩斯在《货币论》中曾指出："如果有哪种货币能够宣称有漫长的历史经历的话，那一定是白银而不是黄金。金本位可能声称其在战前50年中做到了使物价水平稳定——但这毫无夸耀之处，物价水平的稳定很大程度上归功于黄金使用者的管理得当。"约翰·梅纳德·凯恩斯认为通过固定汇率的办法并不能使英国摆脱通货方面的困难，甚至可能会削弱国家对货币的控制能力。① 约翰·梅纳德·凯恩斯认为，恢复金本位（不论按照战前平价还是某种别的比率）肯定不会使我们国内价格水平达到完全稳定的地步。如果所有其他国家也恢复金本位，也只能使我们的对外汇率完全稳定。因此，这个制度是否值得恢复，总体上取决于它能否为我们在这两种理想目标之间提供一个可行的折中方案。约翰·梅纳德·凯恩斯说："那些主张实行金本位而反对采用进一步科学化体制的人们，其理由基于两个论点：一个是，黄金所提供的是一个相当稳定的价格标准，过去的实际情况是这样，将来也仍然会是这样的；另一个是，鉴于管理当局过去一再表现出缺乏智谋，因此管理通货是不会有好结果的。在这里，保守主义和怀疑

① 约翰·梅纳德·凯恩斯．凯恩斯文集（中卷）［M］．李春荣，崔人元，译．北京：中国社会科学出版社，2013：第330页。

主义结合起来了——他们往往是这样做的。也许这里还加入了迷信的成分，因为附着于黄金在色彩和形态上的魔力，到现在仍没有消失。”①

一战爆发后，各国政府开支剧增，纷纷终止了金本位制。与此同时，各国掀起贮藏黄金的热潮。此时，黄金的价值已经不仅取决于其内在价值，而成为众多人为因素的产物。他在《货币改革论》中说道：“战争带来巨大的变化，黄金自身已成为了一种‘人为管理’的通货。不论是东方还是西方，都学会了贮藏黄金，但是美国积存黄金的动机与印度却不尽相同。现在大多数国家已经放弃了金本位。如果黄金的主要使用者以实际需要为限保有黄金，那么黄金的供给将大大过剩。美国没能让黄金跌到其‘自然’价值，因为它无法面对由此造成的黄金标准下跌的局面。因此，它不得不采用一项代价极其昂贵的政策，即把南非约翰内斯堡矿工辛辛苦苦挖掘出来的金子重新埋在华盛顿的地底下。结果现在黄金的价值完全是‘人为的’，金价的未来走势几乎完全取决于美国联邦储备银行的政策。”②

战争使黄金成了一种“人为管理”的通货。约翰·梅纳德·凯恩斯认为某种变相的金汇兑本位制将可能取代金本位制，黄金也许会永远地从人们的衣袋中消失。约翰·梅纳德·凯恩斯指出美国在贮藏黄金热潮中别有目的，认为黄金的实际价值将取决于三四个最强大的中央银行的政策。约翰·梅纳德·凯恩斯说道：“美国也许会通过不再由造币厂吸收黄金的办法，使黄金丧失部分的通货资格，对这一可能情

① 约翰·梅纳德·凯恩斯．凯恩斯文集（上卷）［M］．李春荣，崔人元，译．北京：中国社会科学出版社，2013：第252页。

② 约翰·梅纳德·凯恩斯．凯恩斯文集（上卷）［M］．李春荣，崔人元，译．北京：中国社会科学出版社，2013：第252页。

况我们绝对不可以忽视。作为一项临时措施，美国目前所实行的无限制接受黄金输入的政策可以认为是有理由的，它能够保持传统，增强过渡时期民众的信心。但是，如果把它作为一种长期的安排，那只能说是一种毫无价值的愚蠢行为。如果联邦储备委员会的目的在于保持美元价值的水平不受黄金流入或流出变动的影响，那么美国继续接收那些既不需要又代价昂贵的黄金，到底有什么意义呢？”①

因此，约翰·梅纳德·凯恩斯认为，对黄金价值未来稳定性方面的信心，主要取决于完全相反的两种认识：一种观点认为“美国简直愚蠢透顶”，还在继续接收它并不需要的黄金；另一种观点却认为“美国聪明极了”，接收黄金可以使它保持固定不变的价值。这种模棱两可的事态在民众的一无所知与联邦储备委员会无所不知的共同作用下，也许还可以显露真相。但是形势是不确定的，对于那些对未来采用何种本位制仍处于徘徊观望之中的国家来讲，这种形势是不容乐观的。约翰·梅纳德·凯恩斯将其归咎于政治家和银行家的谨小慎微和愚昧无知，并认为这有可能在经济领域内造成破坏性的严重后果。他说：“现在人们感觉到，就政治家和银行家在经济和财政方面知识的一般水平而言，任何革新都不可能实行，或者即使实行了，也不可能安全顺利。事实上，稳定汇率的主要目的就是要限制财政部长的影响力。”②

约翰·梅纳德·凯恩斯认为，在现代纸币流通和银行信用的世界中，至关重要的一点是我们无法逃避“管理”通货。至于黄金本身的

---

① 约翰·梅纳德·凯恩斯. 凯恩斯文集（上卷）［M］. 李春荣，崔人元，译. 北京：中国社会科学出版社，2013：第253页。

② 约翰·梅纳德·凯恩斯. 凯恩斯文集（上卷）［M］. 李春荣，崔人元，译. 北京：中国社会科学出版社，2013：第253页。

价值取决于中央银行政策，纸币能否兑换黄金并不能改变这一事实。战前的准备金原则认为中央银行不会保持超过它需要的黄金数量，或者保持低于它需要的黄金数量，黄金会不时地投入货币流通领域或输出海外。然而，经验显示，在这些场合下黄金的需要量大体上是与中央银行的负债成适当比例的。在银行方面，必须要把准备金比率提得高一些，以增强民众信心。信用创造主要是以此比率为依据，并随时加以调节。以英格兰银行为例，它在黄金潮流中随波逐流，听任黄金的流进流出，让它产生“自然”的结果，不让它受到关于阻止价格影响方面的任何观念的影响。

让多数国家采用同样本位制的前景非常渺茫。在大战以前，金本位制度就已经由于其中的人为因素而渐趋不稳定。随着时间的流逝，这种“比率关系”已经渐渐与事实脱离联系，基本上成为一种常规，比这一比率高一些或低一些的其他比率也同样可以完成任务。大战打破了这个常规，因为黄金退出实际流通领域以后，消灭了处于这一常规背面的一个实际存在因素，而纸币停止兑换黄金以后又消灭另一个因素。这时的准备金“比率”已失去了它原有的一切意义，因此以这一比率为依据来调整银行利率的做法将是荒唐可笑的。

约翰·梅纳德·凯恩斯指出，那些主张回归金本位的人们并没有意识到我们在实践中已经逐渐形成了与以往不同的方针路线。如果恢复金本位，银行利率也势必回到战前模式，让黄金潮的涨落任意戏弄国内的价格水平。然而，我们必须设法对于信用循环对价格和就业稳定的严重不利影响加以调节。同时，我们不能置“银行比率”于不顾，就让黄金的堆积存量远远超过我们的实际需要，或者削减黄金存量使它远远低于必要存量水平。

同时，战前实行的金本位，一致偏重的是汇率的稳定，而不是价格的稳定。当采用金本位时，我们可以同几乎整个世界保持汇率的稳定，而其他任何本位制都显得孤僻、反常，所以稳定和便利的确切优点就会支持保守派偏好黄金的心理。但是，即使是这样，如果没有另一种半偶然性的环境，商人的便利和对固体金属的原始热情这两点并不能充分保证黄金王朝的存在。

战前黄金调节机制不适应变化的战后环境。战后，各个国家的价格水平出现了巨大差别，战前的调节黄金国际流动的制度已经不能适应其变化。在战前制度下，一国与外界之间的汇率是固定不变的，国内价格水平不得不进行自我调整以适应这一标准；在战后制度下，价格水平主要取决于国内影响，对外汇率则不得不进行自我调整以适应这一标准，这种制度的缺陷在发生作用时过于迅猛。当发生了广泛而突然的波动时，这种迅速反应的需要正是战前方式不能适应战后条件的一个决定因素，而且它使每一个人对最终公布的汇率感到迷惑不解。

黄金是“野蛮的遗物”。正如前面已经提到的，约翰·梅纳德·凯恩斯认为：“金本位现在已经是一种未开化习俗的残余。从英格兰银行总裁起，所有我们这些人现在主要关注的是保持企业、价格和就业的稳定。当不得不从其中选择某一目标的时候，我们决不会为了过时的教条——其价值曾经是每盎司 3 英镑 17 先令 10. 5 便士——而牺牲这些方面。”[①] 一些主张恢复黄金使用的开明人士的观点主要是出于感情和传统习俗的影响，而没有强有力的理由支持。

---

① 约翰·梅纳德·凯恩斯. 凯恩斯文集（上卷）［M］. 李春荣，崔人元，译. 北京：中国社会科学出版社，2013：第 255 页。

与此同时，约翰·梅纳德·凯恩斯认为将恢复金本位的希望完全寄托在国际合作上是荒谬至极的。他指出，在世界黄金的现存分配格局下，恢复金本位就意味着我们将不可避免地丧失自己对价格水平和信用循环的调整处置权，而屈从于美国的联邦储备委员会。他说："即使在联邦储备委员会和英格兰银行之间建立了最亲密、最诚恳的合作关系，但联邦储备委员会在权力方面仍然会处于有利地位。前者可以忽视后者的存在而独立行事，但是如果后者忽视了前者，随着情况的变化，很容易发生黄金存量的过剩或者不足。不仅如此，我们事前就可以判定，美国方面到那时肯定会多有猜忌，疑心英格兰银行为英国的利益而干预其政策或影响美国的贴现率。此外，为了对付世界上出现的过剩黄金，我们也必须承担一大笔尽管是徒劳的费用。"①

约翰·梅纳德·凯恩斯指出，在当时的环境下，使英国政府的行动自由屈从于美国的联邦储备委员会将是一种鲁莽轻率的举动。他说："在紧要关头，对如何在勇敢、独立的精神下采取行动，我们还缺乏足够的经验。联邦储备委员会正在追求的目标是摆脱来自局部利益的压力，但是这一愿望是否能够全部实现，我们还没有把握。不过它仍旧有可能屈服于激烈的低息贷款运动。一旦美国联邦储备委员会对英国的行为表示疑虑，就会动摇联邦储备委员会的地位，甚至会大大削弱其抵御民众喧哗的能力。"② 除了政策的软弱或错误会引起不良后果，

---

① 约翰·梅纳德·凯恩斯．凯恩斯文集（上卷）［M］．李春荣，崔人元，译．北京：中国社会科学出版社，2013：第256页。

② 约翰·梅纳德·凯恩斯．凯恩斯文集（上卷）［M］．李春荣，崔人元，译．北京：中国社会科学出版社，2013：第256页。

约翰·梅纳德·凯恩斯认为，即使英美两国同时采取同样的政策也不一定对双方都有利。比如，在大西洋的两岸，信用循环的发展与企业的现状时常会出现很大的差别。

“黄金的贪婪”及其稀缺性。约翰·梅纳德·凯恩斯指出，黄金被选做价值标准主要是基于传统习惯。他认为人们选择黄金作为财富象征具有偶然性，他甚至说：“弗洛伊德博士谈到，在我们潜意识深处存在着某种特殊的理由，可以解释为什么黄金偏偏可以满足强烈的本能并作为财富象征。埃及的传教士很久以前在这种黄色金属上注入的神奇属性从未丧失殆尽。”黄金被视为唯一购买力的时间并不长，而且黄金并没有很好地维持购买力的合理稳定性。正如他所说：“黄金被选做价值标准主要是基于传统习惯……黄金虽然作为一种价值储藏物来说一直受到拥护，但将其视为购买力的唯一标准的观点却像暴发户一样突然。”①

当然，黄金的稀缺性也是约翰·梅纳德·凯恩斯反对恢复金本位的原因之一。约翰·梅纳德·凯恩斯认为，虽然金矿发现方面的进展大体上正好与其他方面的进展趋于一致，但是对地球表层的逐步探索与开发的历史阶段已经基本结束，此后的物质进步将有赖于科学与技术知识的发展，由此对采金行业造成的影响也必然是间歇性的。约翰·梅纳德·凯恩斯在《货币论》中有过这样的表述：“在1914年，黄金在英国取得合法地位的时间还不到100年，在其他大多数国家还不到60年时间。因为除了几段相当短暂的时期外，黄金一直由于太稀

① 约翰·梅纳德·凯恩斯．凯恩斯文集（中卷）［M］．李春荣，崔人元，译．北京：中国社会科学出版社，2013：第328页。

少以致不能满足充当世界主要通货媒介的需要。黄金目前是而且一直都是一种非同寻常的稀缺商品。”① 他又举例道：“一艘现代邮轮只需一个单向航程就可以将 7 000 多年来淘汰或采掘的所有黄金装卸下来横渡大西洋。但每隔 100 年或 1 000 年人类就会发现一个新的供给来源——19 世纪下半叶就是这些时期中的一个——从而保证了昙花一现的富足。但是，一般来说，黄金总是远远不够的。”②

基于以上分析，约翰·梅纳德·凯恩斯反对恢复金本位的态度是坚决的，他曾经撰文明确表达了自己的立场：“我以为，居于首要地位的应该是价格、信用和就业的稳定，对于过时的金本位，我已经失去了信心。尽管它在过去对经济局势的稳定有过贡献，但在目前的情况下，我却怀疑它是否还能这样，因此我不赞成恢复战前形式的金本位。”③

（六）早期对世界通货的探索

毋庸置疑，约翰·梅纳德·凯恩斯以及凯恩斯学说对资本主义世界产生深远影响。同时，他对金本位制的看法以及在布雷顿森林会议上提出的重要建议也对黄金领域的研究做出重要贡献。约翰·梅纳德·凯恩斯第一次提出代替黄金作为世界货币的提议是在 1923 年。他最初的布雷顿森林提议（于 1941 年和 1942 年列成提纲并被英国官方政府采用），也是基于对以上观点的修改和展开而来的。

约翰·梅纳德·凯恩斯承认黄金的重要作用，认为它作为最后的

---

① 约翰·梅纳德·凯恩斯．凯恩斯文集（中卷）［M］．李春荣，崔人元，译．北京：中国社会科学出版社，2013：第 329 页。

② 约翰·梅纳德·凯恩斯．凯恩斯文集（中卷）［M］．李春荣，崔人元，译．北京：中国社会科学出版社，2013：第 329 页。

③ 约翰·梅纳德·凯恩斯．凯恩斯文集（上卷）［M］．李春荣，崔人元，译．北京：中国社会科学出版社，2013：第 256 页。

卫兵和紧急需要时的储备金，还没有任何其他更好的东西可以替代它。但同时他又极力主张利用黄金的优势，不必盲目地将法币同变化无常的将来实际购买力不可预测的黄金相联结。在1923年发表的《货币改革论》中，约翰·梅纳德·凯恩斯详尽地阐述了由中央银行对黄金市场进行干预的方案和制定一项发行与黄金挂钩的国际债券计划。

从1920—1922年的经济衰退到1925年英国恢复金本位制的阶段，约翰·梅纳德·凯恩斯的基本理论还是传统的货币数量论，以此为基本分析思路，他在《货币改革论》的短篇中提出，由于物价由银行创造的信贷量所决定，当经济处于萧条期，要通过创造比繁荣期更大的信贷量来保持一个稳定的价格水平，即不陷入通货紧缩。在这个阶段上，约翰·梅纳德·凯恩斯认为"人为管理"的货币已经不可避免。由此，约翰·梅纳德·凯恩斯反对英国政府的通货紧缩政策，主张容许温和的通货膨胀，并以这种政策来治疗经济萧条。约翰·梅纳德·凯恩斯还反对金本位制，指出实行金本位制会使英国出口更加困难，国际贸易和收支更加恶化，加深经济萧条。

英国最终被迫于1931年9月21日终止金本位。1933年3月，约翰·梅纳德·凯恩斯在《泰晤士报》发表了名为《通向繁荣之路》的四篇系列文章。约翰·梅纳德·凯恩斯致力于解决英国当时的一系列问题，期望能够帮助英国提高价格、恢复就业。约翰·梅纳德·凯恩斯设计发行国际通货，力图"通过增加更充足的国际货币储蓄，来稳定全世界焦躁不安的中央银行和财政部"[①]。与此同时，约翰·梅纳

① 约翰·梅纳德·凯恩斯．凯恩斯文集（下卷）［M］．李春荣，崔人元，译．北京：中国社会科学出版社，2013：第195页。

德·凯恩斯指出，要增加国家货币储备，必须满足以下条件：首先，追加准备金应该以黄金为基础。他认为当黄金停止作为国内货币时，它甚至比以往更具有特权，成为最通常的持有储备和用于弥补外汇短缺的国际货币。其次，强调黄金的有用性而不应该具有慈善的特征。黄金不仅需要满足贫困国家的期望，而且也应该满足所有遵循共同规范的参加国的期望。最后，显著的追加储备数量应该具有一定的弹性。由于通货是黄金通货，参加国会把它等同于黄金接受。这意味着各参加国的国内通货会同黄金有某种精确的替代关系，即它包含着对于金本位制的有资格的偿还。

（七）布雷顿森林会议与凯恩斯的“国际清算同盟计划”

第二次世界大战结束后，英国经济严重受创，黄金储备消耗殆尽。为了维护战后的英国国家利益，1944 年，在美国新罕布什尔州的布雷顿森林举行的联合国货币金融会议上，约翰·梅纳德·凯恩斯提出了“国际清算同盟计划”。

约翰·梅纳德·凯恩斯的这套全新的世界货币方案中，由国际清算同盟发行统一的世界货币，货币的分配份额按照二战爆发前三年的进出口贸易平均值计算。这种计算方法下，英国世界货币占总份额的16%，包括殖民地后，整个英联邦的比例高达35%。这样的分配有利于英国在耗尽黄金储备的条件下延续英镑的地位，同时削弱美元和美国黄金储备的影响力。这个计划实际上主张恢复多边清算，取消双边结算，暴露出英国企图同美国分享国际金融领导权的意图。针对凯恩斯的方案，美国提出了“怀特计划”作为反制手段。

什么样的世界经济管理最有可能促进国家经济政策的实行？约翰·梅纳德·凯恩斯认为应该通过对货币的理智管理来促进世界经济

中的活动水平。继而，他批判了1914年之前的金本位和战争时期重建金本位制度的努力。约翰·梅纳德·凯恩斯将货币看作国家和社会的产品，而不是自然创造。

最终，约翰·梅纳德·凯恩斯的建议没有被采纳。约翰·梅纳德·凯恩斯关于布雷顿森林体系的提议是基于其几十年来批判性的、颠覆性的工作，正如有学者指出：这些提议也许基于政治理由被拒绝了，但在经济的场地上，它们永远不会被拒绝或有所争议。当时导致约翰·梅纳德·凯恩斯被拒绝的正是美国权力的构造。这个协定不仅受到凯恩斯基本理论的影响，而且还有美国期待采取新的金本位制度作为解放贸易途径的渴望。

第二次世界大战的结束让美国成为世界上极具统治地位的经济和金融势力，拥有世界近50%的制造业、70%的黄金储备。美国在20世纪中叶对世界其他国家经济和金融上的统治甚至比19世纪的英国更胜一筹，美国希望作为世界领先的工业帝国行使霸权，向世界提供类似世界货币的"公共商品"。最终，以美元为中心的国际货币体系建立起来了，这实际上是一种金汇兑本位制，美国国内不流通金币，但允许其他国家政府以美元向其兑换黄金，美元是其他国家的主要储备资产。随着国际经济格局变化，美国经常项目赤字增加导致美元危机，该制度逐渐无法支撑。1971年8月，尼克松政府宣布停止美元兑换黄金，并先后两次将美元贬值，金汇兑本位制随之崩溃，世界进入浮动汇率时代。

四、约翰·梅纳德·凯恩斯黄金理论的现实意义

约翰·梅纳德·凯恩斯一生著作颇丰，主要著作有《凡尔赛和约

的经济后果》（1919）、《货币改革论》（1923）、《货币论》（1930）、《劝说集》（1932）、《就业、利息和货币通论》（1936）等。约翰·梅纳德·凯恩斯对黄金问题的研究，集中体现在他1923年所写的《货币改革论》、1930年所写的《货币论》、1936年所写的《就业、利息和货币一般理论》以及其他文集中。约翰·梅纳德·凯恩斯的黄金观点，不仅对当时是否恢复金本位制提出重要建议，而且对当今世界黄金相关问题的探讨也具有重大的现实意义。

约翰·梅纳德·凯恩斯是浮动汇率的坚定支持者，认为恢复金本位制无益于解决英国当时面临的问题，固定汇率也不能解决货币问题。虽然约翰·梅纳德·凯恩斯提出的"国际清算同盟计划"等一系列建议没有被采纳，但是他反对恢复金本位的观点是明确的。关于约翰·梅纳德·凯恩斯反对恢复金本位的观点已经在前文详细归纳，此处不再赘言。

20世纪30年代，西方世界所经历的经济大萧条给资本主义制度极为沉重的打击，越来越多的人开始质疑传统经济学理论的正确性，约翰·梅纳德·凯恩斯创立了一整套崭新的经济学理论体系，挽救了资本主义制度。在《就业、利息和货币一般理论》中，约翰·梅纳德·凯恩斯强调需求的重要作用，他认为有效需求不足导致了生产过剩的经济危机。同时，他主张政府应以财政政策和货币政策直接干预国家经济，被当时各主要资本主义国家的统治阶级所接纳。这种与以往经济学家们完全不同的观点和主张被称为"凯恩斯革命"。

约翰·梅纳德·凯恩斯的经济理论影响极深，在当前各国的经济政策制定中仍然起着举足轻重的作用。2008年美国金融危机爆发之后，凯恩斯主义重新回归，所有东西方政府几乎都按照凯恩斯主义的理论和模型，运用财政刺激政策和宽松货币政策积极刺激有效需求，以避免1929年危机的重演。这说明凯恩斯主义的基本原理没有过时，他的宏观经济政策在短期来看无疑是一剂良药。但诚如约翰·梅纳德·凯恩斯本人在《就业、利息和货币一般理论》中所说“在长期我们都死了”，各国政府必须清醒地认识到，短期宏观经济政策并不能改变当下全球经济总量失衡与结构失衡的现状，这一失衡今后必须得到调整。

凯恩斯主义促成了资本主义经济发展史上“第二个黄金时代”的到来。在资本主义发展史上曾经出现过两次经济迅速发展的“黄金时期”：第一次是19世纪下半叶由自由资本主义向垄断资本主义转变的时代；第二次就是第二次世界大战结束到20世纪的70～80年代。这两次黄金时期的出现，虽然与新兴科学技术革命、新兴产业技术革命有密切关系，但也与西方各国奉行的凯恩斯主义有着直接的关系。战后各国都不同程度地实行了以政府干预为中心的凯恩斯主义经济政策，并取得了明显成效。同时根据约翰·梅纳德·凯恩斯的“有效不足”原理，以保持充分就业为施政的目标之一，积极扩大公共开支，寻找扩大就业门路，为特困者提供必要的社会保障。这些措施在一定程度上缓解了社会的基本矛盾，局部地改善了资本主义的固有弊端。这一切对战后经济的复苏和发展起到重大推动作用，有西方经济学家甚至称此为“凯恩斯时代”，把约翰·梅纳德·凯恩斯奉为“战后繁荣之父”。

五、约翰·梅纳德·凯恩斯黄金理论的两面性

2008年美国金融危机爆发后，美元兑世界主要货币的汇率持续走低，美元汇率的不稳定性使美国的主要交易对手产生普遍信任危机。

很多知名的经济学家公开呼吁国际社会摒弃美元，回归金本位制。原世界银行行长佐利克甚至呼吁主要经济体考虑重新实行经过改良的金本位制货币体系，为汇率变动提供指引。当前的经济危机让人们开始质疑美元作为世界货币的长久性和正当性，呼唤新的“布雷顿森林”，这样就将约翰·梅纳德·凯恩斯重新带入人们的视野。

关于恢复金本位的探讨，我们可以追溯到20世纪初，在世界经济的几次反复震荡中，复归金本位也曾被推崇为一剂良药，但最终都不了了之。约翰·梅纳德·凯恩斯在布雷顿森林的提议在于反对“利率在正常金融力量的作用下在全球范围内处于同等水平的导致风险的制度”，反对黄金或者其他任何“可自由兑换的世界标准”，主张“一个多方管理的世界货币”来解决贸易失衡，他认为经济活动复苏有赖于国家经济管理的自主性，而资本控制是关键。约翰·梅纳德·凯恩斯的提议基于政治理由被拒绝了，但现实经济的发展和当下的经济危机证实了“国际货币不再可以是单个国家的货币”。约翰·梅纳德·凯恩斯提议或许是寻求当前危机出路的最好的起跑点，即国际合作而非霸权才是唯一的出路。约翰·梅纳德·凯恩斯关于反对恢复金本位的看法依然具有重要的理论指导和现实意义。一战结束后，约翰·梅纳德·凯恩斯极力反对英国重新恢复金本位制，他曾撰文详细阐述反对恢复金本位的看法并对货币体制的选择提出了重要建议，然而不幸的是，英国政府并没有采纳他的建议，以致加剧了经济衰退的程度。

诺贝尔经济学奖得主保罗·克鲁格曼在1996年曾经发表过批驳重返金本位提议的文章。他认为，黄金只不过是一种金属而已，并不具备不可替代的重要性。保罗·克鲁格曼说，金本位是一个经济神话，其唯一的好处是看起来还不错。为什么金本位制能够一而再地重入人们眼帘呢？保罗·克鲁格曼认为，那些相信金本位的人不信任中央银行的掌控者，换句话说是不相信人类的智慧。因为凡人总是难以避免印钞的冲动，特别是在经济不景气之际。进一步看，关于金本位的争议实际上反映出了对固定汇率和浮动汇率两种汇率制度的理念之争。在美国，尽管大多数经济学家不认为金本位制能够真正起作用，但也有不少学者在苦苦思索为汇率寻找一个稳定之锚。因为，40 多年的经济现实表明，浮动汇率体系下的世界经济危机不断。特别是最近的全球金融危机还在演变，为世界经济带来巨大的风险与不确定性。

与 20 世纪初相比，当今世界金融体系更加复杂，经济全球化、世界信息化、科技现代化，经济发展已是今非昔比，但随着经济发展的同时，资本主义的内在矛盾也在加深。不可否认，约翰·梅纳德·凯恩斯的许多政策主张从根本上反映了垄断资产阶级的愿望和要求。熊彼特曾经写道："凯恩斯的建议首先总是英国的建议，扎根于英国的问题"。但是，约翰·梅纳德·凯恩斯对黄金相关问题高屋建瓴的观点到今天仍具有强大生命力，值得我们学习借鉴。从当今现状来看，尽管信用货币的缺点明显，但它似乎已经成为人们的唯一选择。如果以今天各国推行的信用货币本位存在重大缺陷为由，要求人们退回到金本位时代，无异于让人们放弃汽车而回到马车时代。

参考文献

[1] 约翰·梅纳德·凯恩斯．凯恩斯文集（上卷）[M]．李春荣，

崔人元,译. 北京：中国社会科学出版社，2013.

[2] 约翰·梅纳德·凯恩斯. 凯恩斯文集（中卷）[M]. 李春荣，崔人元,译. 北京：中国社会科学出版社，2013.

[3] 约翰·梅纳德·凯恩斯. 凯恩斯文集（下卷）[M]. 李春荣，崔人元,译. 北京：中国社会科学出版社，2013.

[4] 邱恩鸿. 凯恩斯经济学的历史作用及现实意义 [N]. 大众科技报,2009-01-06，第08版.

[5] 李义平. 凯恩斯经济学给我们的启示 [N]. 西安日报，2009-02-09，第07版.

[6] 拉荻卡·德赛. 凯恩斯的回归：从世界货币到国际货币 [J]. 海派经济学，2009（25）.

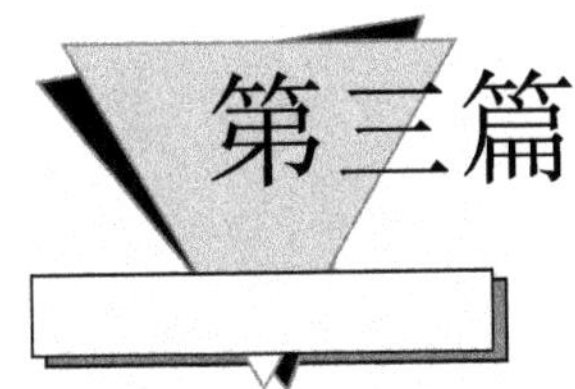

第三篇

现代经济学大师论黄金

第七章　米尔顿·弗里德曼论黄金

一、米尔顿·弗里德曼简介

米尔顿·弗里德曼（Milton Friedman，1912—2006），美国的货币主义大师，是20世纪80年代以来对世界经济政策最有影响力的经济学家之一。凭借在“消费理论分析、货币史和货币理论研究领域中的成就”和“对经济稳定政策的错综复杂性的论证”，米尔顿·弗里德曼获得了1976年的诺贝尔经济学奖。

作为芝加哥学派的代表人物，米尔顿·弗里德曼强调自由市场的作用，主张减少政府对社会生活的干预。1962年，他的代表作《资本主义与自由》在美国出版，全面阐述了经济自由对于政治自由的重要作用。1980年，他主持了名为“自由选择”的节目，并与妻子罗丝·弗里德曼一起撰写了同名著作，出版当年便成为畅销书。经济学的概念传播到普通民众家庭，米尔顿·弗里德曼的名字也由此家喻户晓。

货币主义在约翰·梅纳德·凯恩斯无法解释的“滞胀”之时开始流行，创始人米尔顿·弗里德曼谦逊地将成就归功于货币理论的先驱埃尔文·费雪。他常常称自己为历史学家，坚持实证主义的经济学研究。在经济史论家安娜·施瓦茨的协助下，鸿篇巨制《美国货币史（1867—1960）》于1963年出版，奠定了两人在货币研究领域的权威地位。该书挑战了凯恩斯学派，抨击他们忽略货币供应、金融政策对经济周期及通胀的重要性，改变了有关大萧条的争论，影响极为深远。

1994 年，米尔顿·弗里德曼为自己的货币数量论做了一个简明总结，撰写了《货币的祸害——货币史片段》一书。这本书对于读者来说更为深入浅出，也是米尔顿·弗里德曼在晚年对自己货币研究的一次回顾。2006 年 11 月 16 日，米尔顿·弗里德曼在旧金山家中病逝，但他的思想将继续影响世界各国的经济政策。

米尔顿·弗里德曼一生虽然从未写过专门论述黄金的著作，但“黄金”作为历史上货币的重要组成部分和影响因素，在上述的著作中都占有一席之地。通过对米尔顿·弗里德曼著作的考察，我们也可以洞见这位伟大经济学家的黄金思想。

二、米尔顿·弗里德曼眼中的黄金

（一）金本位制与经济自由

黄金作为货币的历史可以追溯至公元前六世纪的吕底亚（今土耳其西北部），古埃及、中国、古希腊和古罗马等也先后出现了以黄金铸造的货币。而对世界货币体系影响最大的，莫过于金本位制的确立。

英国于 1816 年通过《铸币法》，率先实行了金本位制度。德国于 1871 年依靠普法战争胜利获得的赔款采用金本位制。法国、意大利、比利时、瑞士组成的拉丁货币联盟也放弃了复本位制，停铸银币。斯堪的纳维亚联盟（丹麦、挪威和瑞典）及荷兰在 1873—1876 年采用金本位制。至 1897 年，美国在结束内战恢复硬币支付时，没有继续选择金银复本位，也是选择了金本位。同年俄、日、奥匈帝国相继实行金本位，国际金币本位体系就此形成。直到 1914 年第一次世界大战爆发，资本主义世界经历了自己的黄金时代，与此相伴的是货币制度的

“黄金时代”。

这一时期各国实行的政策均比较接近于真正的金本位，英镑、美元、法郎以及马克都只不过是某一固定数量黄金的不同名称而已，自由铸造、自由兑换和自由输出/输入是金本位制的最重要特征。米尔顿·弗里德曼指出：真正的金本位和自由经济是完全调和的。黄金作为一种货币商品，价格完全不能受到政府干预，加之黄金的自由流动，世界货币量的变动只取决于生产货币商品技术条件的变化和对货币需求量的变化。金本位能够以看不见的、没有征兆的、类似自动的方式产生一种对货币的调节，因为金本位有着客观的、无法回避的机理，这种调节带有可预测性和规律性，要比审慎的、有意的制度安排更好。物价和汇率得以稳定，国际收支失衡得以解决。

举例来说，如果物价上涨，黄金的开采费用也相应增加，这样就会导致黄金产量降低，货币供应量随之降低，物价便恢复正常；国际收支盈余的大幅增加通常会导致黄金流入或者减少黄金流出，黄金流入会导致国内货币存量的增加和国外货币存量的减少（或者是国内相对于国外货币存量的增加），而货币存量的变化则令国内的收入和价格相对于国外收入和 价格有所增加，相对收入和价格的变化会使出口下降、进口增加，从而使国际收支重新恢复平衡。

第一次世界大战的爆发改变了这一稳定的货币格局。战争使物资快速大量消耗，各国政府开始印制法币筹措物资。更重要的是，战争破坏了黄金的自由流动，使金本位的基础遭到破坏。1914 年后，大部分国家不再实行金本位制，或者即使名义上实行金本位制，实际上也远不如战前那么灵活、易于控制。战争结束后，除美国外，其他国家都无力维持金币本位制。1922 年，各国在意大利热那亚召开经济与金融会议，建议采取金汇兑本位制。会议后，美国仍实行金币本位制，英国和法国实行金块本位制，其他欧洲国家货币通过美、英、法货币与黄金间接挂钩。1925 年，金汇兑本位制正式建立。

米尔顿·弗里德曼认为，金汇兑本位制是虚假的金本位，其本质是一种固定汇率制度，与自由的金币本位并不相同。也因此，金汇兑本位制充当了 1929 年大萧条的传导者。因为金汇兑本位制只要维持下来，那么不同国家的价格和收入最终都是联系在一起的，它们不得不尽量保持各国间的收支平衡，但不会达到完全金本位制下的平衡程度。金汇兑本位制使得国际金融体系在各种冲击面前更加脆弱，金汇兑本位制建立起来的联系使得收入和价格在 1929 年之后出现了全球范围的下降。如果没有这些联系作为国际传导机制的话，那么任何涉及价格大幅度下降的大萧条，都不会在任何一个国家蔓延。

国际影响如此严重，传导如此迅速，首先严重地冲击了那些已重建金本位制但实际黄金储备量最小的国家，以及那些金融结构在一战中遭到严重削弱的国家——奥地利、德国、匈牙利和罗马尼亚。由于美国的通货紧缩给这些国家造成的基本压力未得到缓解，这些国家的货币与美元之间形成的固定汇率制度联系未被切断，各种国际援助没有实际作用。

中国的例子说明了金汇兑本位制在国际传导机制中发挥的关键性作用。当时中国实行的是银本位制，与金本位制国家相比，相当于实行的是浮动汇率制度。以黄金表示的白银价格的下降，以及以外币表示的中国元的贬值，这两种情况的影响是相同的。其影响是，将中国国内的经济环境与全球性的萧条隔离开来。随着以黄金表示的全球价格的下降，以黄金表示的白银价格也出现了下降，因此，以白银表示

的商品价格将大致保持不变，中国在不引起国内通货紧缩的情况下继续保持其外部平衡。现实情况也正是如此，1929—1931 年，中国国内几乎未受到横扫金本位制世界的灾难的影响。

第一个切断这种联系的主要国家是英国，它在 1931 年脱离了金本位制。随着英国脱离金本位制，英国和其他一些国家的萧条在 1932 年第三季度到达了谷底。而在那些维持金本位制的国家（如加拿大），萧条仍在持续。由于在 1928 年以低估法郎的汇率水平重新恢复了金本位制，法国积累了大量的黄金，本可以抵挡美国的通货紧缩压力，但法国此时反而开始增加黄金储备，加剧了通货紧缩，使金本位制继续维持了一段时间，因此法国的萧条持续了更长时间，直到 1935 年 4 月才达到经济周期谷底。

金汇兑本位制所带来的政府控制黄金价格和自由经济是不相调和的，不相调和的程度不亚于控制任何其他价格。1929 年，美国实行的金本位制规定了黄金的官价每盎司 20.67 美元，1934 年提高到 35 美元，这个价格远高于自由市场的黄金价格。结果，黄金大量涌进美国，美国渐渐拥有世界黄金存量的一半以上。

米尔顿·弗里德曼还强调，罗斯福政府提高黄金价格时，它采取的黄金存量国有化在基本的观点上背离了自由的原则并且创造了以后给自由世界带来灾祸的先例，其影响甚至超过规定价格这一事实本身。1933 年和 1934 年早期，法律要求拥有黄金的私人把他们的黄金移交给联邦政府，政府则以相等于以前的法定价格来补偿他们，而这一法定价格在那时肯定低于市场价格。为了使这一要求有效，在美国国内拥有除了用于艺术以外的黄金被认为非法的。人们很难设想一个对自由企业社会赖以存在的私人财产原则有更大破坏性的措施，按照人为规定的低价使黄金国有化同按照人为规定的低价使土地和工厂国有化在原则上没有差别。

“只有文化上的落后才能使我们仍然认为黄金是我们货币制度的核心因素。”米尔顿·弗里德曼向我们展示了虚假的金本位带来的一系列危害，特别是对于自由的侵犯。好在随着1971年美国总统尼克松宣布“关闭黄金窗口”，布雷顿森林体系在1974年正式瓦解，黄金的货币功能终结了。美国撤销私人拥有黄金的禁令，采取浮动汇率，自由重新回归，黄金完成了一次从捍卫自由到侵犯自由的轮回，黄金作为货币职能的日子一去不复返了。

（二）商品本位与信用

很多人对于金本位的信仰，很大程度上来自于对商品本位的认知。货币历史上，在许多不同的地方和几个世纪的过程中，最经常形成的一种办法是商品本位，也就是说使用像金、银、铜、铁、香烟、白兰地酒或者各种其他货物作为一些有形商品的货币。假使货币完全是由这一类有形商品组成，原则上就根本不需要政府来控制。社会的货币量将取决于生产货币商品的成本，而不是其他东西。黄金作为这一理想事物的代表，鼓舞着信仰金本位的人们。

米尔顿·弗里德曼虽然提出了“真正的金本位”这一说法，但又表示这是行不通的。甚至在所谓19世纪金本位的大好日子里，那时英格兰银行被认为是正在熟练地经营金本位时，货币制度也远非是一个自行调节的金本位。那些赞成金本位的人也大都看到了这一点，所以他们口中的金本位，也并非是真正的、完全的金本位，而是20世纪30年代维持的那种受到中央银行或其他政府机构管理的金本位。

我们再来考察美国内战后恢复黄金支付的1879—1913年，这时美国

使用的金本位，比任何时候都更接近于完全自动的金本位。但是，这种金本位还远非100%的金本位，政府发行了纸币，私人银行以存款形式发行了国家大部分的有效流通媒介物。黄金占有货币总量的10%～20%，剩下的80%～90%则由白银、信用货币和没有相等数量的黄金来支持的银行存款所组成。

货币在历史演进中自觉地脱离完全的商品本位，真正的商品本位已经远远偏离了不需要政府干预的简单方式。随着以金、银本位为代表的商品本位的发展，在表面上能按固定比例兑换成货币商品的某种形式的信用货币也发展出来。这种发展源于商品本位的自身缺陷：需要使用真正的资源来增加货币存量。正如米尔顿·弗里德曼所说："为了在诺克斯堡或一些类似的存放黄金储备的地方重埋黄金，人们必须在南非从事辛苦的劳动把黄金从地下挖掘出来。"

可以通过一个例子来看一看这种劳动所带来的资源耗费：19世纪50年代，加利福尼亚和澳大利亚汹涌而来的"黄金潮"使那些提炼出黄金的人富裕了起来。澳大利亚一个金矿镇的陈列品中，有一份古老的文件，文件是一张出售沃尔登湖冰块的广告。冰块是冬天的时候从马萨诸塞州的沃尔登湖里切割下来的，裹上木屑装到船舱里，然后航行绕过南美洲的顶端，穿越太平洋来到墨尔本，到墨尔本后再把冰块卸下船，装上马车，马车颠簸数百英里来到采矿人聚集的地区，以满足那些一夜暴富的金矿主们喝冰镇冷饮的需求！

因而实施商品本位，需要使用实际资源的必要性构成一个强烈的动机，使人们想方设法不使用这些资源而达到同样的结果。假使人们接受上面印有"我答应支付若干单位的货币商品"的纸张作为货币，这些纸张就能起着和有形的黄金或白银同样的作用，而需要消耗的资

源就少得多。

米尔顿·弗里德曼一再强调，自动调节的商品本位制度在历史上从来没有被证实为可能，即使有一个稳定的货币机构，又没有不负责任地行使货币权力的危险。一个国家的公众都支持一个地道金本位，相信政府干预金本位的正常运行是不道德和不应该的，使政府不能对货币胡作非为和从事不负责的货币行动。这种本位在历史上依旧倾向于向含有信用因素的混合制方向发展，出现钞票、银行存款或政府的票据。因此，商品本位实际上趋向于变成包含国家广泛干预的混合本位。

在《货币的祸害》一书中，米尔顿·弗里德曼用整整一章讲了一个“石币之岛”的故事。这个故事来源于人类学家威廉·亨利·福内斯的同名著作。岛的名字是瓦普岛，或称为雅浦岛，位于太平洋密克罗尼西亚的加罗林群岛最西端。

因为该岛不出产金属，他们的资源就是石头，他们的劳动都耗费在搬动石头和磨制石头上了，石头就像文明社会里的所有物和铸币一样，是劳动的代表物。他们把自己的这种交换媒介称为“费”，由大而坚硬、厚重的石轮组成。这种石币值得说道之处在于石币的拥有者完全没有必要减少自己的拥有物，在做成一笔交易之后，如果这笔交易所涉及的费用大到无法便利地搬动石币的地步，新的所有者会很乐意接受单纯的所有权认可，石币仍然静静地躺在以前那位拥有者的地头。

雅浦岛民将他们开采出来、经过打制并运回居住地的石头视作自己财富的具体表现形式。一百多年以来，文明社会则把从地底深处开采出来、花大力气进行冶炼、再经过长距离的转运、再次埋进精心设计的地下金库中的金块视作财富的具体形式。如此看来，石币与金币

是如此相同，米尔顿·弗里德曼说“你甚至可以在同一个采石场找到它们”。

这样一个简单的、甚至不知道真实性的故事，却让我们看到了货币产生的历史，透视了货币的本质。《自由选择》中有这样一段话：“金钱”（Pecuniary）这个词，来自拉丁文中的“pecus”，意为“牛”。牛是许多曾充当货币的东西之一，其他还有盐、丝、毛皮、鱼干以至羽毛，在太平洋的雅浦岛上，人们曾用石头当货币。贝壳和珠子是用得最广的原始货币。在纸片和会计所用的笔取得胜利以前，在比较先进的经济中，金属——金、银、铜、铁、锡——曾经是使用最广泛的货币。所有这些曾用来充当货币的东西有一个共同之点，就是在特定的地方和时间，人们接受它来交换货物和劳务，相信别人也同样会接受。

无论是黄金还是一张纸，之所以会成为货币，并非是因为自身的商品价值，而是因为接受这一货币的人相信，别人也会同样接受，这才是货币的本质——信用。

人们常常用通货膨胀来呼唤以金本位为代表的商品本位，反对现行的信用本位。米尔顿·弗里德曼最著名的一句话就是“通货膨胀归根结底是个货币现象”。他支持大卫·休谟的观点：货币的数量是多还是少，不会对一个国家的福祉产生什么重要的影响，重要的是货币数量的变化以及货币需求的状况。无论使用任何货币形式，如果货币数量增加的速度，超过能够买到的货物和劳务数量增加的速度，就会发生通货膨胀，按这种货币计算的物价就会上涨。19 世纪中叶，世界范围按黄金计算的物价上涨，是因为人们在加利福尼亚州和澳大利亚发现了金矿；后来，从 19 世纪 90 年代到 1914 年，物价上涨是因为成功

地在商业上应用了氰化处理法，人们可以用这种方法从南非的低品位矿中提取黄金。

相应地，金本位所带来的通货紧缩会引发了巨大的社会问题，大萧条就是重要一例。美国南北战争后的通货紧缩，使作为借款人的广大农场主受到了严重伤害，这也促使威廉·詹宁斯·布赖恩发表了那篇著名的演讲："你不能压榨劳工，让他们带上荆棘的王冠，你不能把人类钉死在一个黄金十字架上。"

金本位本身也存在着不稳定性，简单的摩擦就可以从根本上颠覆金属货币制度。历史上施行足值金属货币体系的地方，在商人中间都有不少方法从铸币上获得不正当的利益，比如把大量银币放在一个大口袋中，用力震荡摩擦，总会有一些碎屑留下来。积少成多，也是不小的收益。硬币边缘的锯齿最早就是为了防止商人在硬币上刮金或者银而设计的。即使没有这些不道德的做法，单纯的货币流通也必然使货币重量越来越不足，必须重新铸造，或者物价上涨。

米尔顿·弗里德曼对于以金本位代表的商品本位的结论是：对于建立一个自由社会的货币的安排而论，自动调节的商品本位既行不通，又不是解决的办法。它并不理想，因为它造成生产货币商品所需的大量资源的耗用。它行不通，因为使它能生效的神话和信念并不存在。

（三）黄金储备具有重要作用

再来看看那个"石币之岛"的故事：岛上有一户人家，他家的财富得到了每个人的认可。然而，没有一个人甚至这家人自己，亲眼看见过或触摸过这笔财富。这笔财富是一块巨大的费，这块费的大小是通过传说而众所周知的，这笔财富一直躺在海底。这家人的一位先祖获得了这块大得出奇并极具价值的石头，后来被搬到了木筏上，准备

运回家。木筏半途中遇到了风暴，为了拯救自己的生命，这群人砍断了木筏的缆绳，石头也因此沉入海底。这些人回家后，所有的人都证明说，费的体积极其巨大，质地尤其优良，石币的丢失也不能怪罪于拥有者。从那时开始所有的人都承认，离岸几千码的海水影响不了石币的买卖价值，因为石头已经凿制成适当的形式了。这块石头的购买力依然存在，就像在人们的视线中毫发无损地躺在拥有者的家里一样。

1898 年，德国政府从西班牙人手中买下了加罗林群岛，当时岛上的道路状况非常差，有几个地区的首领得到通知，让他们必须把道路修好。这个命令反复重申了多次，仍然没有人在意。最后，德国统治者决定向抗拒命令的地方首领征收罚金。德国人想出了一个巧妙的办法，他们派出了一个人，到那些抗拒命令地区的每一家石屋和公共聚会场所，只需在一批最有价值的费上用黑色画一个十字，表明这块石头已经被政府征收了。那些愁苦的贫苦民众马上就修好了连接岛屿两端的道路，而且修得很齐整。然后，当局派出了几位办事人员，擦掉了画在石头上的十字。幸福的“石屋们”又重新获得了他们的资本所有权，并尽情享受着自己的财富。

也许我们会嘲笑这些人的愚蠢，但米尔顿·弗里德曼却用另一个事件作为类比：1932—1933 年，法兰西银行害怕美国不再盯住金本位，不再按一盎司黄金兑换 20.67 美元的传统价格兑换黄金。于是，法兰西银行要求纽约联邦储备银行将它存在美国的大部分美元资产转换成黄金。为了避免将黄金装船从海上运走，法兰西银行要求联邦储备银行把黄金存到法兰西银行的会计账簿上。作为一种回应，联邦储备银行的官员来到了金库，将与那笔资产等重的金锭放入了另外几个抽屉中，并且在这几个抽屉上贴了标签或是做了记号，以表明这个抽屉里的东西是法国的财产。后来的结果是，财经报纸用头条报道了这件关于“黄金的损失”以及对美国金融体系的威胁等诸如此类的消息。美国的黄金储备开始减少，法国的黄金储备则在增加，市场认为美元走软、法郎走强。因法国向美国兑换黄金而造成的所谓黄金流失，成为最终导致1933年银行业恐慌的众多因素之一。

法兰西银行由于几千公里外的一个地下室里数个抽屉上的标记，就认为法国的货币地位增强，与雅浦岛家族由于数百英里以外的水底下的一块石头，雅浦的家族就富裕了的看法之间有什么真正的区别吗？美国联邦储备银行由于在自己的地下室里的抽屉上做了一些标记，就认为美元处于一个疲软的货币地位，与雅浦岛民由于别人在他们的石币上做了一些记号他们就变得比以前穷了，不是异曲同工吗？

如今，任何国家黄金储备的增减都不需要真的远渡重洋运送黄金。各国中央银行拥有的黄金，有许多就存在纽约联邦储备银行的金库里，加有所属国家的“标记”。转换的时候只要改变华尔街地区自由大街33号银行大楼地下室深处盛放金条的容器上的标签就行了。

对于黄金储备的错误理解与政策，加剧了大萧条。从1929年8月到1931年8月，即通货收缩的头两年，美国的黄金储备增加。这确凿地证明，美国是萧条的发动者。如果联邦储备系统遵循金本位制的原则，那它应当增加货币的数量来对付黄金的流入。相反，它实际上却听凭货币的数量减少。1931年9月，当英国放弃金本位制时，在发生严重萧条两年以后，美国联邦储备系统前所未有地大幅度提高利率（贴现率）。它采取这个行动是为避免持有美元的外国人来汲取它的黄金储备，提高利率的结果使国内的通货高度收缩，给商业银行和工商企业更增加了压力。

法国1928年已有大量黄金储备，完全能够抵挡来自美国的通货收缩的压力。但面对大萧条，法国开始增加它的本来已经很多的黄金储备，而且从1931年末起开始从美国收购黄金。发挥这种领导作用所得到的报酬是，法国的萧条比美国还要长两年。

大萧条时世界处于金本位，黄金储备还有着重要的作用。在黄金已经结束了货币职能40多年后的今天，还在迷信黄金储备，耗费大量的劳动把黄金从一个地方开采出来，经冶炼、铸造，然后重新储存到地下，实在是一种思维惯性带来的巨大浪费。也许正如米尔顿·弗里德曼所说："就像老兵逐渐衰老那样，黄金的作用并没有完全消失，而只是缓慢地减弱。"

三、米尔顿·弗里德曼黄金理论的现实意义

（一）建立自由货币体系

金本位制是一个偶然而又必然的选择。偶然是因为最先选择它的是当时世界上经济与军事最为强大的英国，如果当时英国选择了银本位，一切可能就不一样了；必然则是在资本主义世界的货币体系建立之时，必然需要一种保障自由的货币，使经济与贸易得以迅速发展。真正金本位的背后不是黄金，而是自由。

黄金曾保卫的自由，主要有两个方面：一是限制政府通过超发货币掠夺人民的财富；二是通过自由流动实现各国的国际收支平衡。在金本位早已成为历史的今天，米尔顿·弗里德曼继承这种捍卫自由的精神，倡导建立自由的货币体系。

政府总是用"充分就业"和"经济增长"为借口干预经济事务，可恰恰相反的是，对于一个国家，政府常常带来高额的税收、不公平

的税制、对工资和价格的混乱规定以及个人权力滥用造成的错误资源配置，最终危害经济发展。纸币时代通货膨胀的根本原因，永远是政府抵挡不住过量发行货币的诱惑。真正的金本位时代，黄金产量可以使政府无法超发货币，保证了大众财产不被掠夺。今天，如果想建设真正自由的货币体系，就不能赋予政府发行货币的权利。

在自由世界作为规则制定者和裁判员的政府，应该是一个法治的而非人治的政府。发行货币的权力，应交付给一个独立的中央银行，而这种权力，也必须被立法机构制定的法律所约束。这一法律，应按照货币数量的变化制定。立法机构制定法律，中央银行使得货币数量按照具体的比例增长。根据米尔顿·弗里德曼的观点，中央银行应该尽可能地使货币数量的总额逐月甚至逐日地按照年率为3% ~5%的比例增长。事实上只要始终遵循一个增长率，选择哪一数值的增长率不过是次要的问题。对于中国这样GDP高速增长的国家，增长率可以适当提高。另外，货币的增长率必须透明，即中央银行应定期公布货币的实际增长率，从而实现社会对货币当局的监督。

国际贸易方面，黄金曾因其自由流动促进了各国比较优势的发挥。如今，很多国家并不采用浮动汇率制度，对外汇实行管制，这也是对自由的极大威胁。在没有黄金自由流动的今天，政府为什么要干预外汇市场？米尔顿·弗里德曼告诉我们是因为汇率反映国内政策。以当时的美国为例，美元走弱，主要是因为美国的通货膨胀率比其他国家高。通货膨胀意味美元在国内能购买的东西越来越少，在国外能购买的东西也少了。日本、德国或瑞士因此自然不愿意按从前的比价兑换美元。一个货币发行过多的政府总是试图操纵汇率，掩盖自己造成的恶果。当它失败的时候，就把国内通货膨胀归咎于汇率的下跌，而因

果关系恰恰相反。

既然完全自由的自动调节金本位已经行不通，我们就应该按照金本位的精神，建立没有政府干预、完全由市场上的私人交易所决定的自由浮动的汇率制度。只有这种机制才能自动地实现国际收支的平衡，并对国际贸易条件的变化做出迅速、有效的反应。很多人质疑自由浮动的汇率制度意味着汇率的不稳定，但事实上，在经济条件和政策稳定的条件下，汇率最终会走向稳定的均衡，汇率的不稳定将直接暴露一国经济结构不合理的事实。

（二）改变黄金错误观念

任何货币形式都是历史的，从牲畜、贝壳到贵金属，甚至在一些国家发生恶性通货膨胀时所使用的香烟。黄金与货币的紧密联系如今只是我们的思维惯性，也许是因为它曾经被全世界认可，也许只是因为它离开得不够久。

无论曾经影响多大，历史的货币都不再有多大的力量。正如中国汉字中，大多与财富相联系的字偏旁都是“贝”字，可见贝壳曾经是一种多么重要的货币。但如今，一个好看的贝壳也只能换回沙滩上孩子的微笑。立足于中国现实，纵观历史，因为产量稀少，黄金作为货币的地位远远不如白银，所以我们才有“银行”这一称谓。中国人的传统观念是“盛世古董，乱世黄金”，正是说明黄金的保值避险功能远远大于投资功能。对于美的追求，使人们愿意欣赏古董，相应地，镶金牙的人物大多是反派！

近年来，由于人们常常觉得自己的财富得不到保障，而黄金价格节节攀升，于是很多人违背了文化传统中的古老智慧，将黄金视为上佳的投资品种。事与愿违，在 2011 年 9 月国际金价创出每盎司

1 921.15美元的新高后，就开始走向震荡。这段时间，“黄金牛市不会结束”的呼声很高，直到2013年4月12日，原本就处于下行通道的国际金价遭遇砸盘，价格直接从每盎司1 550美元下探到了每盎司1 321美元。

对于一般投资者，这是一个逢高沽空的好时机。但也许正是因为这一品种名为黄金，也许是因为“货币战争”概念的深入人心，市场上迎来一股巨大的力量——中国大妈，他们违背投资常识进场抄底！10天时间，300吨黄金被大妈们抱回了家。结果众所周知，截至2014年11月6日，国际金价报收于1 140.20美元/盎司，大妈们若还抱着当时“抄底”的黄金，就已经被死死地套牢在了半山腰。

从投资者的角度，我们应该牢记，黄金在结束货币职能后，只是一种商品。即便在金汇兑本位制时期，它也只应该被看作一种价格受到管制的商品，就像很多农产品一样。试问难道农产品就不关系国家安全吗？甚至如果你拥有的是农田，100年后黄金依旧是黄金，而你却多赚得了100年的收成。金价的起伏牵动着投资者的心，但这没有什么特殊，原油、股指的起伏同样牵动着全球投资者的心。

所以作为投资者，确切地说是投机者，应该改变近些年来形成的错误观念，看清黄金的本质。说到保值功能，面对价格普遍上涨的通货膨胀，黄金与其他商品无异。技术进步一定会带来开采成本的降低，前不久金矿公司国际资源行政总裁阿尔伯特称，目前国际的采金成本仅为每盎司450美元。需求方面，工业用途仅占总需求的10%左右，装饰品上的刚性需求也比不上“一颗永流传”的钻石。对于避险层面，中国短期内既没有发生恶性通货膨胀的可能性，更没有发生大规模战争的可能性，所以还远远不能实现。

对于黄金的观念认知，我们可以类比一下曾经热炒的比特币。这种虚拟货币的概念最早由中本聪于2009年提出，是在面对金融危机时提出的一种新的货币概念。比特币由计算机生成的一串串复杂代码组成，没有特定的发行机构，而是通过计算机运行预设的程序产生。随着比特币数量的增加，产生比特币所运行的程序更为复杂，直到产生2 100万个的总量上限后，不会再有新的比特币产生。那些愿意让自己的电脑帮助运行这一程序的人被称为“挖矿者”，他们因此获得比特币，并通过交易使比特币进入流通。从诞生之日的1美元兑换1 300比特币，到2013年11月29日，Mt. Gox平台公布一个比特币兑换1 242美元，比特币超过了每盎司黄金价格。但到了2015年底，又一度跌至152美元的低点。

比特币的很多特征我们都非常熟悉：首先，不依赖特定的发行机构，完全由私人“开采”；第二，总量有限，不超过2 100万个；第三，经历了长期的牛市。一枚小小的虚拟货币，就轻易地具备了黄金的优势，这给予我们很多的启示。至于比特币的投资价值，就完全依赖其信用。只要你相信它的购买力，而且相信别人也相信它的购买力，它就具有了货币的功能。

针对很多重返金本位的呼声，黄金不可能再次担此重任。正如米尔顿·弗里德曼所概括的，真正金本位实际上是货币自由。但黄金作为很多国家的储备，早已不会自由流动，恢复金本位的基础都不存在。况且我们应该追逐的是建立交易费用更低的自由货币体系，而不是在看到货币本质是信用的今天，还迷信“一般等价物”所代表的商品本位。

我们一定要警惕那些类似于建立与黄金直接挂钩的“中国元”的言论，在制度缺陷的条件下，这种货币制度的建立只会重蹈金汇兑本位的覆辙，让黄金再次成为一种价格受到管制的商品。通货膨胀的确是对民众财富的隐形掠夺，但虚假的金本位更是对民众自由的直接侵犯。

（三）正视国家黄金储备

目前，全球有60多个国家将部分或大部分的黄金储备存放在纽约美联储银行的地下金库里。2008年金融危机后，又掀起了一次各国央行增持黄金储备的浪潮。但我们已经知道，实际发生的不过是在这地下金库里改改标记罢了。

2012年，德国发起了“黄金回家”运动，并向美国提出申请，要求检查其寄存的黄金储备。美国则以“可能会对金库造成安全隐患和程序问题”的理由拒绝了德国央行的检查请求。很多人质疑美国是否有权拒绝黄金储备所有者的要求，并提出黄金是否还在的疑问。如果米尔顿·弗里德曼在世，肯定重新讲述“石币之岛”的故事并笑着给出答案：“只要世界各国都相信黄金在那里就可以了。”

黄金失去货币地位后，黄金储备也就没有了作为货币发行基础的必要性。但是各国依旧相信黄金是“最终支付手段”，因此增持和减持黄金储备很大程度上是一种囚徒困境。因为那几个标记的变化，依旧会造成对一国货币汇率的影响。

那么来看一下目前各国的黄金储备情况（见表7－1）。

表7－1　世界黄金储备排名

排名	国家/地区/机构	吨数	占外汇储蓄比例
1	United States 美国	8 133.5	71.0%
2	Germany 德国	3 384.2	67.3%
3	IMF 国际货币基金组织	2 814.0	—
4	Italy 意大利	2 451.8	66.0%

续表

排名	国家/地区/机构	吨数	占外汇储蓄比例
5	France 法国	2 435. 4	64. 5%
6	Russia 俄罗斯	1 077. 9	9. 3%
7	China 中国	1 054. 1	1. 1%
8	Switzerland 瑞士	1 040. 0	7. 6%
9	Japan 日本	765. 2	2. 4%
10	Netherlands 荷兰	612. 5	53. 0%
11	India 印度	557. 7	7. 1%
12	ECB 欧洲央行	503. 2	25. 5%
13	Turkey 土耳其	503. 0	15. 5%
14	Taiwan 台湾	423. 6	4. 0%
15	Portugal 葡萄牙	382. 6	83. 5%
16	Venezuela 委内瑞拉	367. 6	70. 0%
17	Saudi Arabia 沙特阿拉伯	322. 9	1. 7%
18	United Kingdom 英国	310. 3	11. 4%
19	Lebanon 黎巴嫩	286. 8	23. 4%
20	Spain 西班牙	281. 6	24. 1%

数据来源：世界黄金协会，于2014年7月更新。

从总量上说，美国排名第一，中国排名第七。值得一提的是，2013年7月中国排名第六，进入2014年以来俄罗斯央行不断净增持黄金储备，最终超过了中国，可是俄罗斯面对卢布的危机依旧无能为力。

从占外汇比例上，排名最高的是葡萄牙，达到了83.5%。再看意大利，排名第四，占外汇比例也很高，达到66%。之所以要强调这两个国家，是因为他们是欧债危机的两个重灾区。2011年11月25日，葡萄牙主权评级遭惠誉降至垃圾级别，即由BBB-降级至BB+，前景展望为负面。即便是欧元的主导者德国，凭借其世界排名第二的黄金

储备，对欧债危机也一筹莫展。

曾有人因卡扎菲在利比亚本土的143.8吨黄金足以应对持久战，预言他不会轻易倒台，而历史似乎告诉我们，如今黄金储备从国家层面上的避险功能实在难以实现。回首利比亚的历史，真正使其富裕起来的是石油而非黄金。无独有偶，实现美元霸权地位的，也并不仅仅是其全球第一的黄金储备，很重要的一点，来源于石油的美元结算。

2012年，全球央行共买入535吨黄金，创下1964年以来最高水平。然而，从那时以来，黄金价格却暴跌了31%，全球央行的黄金储备亏损了5 450亿美元。2013年7月，拥有哈佛和麻省理工经济学位、带领美联储度过金融危机的伯南克，面对参议院银行委员会也只能表示："没有人真正理解黄金价格，我也不会假装自己懂。"

中国目前持有大量美债，但绝不能盲目听从增持黄金储备的建议。虽然黄金储备作为一个历史遗留问题还会在未来很长一段时间里影响世界经济，但盲目的增持，绝对是既无必要，也无用处。

四、米尔顿·弗里德曼黄金理论的局限性

米尔顿·弗里德曼在1941—1943年曾为罗斯福新政工作，用他自己的话说，是一个彻底的凯恩斯主义者。但随着美国经济发展出现滞胀，他的观点也发生了变化，在进入芝加哥大学任教后，成了一个自由主义者。因此，他的理论很多建立在对凯恩斯主义的挑战基础之上，正如保罗·克鲁格曼所说，米尔顿·弗里德曼在自由主义的路上走得太远了。

对于大萧条的解释，米尔顿·弗里德曼过分谴责了金本位制。事实上，大萧条是否源于金汇兑本位制带来的通货紧缩还存在较大争议。

虚假金本位制所形成的固定汇率制形成的传导机制得到了较大肯定，但是仅从货币角度解释还是有很大局限，没有看到资本主义生产过程中所形成的固有缺陷和相应的经济周期。

作为货币主义的创始人，米尔顿·弗里德曼探讨黄金的目的也是为其货币理论寻求支持，因此，他对黄金的研究并不全面。黄金除具有货币职能外，其自然属性不容忽视。黄金具有经久耐用、千年不朽的特性，是人类经济社会发展历史上最宝贵的金属产品。在成为货币前，黄金就已用于装饰和仪式，更一度成为权力与地位的象征，这也正是为什么黄金在结束货币职能后没有迅速退出历史舞台的重要原因。米尔顿·弗里德曼并不看重黄金储备，受其理论影响最为深刻的美国却持有世界上最多的黄金储备，令人深思。

信用的确可以被理解为货币的本质，但是米尔顿·弗里德曼所支持的无锚的货币制度却还没有被证实绝对可行。米尔顿·弗里德曼最推崇的经济学家之一费雪就曾提出：不可兑现的纸币几乎总是成为使用它的那个国家的一个祸根。批评者认为米尔顿·弗里德曼虽然把货币供应的基础由黄金变为了国债，但他所倡导建立的自由货币制度并没有实现，反而因为脱离了黄金储备限制，使央行落入了“中央计划者”的手中，美国总是能开动印钞机掠夺世界的财富。所以，即便世界的货币能够完全脱离黄金的影响，也需要在更为漫长的时间里积累人们的信任，绝不是40多年内可以完成转变的。

由于时代局限，米尔顿·弗里德曼少有对黄金的金融属性进行研究。在大宗商品交易都呈现出金融化趋势的今天，黄金因为消费需求比例较小，更容易与其自身的商品属性脱节。黄金与流动性，与美元汇率、其他金融市场的联系，对于世界金融市场都有重要影响，但是

却没有在米尔顿·弗里德曼的论述中看到。

虽然米尔顿·弗里德曼的黄金思想在今天看来有一定的局限性，但是他从货币和历史的角度对于黄金的深刻认识非常值得后人研究。特别是对于真正金本位的认识，可以看出其对于自由的坚定信仰。真正金本位的背后，是对经济自由坚决维护、社会公民对于信用的坚守、政府权力受到约束、货币发行受到严格限制、各国都不去实行以邻为壑的政策，这也应该是黄金对于世界的重大意义。

参考文献

[1] 米尔顿·弗里德曼，安娜·施瓦茨．美国货币史（1867—1960）[M]．巴曙松，王劲松，译．北京：北京大学出版社，2009.

[2] 米尔顿·弗里德曼．货币的祸害：货币史片段 [M]．安佳，译．北京：商务印书馆，2006.

[3] 米尔顿·弗里德曼．资本主义与自由 [M]．张瑞玉，译．北京:商务印书馆，2004.

[4] 米尔顿·弗里德曼，罗丝·弗里德曼．自由选择 [M]．张琦,译．北京：机械工业出版社，2008.

[5] 余雪飞．国际货币体系演进浅析——基于真假金本位的辨析 [J]．科技创业，2010（1）.

[6] 李华芳．货币主义与中国问题——评《货币的祸害》[J]．中国图书评论，2007（3）.

第八章　罗伯特·蒙代尔论黄金

一、罗伯特·蒙代尔简介

罗伯特·蒙代尔（Robert A. Mundell，1932—至今），出生于加拿大，现为美国哥伦比亚大学知名教授，1999 年诺贝尔经济学奖得主，最优货币区理论奠基人，被誉为欧元之父。

罗伯特·蒙代尔对经济学的贡献主要来自两个领域：一是经济稳定政策，二是最优货币区域理论。

二、罗伯特·蒙代尔眼中的黄金

（一）国际货币史——金本位制及其后果

在第一次世界大战之前 40 年里，存在一种居于支配地位的国际货币体系，它管理着货币供应量，将汇率稳定在很小的波动范围之内，人们称这个国际货币体系为金本位制。因为早在 1880 年，尤其是到 1900 年，世界主要强国的货币都与黄金可兑换。19 世纪围绕货币本位制的争论从未停止，从 1873 年到 19 世纪末，复本位制、单一金本位制及单一银本位制的支持者之间爆发了一场旷日持久的大论战。①

① 罗伯特·蒙代尔．蒙代尔经济学文集（第四卷）［M］．向松祚，译．北京：中国金融出版社,2003：第 63 页。

1. 黄金的长期稳定

支持金本位制的理由是所谓的黄金长期稳定，即诺伊·嘉斯托姆（Roy Jastrom）所称的“黄金常数”。黄金价格水平的康德拉基耶夫（Kondratief）指数在 1780 年是 142，1794 年是 141，1824 年是 139，1838 年是 137，1857 年是 143，1874 年是 139，1915 年是 143。从价格水平长期稳定的观点来衡量，以黄金为基础的货币或许是所有时代里最稳定的货币体系。

长期稳定并不是说没有通货膨胀和通货紧缩的交替变化。以黄金为基础的货币体系存在明确的通货膨胀和通货紧缩波动。通胀和通缩的波动非常有规律，看起来就像是系统性的规则运用。黄金长期稳定的基础是均衡机制，这种均衡机制在长时期里发挥作用。通过这种长期均衡机制，价格的运动趋势能够自我纠正和反转。

金本位制下的货币扩张取决于黄金产量，黄金产量反过来是金矿发现和黄金冶炼技术的函数。以黄金为计量单位的世界价格水平取决于世界黄金的需求和供给。如果黄金生产超过需求，其价值下降，意味着价格水平上升；如果黄金生产小于需求，其价值上升，意味着价格水平下降。然而，价格水平的变化使需求和供给两方面的自我纠正力量发挥作用。当黄金贬值（意味着通货膨胀），黄金开采的利润下降，则黄金生产量降低，金矿勘探活动减少，这些供给方面因素的改变会减轻通货膨胀。但是，黄金价格变化对黄金需求的影响在短期内更为重要，黄金的价值相对其他商品下降，会促使黄金更多地被用于工业和艺术。当黄金价值上升并引起通货紧缩的时候，需求和供给方面相反的力量就发挥作用。

在金本位时代，在价格水平的波峰和波谷之间，是长期通货膨胀

和通货紧缩的波幅。第一次世界大战之前的一个多世纪里，每一代都会出现黄金真实价值的波动。黄金价值的这种波动对应于康德拉基耶夫探讨的长波周期。从长期资本市场来看，黄金的长期稳定有巨大的好处。但享受黄金长期稳定好处的同时，人们却不得不忍受令人烦恼的长期通胀和通缩，它们带来许多不便或者不公正。①

2. 长期通货膨胀时期（1789—1819）

法国大革命前十年的黄金升值（大约平均每年 2%）趋势在 1789 年逆转。当其他国家陷入拿破仑战争的通货膨胀财政，且当铸币从法国流入其他国家之时，黄金升值的趋势逆转为黄金贬值。通货膨胀财政和铸币流出降低了对金属货币的有效需求，导致金属货币贬值，这意味着实行金属货币本位制的国家出现通货膨胀。在法国大革命之后，国际货币体系的崩溃使黄金不再稳定，就像未来多次战争的结果一样。

1797 年，英镑不再能与黄金兑换，英镑相对黄金和外汇贬值，由此触发了英国金属货币支持者与反对者之间的激烈辩论，催生了货币理论的众多创新思想。金块主义者（bullionist）主张：只要条件允许，英国就要恢复金本位制，他们认为英国通货膨胀的根源是英格兰银行纸币发行过度，而纸币相对黄金和外汇的贬值就是发行过度的证据。虽然人们认识到投机和货币流通速度的变化可能引起通货膨胀，但争论的主要问题是黄金本身是否贬值。

如果黄金完全保持稳定，金块主义者的论点就完全正确。然而，有证据表明黄金本身已经贬值，所以即使英国维持金本位制，价格也

① 罗伯特·蒙代尔．蒙代尔经济学文集（第四卷）［M］．向松祚，译．北京：中国金融出版社，2003：第 65 页。

会上升。英镑相对黄金贬值引起的那部分通货膨胀应归罪于英格兰银行，但其余部分的通货膨胀来源于黄金自身的不稳定。

1803—1810年，黄金稳定（相对于其他商品），随后两年黄金升值，但1814年又贬值，直到滑铁卢战役之后才重新升值。1816年，英国决定将银非货币化，依照战前的汇率平价恢复金本位制。1819年，英国金本位制正式生效。①

3. 通货紧缩时期（1820—1849）

19世纪上半叶，英国是主要世界大国里唯一采取金本位制的国家，绝大多数国家实行纯粹银本位制。在相当长的时间里，“银”（Argent）这个词在欧洲大陆和拉丁美洲就代表货币。但是，金本位制国家和银本位制国家之间的汇率稳定却是依靠复本位制的运作来维系的。复本位制要有效运转，至少需要一个大国将金银的铸币价格固定。承诺遵守复本位制价格比例的国家越多，复本位制就可能越稳定。法国是复本位制的中枢，美国是复本位制越来越重要的支持力量。美国白银价值早期被高估，从而成为货币本位，但后期黄金价值高估，美国货币供应量中黄金的比重越来越大。

1819年英国按照战前汇率平价恢复金本位制，英镑价值高估，从而导致通货紧缩和萧条，由此触发有关汇率浮动的争论。始于19世纪20年代，持续到1850年的通货紧缩，促使全世界到处寻找黄金。然而，在整个通货紧缩时期，黄金年产量微不足道，总是低于200万盎司，而且经常大大低于这个数额。白银产量减少（原因是南美革命）

---

① 罗伯特·蒙代尔．蒙代尔经济学文集（第四卷）［M］．向松柞，译．北京：中国金融出版社，2003：第69页。

推动世界价格水平下降。由于黄金的极度稀缺，没有哪个国家愿意追随英国实施金本位制。[①]

4. 另一个通货膨胀时期（1850—1873）

1847 年加利福尼亚和 1851 年澳大利亚的黄金大发现突然扭转了黄金短缺的局面，随着 19 世纪 60 年代的人口和产出继续增长，黄金产量也达到巅峰。从 1850 年到 1870 年，黄金平均年产量比 600 万盎司还多一点。19 世纪 70 年代早期，黄金产量下降到 550 万盎司。随着黄金储备基数迅速增大，黄金生产增长率开始下降，1873 年的世界性经济恐慌终于结束了通货膨胀时期。[②]

5. 转向黄金和通货紧缩（1873—1896）

1873—1896 年是又一波的通货紧缩。黄金生产虽然稳定，但由于人口和产出持续增长，因此对黄金的需求继续增长。19 世纪 80 年代前五年的黄金产量实际上已经下降到 480 万盎司，之后十年的产量稍稍高于 550 万盎司。但是，黄金生产相对工业扩张的停滞和下降仅仅只是这个时期通货紧缩的部分原因。

在 1871 年之前，实施金本位制的只有英国一家。但到世纪转折之时，除了中国之外，所有主要大国都转向金本位制。法国是复本位制的主要国家，它在普法战争爆发之时，中止了铸币支付。所有斯堪的纳维亚国家和包括法国在内的拉美货币同盟国家都采取了金本位制。最后在 1879 年，美国抛弃白银，转向黄金。

---

① 罗伯特·蒙代尔. 蒙代尔经济学文集（第四卷）［M］. 向松祚，译. 北京：中国金融出版社，2003：第 70 页。

② 罗伯特·蒙代尔. 蒙代尔经济学文集（第四卷）［M］. 向松祚，译. 北京：中国金融出版社，2003：第 73 页。

债权阶级对通货膨胀的恐惧或者说贪婪是诱使各国迈向金本位制的主要动力。抛弃白银、采纳金本位制的国家越多，银本位制的通货膨胀趋势和金本位制的通货紧缩趋势就越严重。英格兰的黄金价格水平从 1873 年的 152 跌至 1896 年的 83。①

6. 南非黄金和通货膨胀（1897—1920）

1896 年，新一轮通货膨胀启动，并在第一次世界大战期间大大加速。南非黄金产量的稳步上升是世界大战之前通货膨胀的重要原因。1896—1914 年生产的黄金超过了人类此前全部历史上的黄金产量总和。从那时开始，货币化黄金储备一再翻番，因此从这个意义上来看，20 世纪是新的黄金世纪。

但是，黄金并非是第一次世界大战之前价格持续上升的唯一原因。在这个时期里，股份制银行急剧增长，银行存款成为迄今最重要的交易媒介。各国军备竞赛对总需求的巨大压力、银行货币的急剧扩张以及南非不断增加的黄金供应，共同创造了从 1896 年到第一次世界大战之间温和的通货膨胀。②

7. 战后经济放缓和大通货紧缩（1921—1933）

1921 年，价格水平从前一年的 258 下降到 167，跌幅高达 35%，之后以黄金计量的价格水平在好几年里相当稳定。美国保持金本位制，其他各国脱离金本位制，维持了某种形式的货币均衡。美国拥有世界货币化黄金的一半以上，部分被用于支持美国货币供应量的扩张。人

---

① 罗伯特·蒙代尔．蒙代尔经济学文集（第四卷）［M］．向松祚，译．北京：中国金融出版社，2003：第 75 页。

② 罗伯特·蒙代尔．蒙代尔经济学文集（第四卷）［M］．向松祚，译．北京：中国金融出版社，2003：第 78 页。

们普遍认识到黄金短缺，1922 年，国际黄金代表聚会热那亚，他们建议各国用外汇代替黄金作为储备货币以节约黄金。

饱受恶性通货膨胀之苦的德国率先以黄金为基础重建其货币体系，恶性通货膨胀一举消除了德国公债，吞噬了德国中产阶级的储蓄。第二个恢复金本位制的货币是英镑，时间是 1925 年 4 月。法国法郎 1927 年实施稳定方案，并在 1928 年 6 月依法贬值大约 80%。到 20 世纪 20 年代末，欧洲和世界其他地区绝大多数国家都恢复了金本位制。

评价恢复金本位制的政策需要考虑两个主要因素：第一个问题是，当时各个货币之间的汇率正确吗？现在我们知道，当时英镑相对于美元和马克大约高估 15%，法国法郎相对所有货币价值低估。第二个而且更重要的问题是，所有货币尤其是“基准货币美元”相对黄金的价值正确吗？答案是否定的。即使人们从表面上理解黄金购买力长期稳定的思想，黄金价值也被低估。1924 年的美国价格水平比 1914 年高 50%，因此黄金价值被低估 1/3，以那时的价格水平恢复完全的金本位制简直就是自找苦头，它等于要求全世界出现高达 33% 的通货紧缩。加上劳工联盟运动不断壮大，工资向下的刚性进一步增加，通货紧缩就等于经济萧条。

在英镑相对于美元汇率高估的条件下，英国决定恢复金本位制，这是个不幸的决策。英镑价值高估吸引了人们的注意力，反而忽视了另一个重要得多的问题，那就是所有货币相对黄金价值高估。20 世纪 20 年代的非均衡是系统性的，问题不是（或不仅仅是）英镑—美元汇率，而是以黄金表示的所有货币价格。如果当时人们认识到这个问题，那么 1924 年美、英、德、法举行的国际会议就能够集体决定黄金的美元价格应当是多少，从而能够让世界其他各国重新恢复全面的金本位制，而又不至于引起黄金短缺。

重新恢复金本位制或新加入金本位制的世界各国，猛烈抢夺价值低估的黄金，触发了新一轮的通货紧缩周期，该周期起始于1925年，并一直延续到20世纪30年代末。用外汇补充黄金将通货紧缩延缓了几年，但这些外汇储备资产（主要是英镑和美元）本身也不稳定，随着1929年股市崩溃后信心丧失、美国对外借款终止和中欧主要银行垮台，各国将持有的英镑余额纷纷兑换为黄金。农产品价格紧缩始于1928年，1929年纽约证券市场的崩溃，以及1930—1934年一般价格水平的急剧通货紧缩，进一步恶化了农产品价格下降的状况。第一个贬值的货币是英镑，它是价值高估最严重的货币，法国法郎是价值高估最小的货币，它最后一个贬值。

1931—1936年是过渡时期，布雷顿森林协议缔造者们认为这个过渡时期的货币局势混乱不堪，先是美国重归金本位制失败，随后法国的努力也付之东流。如果美国在英国放弃金本位的同时或稍后抛弃金本位制，大萧条的大部分痛苦本来可以避免。金本位制崩溃无法避免，拖延它的到来徒添伤害，最终也没能挽救金本位制。英国于1931年9月退出金本位制。美国在1933年实施浮动汇率，1934年将1美元贬值到1/35盎司黄金。法国努力挣扎，试图维持金本位制，结果徒劳无功，付出了严重通货膨胀的代价（1937年6月30日，法国完全放弃金本位制）。到1936年底，所有货币均相对黄金贬值并实施外汇管制或浮动利率，黄金终于获得正确价值，但为时已晚。[①]

① 罗伯特·蒙代尔．蒙代尔经济学文集（第四卷）［M］．向松祚，译．北京：中国金融出版社,2003：第78页。

8. 黄金—美元本位制（1934—1971）

1934—1971 年国际货币体系的特征是，在大部分时间里，只有美元可以与黄金兑换。决定新时代货币特征的是美元的黄金价格。所有其他货币要么与黄金挂钩，并通过外汇管制加以管理，要么实施浮动汇率。在大部分时间里，美元就是货币。但这个时期有三个各具特征的阶段：第一个阶段从 1934 年到 1950 年，当时美元比黄金好，是美元短缺阶段。第二个阶段从 1949 年到 1959 年，美元仅仅与黄金一样好。第三个阶段从 1960 年到 1971 年，美元已决定性地不如黄金。与三个阶段相对应，分别是利率非常低、利率上升和利率非常高的时期。

早在第二次世界大战结束之前，规划战后国际经济的各种计划就已经在筹划之中。国际货币基金组织由一组规则、一些黄金和一篮子货币构成。罗斯福总统最初交给财政部的任务是为创造世界通货确立条件，但第二种想法很快干预进来。由于美国的绝对优势和美元的独特作用，在黄金和美元之外重新创立世界通货的设想被迫放弃，布雷顿森林会议采纳的是“怀特计划”，而不是“凯恩斯计划”。国际货币基金组织不再是原来设想的是一个世界中央银行，可以发行自己的货币，相反，它变成一个监管组织、一个货币卡特尔的管理者、一个短期贷款机构。黄金被重新确立为国际货币体系的基准，而美国的黄金美元则成为计价单位。

国际货币基金组织之所以特别迁就美元，是因为在 1945 年，美国已经是超级大国。美国的工业产出占了世界的 80%，拥有世界 3/4 的黄金储备，赢得世界大战，还制造出原子弹。那个时候，美国势力独一无二。当然，随着欧洲经济快速复苏，美国占世界产出的比例很快下降，但即使如此，战争结束十年之后，美国仍占世界产出的 40%。

美元成为世界记账单位、关键货币、合同的记账单位、价值储藏手段、交易媒介、干预外汇市场的主导货币、贸易结算货币、延期支付的货币单位以及国际储备货币。

美元的第一阶段，也就是美元好于黄金的阶段结束于1950年。转折点的出现源于四个因素，它们使得美元变得仅仅与黄金一样好。第一个因素是美国战时和战后的通货膨胀让美元和黄金的购买力减半；第二个因素是1949年英镑及其附属货币的大幅贬值；第三个因素是美国1949—1950年的衰退；第四个因素是朝鲜战争引起新一轮通货膨胀的爆发。确认美元弱势的信号是：美联储放弃将利率固定在战时2%低水平的政策。

美国黄金流失始于朝鲜战争，此后，人们多次呼吁提高黄金的美元价格。然而，有世界三分之二黄金作为后盾的美元，在相当一段时期里，看起来同黄金一样好。1954年，伦敦黄金市场启动以后，通过私人市场渠道造成美国黄金新的流失。当英国向伦敦黄金市场出售黄金收回美元之后，英格兰银行转手就将所收美元向美国财政部兑换成黄金。

随着欧洲各国在1958年确立其货币可兑换，欧洲各国开始大量将美元兑换成黄金。1950—1959年，美国大约流失1亿盎司黄金。20世纪50年代，当世界其他地区继续累计美元和黄金储备时，从理论上说，美国国际收支就一直处于逆差状态。1959年，罗伯特·特里芬提出他著名的难题：如果美国纠正其国际收支逆差，那么世界就会没有足够的储备来维持经济增长，世界经济的流动性就会短缺。另一方面，如果美国不纠正其国际收支逆差，那么美元债务很快就会超过黄金储备，美元将成为无法与黄金维持兑换的货币，国际货币体系行将崩溃。

1960 年，国际货币基金组织任命了十国副财长组成的委员会，专门研究解决国际货币体系改革的问题，委员会决定在国际货币基金组织内部创立特别提款权。国际货币基金组织成员国的提款权有黄金或各国货币的完全支持。特别提款权与正常提款权的区别是：各成员国承诺接受特别提款权用于完成它们的支付义务，每个成员国最大可用数量是国际货币基金组织分配给各成员国的特别提款权数量的三倍。除了各国的承诺以外，特别提款权没有任何别的支持。因为 1 特别提款权总是等价于 1 盎司黄金，所以它被认为是黄金的替代品，或者叫作“纸黄金”。人们认为：由于有黄金保证，各国就愿意持有特别提款权。有了特别提款权的补充，世界黄金储备就能够得到“扩充”。

长期而言，特别提款权解决方案是否可行令人怀疑。随着特别提款权在总储备中的比例不断上升，人们对它背后所谓的等量黄金保证的信任度就会下降，特别提款权的接受度也将削弱，各国就要拒绝接受特别提款权的进一步分配。一个长期的解决方案要求：要么创造一种新的世界货币，要么提高黄金价格。

很不幸的是，特别提款权甚至在短期内也不可行，特别提款权来得太迟、太少。1968 年 3 月，黄金危机达到顶点。当时，《黄金公报》（Gold Communique）创造出黄金市场的双轨制，私人市场黄金逐渐允许自由浮动，官方价格继续维持原价不变。

与此同时，美国经济进入通货膨胀。1968 年，美国消费物价指数上升了 4% 以上。该年夏天，美国宏观经济政策组合突然发生变化，美国实施 10% 的附加所得税。第二年，货币政策紧缩。两项政策共同造成 1969—1971 年的经济衰退。随着经济衰退，利率下降，资本流向欧洲，美元走弱。1969—1971 年，德国美元持有量从 27 亿美元上升到

127 亿美元。1971 年春天的马克危机演变成次年夏天的美元危机。1971 年 8 月 15 日，美国关闭黄金窗口。[①]

9. 没有黄金的通货膨胀（1972—1981）

在 1971 年 12 月的史密森学会会议上，美元被正式从 1/35 盎司黄金贬值到 1/38 盎司黄金，欧洲一些强势货币升值。随着国际货币体系与黄金分道扬镳，货币政策约束不复存在。1973 年 1 月，美国重新将美元贬值，国际收支更加恶化。为了对付未来美元货币量大幅增加，欧洲再一次考虑联合浮动。然而，如果没有一个中心货币，联合浮动很难成功，欧洲各国对哪个货币作为中心货币（英镑或马克）没能达成协议，因此，联合浮动的计划重新付之东流。1973 年 6 月，改革国际货币体系的想法暂告终止，并正式引入浮动汇率，让各国按照自己的方式去解决通货膨胀问题。

与此同时，美元在 70 年代的弱势重新创造出欧洲货币整合的兴趣。法国和德国发现，建立一个稳定的欧洲货币体系对双方都有利，它会把法国农场主和德国工业巨头的利益更紧密地捆绑到一起。德国为其他国家提供了比美元更加稳定的货币，从而为那些通货膨胀严重的国家（比如意大利）提供了一种外部约束。在浮动汇率体系下，缺乏这种外部货币约束。

在第二次石油价格上升之后，美元相对马克和瑞士法郎的汇率处于它历史上的最低点，通货膨胀率达到 15% 以上。黄金价格 1979 年夏天只有 179 美元兑 1 盎司黄金，1980 年 1 月竟然上升到 850 美元兑 1 盎

① 罗伯特·蒙代尔．蒙代尔经济学文集（第四卷）［M］．向松祚，译．北京：中国金融出版社，2003：第 85 页。

司黄金。[①]

10. 强势美元（1981—1985）

1980 年 11 月，在里根宣誓就任美国总统之后，浮动汇率体系的历史就翻开新的一页。保罗·沃尔克执掌的美联储，拨乱反正，实施紧缩货币政策。经济衰退在 1982 年末达到谷底，但 1981 年减税的效果要到 1983—1984 年才开始显现，促成了历史上最猛烈的经济复苏。美元在 1981 年已经收复了部分失地，现在开始一路高歌猛进。美元升值和美国减税吸引大量资本返回美国。美国净资本流入为美国预算超支提供绰绰有余的融资。贸易逆差就是由预算超支产生。

起初，由于美元汇率飙升，人们对急剧上升的贸易逆差置之不理。但是，1984—1985 年冬季的两大因素扭转了美元强势：一个是增长放缓，一个是美国货币扩张速率加快。两个因素都促使货币过度供给，美元汇率下跌。到 1985 年 9 月广场会议的时候，美元再度贬值。[②]

11. 协调美元（1985 年之后）

《广场协定》是国际货币历史上的一个转折点。人们不再相信浮动汇率可以自动达到所希望的均衡。《广场协定》是一个精心构思的决策，目的是要改变美元相对其他主要货币的价值，美国变得更具竞争力。

协调美元的下一个阶段始于《罗浮宫协定》。这次会议决定美元贬值已经到位，美元政策协调的目的应当是“围绕目前水平”稳定汇率。

---

① 罗伯特·蒙代尔．蒙代尔经济学文集（第四卷）［M］．向松祚，译．北京：中国金融出版社，2003：第 98 页。

② 罗伯特·蒙代尔．蒙代尔经济学文集（第四卷）［M］．向松祚，译．北京：中国金融出版社，2003：第 101 页。

当时的辩论主要集中在商品篮子的构成上面。在华盛顿的国际货币基金组织会议上，贝克财长建议一篮子商品中应当包括黄金。但不管一篮子商品中是否包括黄金，以协调美元为基础构建新型国际货币体系，的确已经有了一个充满希望的开端。

1987 年股市崩溃将国际货币体系改革的设想挤到一边，利用宏观经济指数来判断调节责任所取得的进展也就此止步。美元走势疲软直至《罗浮宫协定》所确定的水平以下，不确定性笼罩着市场，一些经济学家和美国商务部呼吁美元进一步走弱。但是，1987 年 12 月达成的第二次《罗浮宫协定》，一致同意维持美元的现有水平（较低水平）。

1988 年布什当选总统之后，弱势美元阶段结束，美元开始相对日元和马克连续走强。长期来说，最好是筹划一个稳定的汇率体系、一个国际货币和一个世界中央银行。①

（二）21 世纪的国际货币体系——黄金将卷土重来

回首 20 世纪 60 年代，当人们围绕国际货币体系的前景激烈辩论时，黄金是非常重要的研讨内容。即使在今天，黄金对于国际货币体系依然重要。我们只需要指出如下事实：各国货币当局储备资产里面的唯一商品就是黄金，在全球储备资产中，黄金仅次于美元，是第二大储备资产。②

1. 神秘的黄金

纵观历史，黄金从来就不是世俗平庸的普通金属。自从开天辟地

① 罗伯特·蒙代尔．蒙代尔经济学文集（第四卷）［M］．向松怍，译．北京：中国金融出版社，2003：第 102 页。

② 罗伯特·蒙代尔．蒙代尔经济学文集（第六卷）［M］．向松祚，译．北京：中国金融出版社，2003：第 114 页。

以来，黄金的吸引力就挥之不去，其美丽高贵令人垂涎，很快就成为上流社会或统治阶级的最爱。控制贵族阶级的宫殿和寺庙，成为黄金主要的安身之所。许多早期帝国使用黄金作为银行体系的储备资产。①

2. 国际货币体系荡然无存

在国际货币体系与黄金挂钩的时代，黄金负责管理或协调各国货币体系之间的关系或相互依存，是固定汇率体系的"锚"或枢纽，确保通货膨胀或货币的稳定。金本位制崩溃之后，黄金不再担负这项关键职能，世界全面滑向永久性的通货膨胀。目前的国际货币体系既不管理各国货币体系的相互关系，也无法稳定价格，金本位制的自动调节或稳定机制不复存在，取而代之的是超级大国经常"修理"或"打压"被它视为敌人的经济贸易伙伴。

成立国际货币基金组织的目的就是要捍卫和管理盯住美元的固定汇率体系，1971 年特别是 1973 年之后，国际货币体系崩溃，世界走向浮动利率时代，国际货币基金组织原来的使命不复存在，从此失去了方向。国际货币基金组织本来处于国际货币体系管理的核心地位，1973 年后却演变成一个宏观经济管理的咨询机构和国际债务协调者，其实私人机构更适合担当国际货币基金组织的新职能。当转轨国家货币改革的新挑战来临之时，国际货币基金组织无法给它们提供任何内在一致的货币稳定方案，结果转轨国家的经济改革被搞得一团糟，几乎没有例外。下列事实充分说明转轨国家的彻底失败：到 1996 年底，还没有一个国家的国民产出恢复到转轨前的水平，除了一两个国家之

① 罗伯特·蒙代尔．蒙代尔经济学文集（第六卷）［M］．向松祚，译．北京：中国金融出版社，2003：第 115 页。

外，其他国家的通货膨胀率都是两位数。从冷战中复苏比从历史上最猛烈的热战中复苏要艰难、痛苦得多。

从严格意义上讲，我们今天不存在任何国际货币体系。每个国家都是自行其是，各搞一套，绝大多数人并不理解这样一个局面是多么不同寻常。几千年来，每个国家的货币都是与某种贵金属或某种他国货币固定或挂钩，但自从布雷顿森林体系崩溃以来的 1/4 世纪里，差不多每个国家都是各自为政，历史上从来没有这样的先例。众所周知，国际货币体系是一个相互合作的游戏。①

3. 超级大国理论

纵观历史，只要世界上出现超级大国，它的货币就要在国际货币体系里发挥中心作用。巴比伦的沙克尔、波斯的德里克、希腊的四德里克马、马其顿的斯达特、罗马的德拉流司、伊斯兰的第纳尔、意大利的杜卡特、西班牙的塔布鲁恩、法国的利佛尔，以及我们更熟悉的 19 世纪的英镑和 20 世纪的美元，都是各时代国际货币体系的中心货币。一般而言，超级大国对国际货币体系具有否决权，因为自身货币的国际化给它带来巨大利益，所以对于任何旨在用独立的国际货币取代超级大国货币的国际货币改革或合作，超级大国一般都会否决。

“布雷顿森林体系”其实不是合适的用词。1944 年在美国新罕布什维尔州的布雷顿森林举行的会议，没有创造一个新的国际货币体系。相反，它却创建了两个国际机构——国际货币基金组织和世界银行，

① 罗伯特·蒙代尔. 蒙代尔经济学文集（第六卷）［M］. 向松祚，译. 北京：中国金融出版社，2003：第 117 页。

旨在管理国际货币体系的相互依赖或合作，并为盯住美元本位制提供超国界的监管框架或形式。①

4. 价格稳定和黄金

从价格稳定的角度看，20 世纪并不十分令人满意。如果我们用通货膨胀率乘以受它影响的商品总价值，以此衡量通胀的规模，那么毫无疑问，1914 年以来人类的通货膨胀，超过了以前全部历史所创造通胀的总和。请注意：20 世纪大规模通货膨胀开始于两个重大历史事件——第一次世界大战和美联储的创设，后者对通货膨胀应负更大的责任。

在 1914 年之前，国际货币体系以黄金为基石，长期物价水平惊人地稳定。1977 年，诺伊·W. 加斯托姆（Roy W. Jastram）出版了一项非常精彩的研究成果《黄金常数》（The Golden Constant），随后于 1982 年又出了另一部著作《银：不安分的金属》。在这些研究里，加斯托姆以批发物价指数为基础，计算了英国自 16 世纪以来的长期物价水平，以及美国自 19 世纪以来的物价水平。英国的数据揭示了四个世纪以来非常连贯的物价水平变化走势。

1560—1914 年，英国的物价指数几乎保持不变，其间有通货膨胀和通货紧缩，但彼此相互抵消。紧接着是第一次世界大战的通货膨胀，战后的通货紧缩。20 世纪 30 年代大萧条刚一开始，英国就脱离了金本位制。从那以后，英国失去了自阿尔弗雷德大帝以来一直存在的货币政策约束。1931 年英国脱离金本位制以来的通货膨胀，尤其是 1971 年盯住美元本位制崩溃以来的通货膨胀，是全部英国历史上最剧烈的通

① 罗伯特·蒙代尔. 蒙代尔经济学文集（第六卷）［M］. 向松祚，译. 北京：中国金融出版社,2003：第 120 页。

胀。1971 年之后的 1/4 世纪里，英国物价水平上涨了 7.5 倍！英国几个世纪之久的货币稳定声望荡然无存，英镑的国际支配货币地位一去不复返。

1971 年，国际货币体系与黄金的联结彻底割裂，1973 年世界普遍采取浮动汇率体系，货币供应量自此失去任何约束。美联储成为世界主流经济体系物价水平的决定者，它是有史以来最伟大的通货膨胀机器。由于没有其他国际货币的竞争约束，美联储就能够向全世界抛出数以百亿、千亿计的美元钞票，它们立刻被世界其他国家作为储备货币吸收。不仅如此，美国财政部发行的国债已经成为另一种形式的国际货币。美元成为储备货币，跨国银行以美元为基础，发行大量欧洲美元钞票，创造了许多离岸国际金融工具或离岸国际货币区域。

1970 年以后，所有国家的物价水平全都波澜起伏。按照购买力平价理论家的说法：货币贬值最厉害的国家，通胀也最严重；货币升值最多的国家，通胀最小。在 1971 年之前，国际货币体系以美元为枢纽，美元反过来与黄金固定，从而遏制了通货膨胀。1971 年黄金闸门溃塌之后，控制通货膨胀就只好求助于美联储极不可靠的政策约束，结果通货膨胀像传染病一样遍布全世界，成为现代国际货币体系的永久象征，迫使未来好多代人不得不认真对待。①

5. 国际货币体系的改革

美国绝对不会呼吁什么国际货币体系改革，因为任何超级大国都不会倡导国际货币体系改革，除非为了解除对其霸权地位的威胁。美

---

① 罗伯特·蒙代尔．蒙代尔经济学文集（第六卷）［M］．向松祚，译．北京：中国金融出版社，2003：第 121 页。

国发行的美元钞票一直巨量上升。从国家利益的角度，美国永远不会倡导一个新的国际货币体系来取代它目前的地位，因为目前的体系是美国能够获得最大铸币税收入的体系。

最希望进行国际货币体系改革的国家是日本，但它永远不会说出来。日本是世界第二经济强国，对自己长期臣服美国早已心有不甘。但日本不具备倡议国际货币体系改革的政治地位，尤其是日本认为中国是其潜在的最大威胁，它不得不从政治上依赖美国来遏制中国。①

6. 国际货币体系的长期前景

美元是当代世界的支配货币，欧洲各国正在努力实现马斯特里赫特条约，建立新的欧洲货币。欧洲大陆作为一个整体，其国内生产总值比美国大约高出10%～15%，欧洲单一货币因此更加重要。

黄金在未来的国际货币体系中也将发挥作用。自从勒非惕蒂（Nefertiti）时代以来，全世界的金矿总共生产了35亿盎司的黄金（12万吨），10亿盎司在中央银行的金库里，10亿多盎司变成了首饰和工艺品，剩下的就在投机者手里。格林斯潘曾经说过："只要一有机会，我就要关注投机者手上的黄金储备。我利用三个指标来观察经济中的通货膨胀：货币供应量、利率和黄金价格。你可以从债券市场看出这三者的关系。一旦黄金价格暴涨，你就知道，经济的通货膨胀预期正在上升，人们开始抛售债券，利率因而上扬。"在未来很长时间里，黄金将继续作为国际货币体系的重要储备资产。

但是，罗伯特·蒙代尔不认为会有这么一天：美国和欧洲又像过

① 罗伯特·蒙代尔．蒙代尔经济学文集（第六卷）［M］．向松祚，译．北京：中国金融出版社，2003：第127页。

去一样，将它们各自的货币汇率同黄金固定。更可能的情况是，在各国中央银行努力将黄金世俗化之后的10～15年里，它们又开始强调将黄金作为储备资产，那时它们就不会像现在这样胆小，可以公开宣扬黄金的储备资产地位，并且在各国中央银行之间流通。不一定是按固定价格，而是按市场价格流通。

如果有更多的国家将黄金价格作为重要指数、作为通货膨胀的信号，那么就会有更多的货币当局努力维持黄金价格不变，欧洲早就在这么做。稳定黄金价格是缓和欧元/美元汇率动荡的主要因素，这对于欧洲至关重要，因为再没有任何事情比欧元/美元剧烈动荡更让欧洲头疼了。盯住黄金是消除汇率动荡的重要手段之一。展望一下2030年，我们不能忽视日元，日元将成为国际货币体系的重要成员，日本名义国内生产总值约等于美国的60%，还有中国的人民币也可能成为重要货币。大中华地区是一支不可小视的力量，其经济以两位数增长，假以时日，人民币元将是非常重要的货币。但是，我们真的不知道未来日元与人民币、日元与美元将是一种什么关系。我们只是衷心希望：在我们预测国际货币体系未来演变时，不需要考虑重要经济大国之间的正面冲突。①

黄金将在21世纪国际货币体系中发挥作用，但不是它过去曾经担当的角色。我们必须承认：金本位制和自由造币时代的金本位制是独特的历史现象，那时主要大国之间势力均衡，没有超级大国主导。②

---

① 罗伯特·蒙代尔．蒙代尔经济学文集（第六卷）［M］．向松祚，译．北京：中国金融出版社，2003：第131页。

② 罗伯特·蒙代尔．蒙代尔经济学文集（第六卷）［M］．向松祚，译．北京：中国金融出版社，2003：第133页。

1971年之后，随着布雷顿森林体系的瓦解，全球统一的国际货币体系不复存在，取而代之的是分散复杂的汇率形成机制，结果不仅造成汇率的大幅波动，也给各国经济带来负面影响。

目前，国际货币体系已经被美元和欧元主导，但2008年世界金融危机带来的货币不稳定对国际经济造成巨大影响。罗伯特·蒙代尔认为，中国经济国际化影响越来越大，货币汇率战略既关乎国家利益，也影响全球经济贸易的稳定与效率，美元、欧元汇率的稳定对中国很重要。同时，考虑到中国经济增长后出现的强大经济体量，他建议将人民币加入到欧元、美元的协调汇率机制中，并共同构建一个由三种货币字母开头的共同货币区域（DEY）。

三、罗伯特·蒙代尔黄金理论的现实意义

（一）黄金是反映通货膨胀的标志

影响黄金价格的因素包括黄金供求状况、国际货币体系、政府法规和税收、美国的货币政策和通胀、欧元区经济、国际政治变化以及黄金存量和市场操纵等。通过回顾国际货币史，我们可以发现，在1914年之前，国际货币体系以黄金为基石，长期物价水平惊人地稳定。1971年，国际货币体系与黄金的联结彻底割裂，1973年世界普遍采用浮动汇率体系，货币供应量从此失去任何约束。美联储成为世界主流经济体系物价水平的决定者，它是人类有史以来最伟大的通货膨胀机器。

在国际货币体系中，黄金作为一种储备，目前更多地发挥预警作用，反映通胀和通胀预期。由此可见，黄金可以作为通胀的标志，黄金价格飞速上涨，反映纸币发行量过多。

（二）黄金应纳入国际货币体系

罗伯特·蒙代尔支持恢复黄金的货币属性，他认为目前确实应该把黄金纳入国际货币体系之中，因为黄金是一种资产。但是，他也指出，黄金存量有限，很多国家并不愿意受到黄金的制约，不想回到金本位制。在国际货币体系中，目前黄金作为一种储备，更多地发挥预警作用，反映通胀和通胀预期。他同样支持黄金进入特别提款权体系，因为黄金拥有商品和货币两种属性，现阶段的主要问题不在于黄金，而是全球货币体系的问题。

（三）国际货币体系需要改革——建立多元货币体系

作为欧元之父的罗伯特·蒙代尔 1997 年就提出，黄金将成为 21 世纪国际货币体系的组成部分，但不会实行黄金本位制，美元和欧元将成为主导货币。罗伯特·蒙代尔 2009 年又进一步提出了 G3 货币联盟的构想，所谓的 G3 货币联盟又称为“全球金融稳定三岛”，实质是通过构建一个以美元、欧元和日元的货币联盟来形成新的国际货币体系。这个体系将逐步使浮动汇率制过渡到固定汇率制，并最终在此基础上创造单一国际货币体系。随着中国经济的腾飞，在厦门大学 90 周年校庆学术讲座上所做的演讲中，罗伯特·蒙代尔认为人民币也应成为国际货币体系中的一部分。

2008 年全面爆发的金融危机使得欧洲面临巨大的货币动荡，经济增速下滑，但欧元区国家不能像欧元区成立之前那样用货币贬值来应对，因此只能不断增加公共债务，这是欧债危机产生的主要原因之一，即欧债危机与国际货币体系的缺陷有关，金融危机和欧债危机让该缺陷暴露无遗。

现行的国际货币体系缺乏统一的国际记账单位，也没有稳定的支

柱货币，存在一系列隐藏的风险，归根结底是由国际货币体系中美元角色的变化所决定的。第一次世界大战以后，美国经济的迅速崛起，使得美元在国际货币体系中的地位逐渐超过了黄金，美联储也因此成为世界经济的管理者。但世界经济和国际货币体系的格局是不断变化的，20世纪末欧元区的建立是20世纪国际货币体系的又一重要事件。欧元的成立，使得以美国为主导的世界经济主流分裂为两个部分，世界货币体系的格局再次面临重大的调整。美元与欧元的对立，加剧了国际货币体系的不稳定性。创建世界货币是一个在历史上已多次提及的设想，当前世界经济的格局中，美元和欧元合并为一种货币，可以成为新国际货币体系的“支柱货币”，并扮演世界货币的角色以维护世界经济的稳定。

与此同时，我们应该关注到众多发展中国家在经济上的持续成长，尤其是中国。中国经济发展的增速不会持续下跌，因为中国的城市化还在继续。目前中国的城市化率为50%，尽管这个数据和世界上大多数国家差不多，但是中国政府的目标是80%，还有很大空间。在中国实现城市化的过程中，大量人口从乡村走到城市，会带来新的发展，产生大量需求，推动经济增长。此外，2013年9月上海自贸区的设立也被罗伯特·蒙代尔视为中国经济增长的另一助力点。罗伯特·蒙代尔认为，上海自贸区的设立是一个标志，是中国对外开放的一部分，这是一个实验，是一个有益的探索。

经济上的壮大必然改变国际货币体系中的实力对比。随着经济的发展，人民币在未来将逐渐赶上日元，有望成为继美元、欧元之后的世界第三大货币。如果人民币实现可兑换，将会形成人民币—美元—欧元三者的货币区，中国也可以成为国际货币体系稳定机制的一个组

成部分，在国际货币体系中发挥更为重要的作用。考虑到中国经济增长后出现的强大经济体量，罗伯特·蒙代尔建议将人民币加入到欧元、美元的协调汇率机制中，并共同构建一个由三种货币字母开头的共同货币区域（DEY）。

（四）欧元区的建立对欧洲而言利大于弊

欧元区目前陷入严重的困境，因为一些国家没有能力或者意愿在财政和预算平衡上进行自我规范。这些国家的财政已经严重失衡，此前的赤字导致债台高筑，欧洲很多国家甚至德国都背负上了沉重的债务。出现这种情况的原因是，欧洲国家的福利水平最高、最全面，早在20世纪70~90年代，欧洲各国就已经实现了社会民主，它们决定加入欧元区的这一行动意味着必须实行严格的财政政策，否则就会破产、资不抵债。

这些国家没有考虑到缺乏严格财政政策可能会带来的负面效应，于是，债务的洪水越涨越高，一段时间内甚至还能听到洪水不断涌入的声音，最终凶猛肆虐的洪水让这些国家的“财政大厦”倒塌，这正是发生在南欧很多国家的情况。虽然欧洲债务危机的部分原因是2008年爆发的经济危机，但另一个主要原因就是，欧元各国并没有为自身的债务留有足够的空间，导致在需要的时候无力应对债务危机。

此次危机爆发的另一个原因是缺乏前进的决策。《马斯特里赫特条约》一共有两个目标，其中一个是走向欧洲货币联盟，另一个目标是让欧洲逐渐实现政治联盟，对于财政领域来说这就意味着需要在欧洲建立财政联盟。当意大利加入欧元区时，其债务占GDP的比重已经达到120%，希腊加入欧元区的时候这一比例也超过100%，比利时为130%以上。因此，过去几年这些国家深陷债务泥潭。当2008年爆发

严重的经济危机时，这些国家已经没有进一步举债的空间了，于是造成资不抵债。

要解决这些结构性问题，从财政方面来说应该采取惩罚机制，规定较大数额的罚金，特别是要缩减欧洲中央政府对那些贫穷国家的资金援助。如果这些国家无法实现预算平衡，就应该撤销资金援助。

当然，如果没有欧元区的话，欧洲的问题会比现在更加严重。2008 年这场起源于美国的危机让整个世界都受到了冲击，当欧洲受到冲击的时候，欧元区各国可以从整体上应对。假设欧洲各国当时使用的是各自的货币，那就不仅仅是现在这样的情况了，会出现大规模的通胀。诸如希腊、西班牙、葡萄牙这些国家就将陷入恶性通货膨胀，即使不是恶性通货膨胀，也一定会是很高的通胀率，恢复正常至少需要 10 年时间。如果发生这种情况，就会带来不同的问题，境况比现在会更糟，人民生活也会更差。

（五）亚元的建立存在可能性

如果亚洲想要建立一个单一的货币，就需要在亚洲建立一个安全区域，即一个没有战争的区域，还需要条约联盟。然而，亚洲离这一目标还很远。虽然如此，但亚洲还是可以制定一种固定的汇率制度，那样虽然每个国家都有自己的汇率，但如果它们遵循一个固定的汇率，就相当于结成半个货币联盟了。亚洲货币区域不能仅仅包括人民币或者日元中的一种，而是两者都需要，并且维持一个稳定的汇率水平。中日两国货币的稳定只能通过美元，因此二者都需要对美元维持相对稳定的汇率。

虽然亚元离我们还很远，但是我们可以探讨建立亚洲货币基金的可能。在经济规模上，包括中国、日本、韩国在内的亚洲国家已经与欧洲相当，对于亚洲来说一个非常好而且可行的方式就是建立一个独立的亚洲货币基金，而不是国际货币基金组织那样的货币基金组织，这样就可以应对债务问题。

假设某个亚洲国家遇到债务问题，那么亚洲货币基金就会起到很好的作用。国际货币基金组织没有足够的资金解决欧洲的问题，于是欧洲建立了欧洲金融稳定基金和欧洲稳定机制，并且成立了一些机构来强化这些机制，亚洲也可以采取同样的做法。

四、罗伯特·蒙代尔黄金理论的局限性

（一）金本位制的回归是第二次世界大战爆发的原因之一的说法较为片面

资本主义国家经济政治发展不平衡是第二次世界大战爆发的原因。经济上，第一次世界大战后德国利用英法矛盾和美国的经济扶植，再次超过英法。日本利用第一次世界大战期间在亚洲获得的利益，迅速发展起来。

政治上，德国、日本走上资本主义道路过程中，较多地保留了军国主义和专制主义传统，经济大危机中更是建立了极权统治——法西斯专政。英、法、美则继续发展了民主政治。

由于政治经济发展不平衡再次改变了资本主义各国之间的力量对比，并且加剧了它们之间的矛盾，发展强大的帝国主义国家要求按新的实力重新分割世界。因此，罗伯特·蒙代尔认为金本位制的回归使资本主义国家经济出现通货紧缩、导致第二次世界大战爆发的观点较为片面。

（二）多元货币体系同样具有缺陷

自1944年布雷顿森林体系确立以来，美元作为国际储备货币的地位就坚不可摧。与此同步的是，二战期间，美国成为世界第一强国，在政治、经济和军事等各项实力上，都占据了明显的优势。从此，美元成为世界最重要的优势货币。

虽然1971年布雷顿森林体系下的货币稳定时期结束了，美元不再与黄金挂钩，国际货币体制演变为如今的浮动汇率制，不过还是被称为“美元体制”，美元地位依旧。

罗伯特·蒙代尔认为，这数十年的历史正说明了货币是与政治力量并行的，货币体系本身具备微调的功能。从这段历史还能看出货币体系的改朝换代应该是自由过渡。

在他看来，比较可行的是在国际货币基金组织（IMF）中推行亚太经济合作组织（APEC）加上欧盟的一个大区域货币体系。即由IMF创建新的一揽子货币体系，其中可以包含美元、欧元、日元、人民币等不超过五种主要币种，还可以考虑把黄金也囊括在一揽子中，然后建立起统一的国际货币单位。同时，在重建货币体系的过程中，罗伯特·蒙代尔认为中国应该发挥更积极更重要的作用。

但是构建多元货币体系也有其自身的局限性。

首先，交易成本的增加是各国难以承受的，“特里芬两难”仍未解决，只不过从单一的美元变成了多种国家的货币。多元核心货币的引入只能暂时缓解全球失衡，并不能从根本上解决问题。只要是以主权国家的货币作为国际本位货币，最终必将出现与布雷顿森林体系相似的情况。国际货币体系的重构不仅仅是一个经济问题，更是各国政治博弈的结果，其中的利益关系错综复杂，多元货币本位的构建之路必将充满荆棘。

其次，多元货币体系下，如果非储备货币国出于自我保护意识进行增持外汇储备战略，而储备货币国又不愿使本国陷入大量国际收支逆差时，全球经济就会出现通货紧缩。

最后，多元货币体系下，由于储备货币源增多，主要储备货币之间汇率不容易稳定，这将在全球范围内产生放大效应。尽管汇率浮动在一定程度上有利于部分国家调节国际收支失衡，但也可能引发外汇投机。此外，储备货币源的增多，也会导致储备货币发行国主权让渡、发行国与货币清算联盟的合作、发行国之间的有序竞争及发行国维护全球金融稳定等方面的问题。

总之，多元主权国际货币体系并未根本摆脱一元主权货币体系下的制度性缺陷，从而也就不能从根本上保证在为全球经济提供充足流动性的同时，又确保币值的稳定。

参考文献

［1］罗伯特·蒙代尔．蒙代尔经济学文集（第四卷）：宏观经济学与国际货币史［M］．向松祚，译．北京：中国金融出版社，2003：57－104.

［2］罗伯特·蒙代尔．蒙代尔经济学文集（第五卷）：汇率与最优货币区［M］．向松祚，译．北京：中国金融出版社，2003：63－189.

［3］罗伯特·蒙代尔．蒙代尔经济学文集（第六卷）：国际货币：过去、现在和未来［M］．向松祚，译．北京：中国金融出版社，2003：1－187.

[4]《货币》纪录片主创团队．货币Ⅱ［M］．北京：中信出版社，2012：161－168.

[5] 罗伯特·蒙代尔．论国际货币体系的重建——基于创立世界货币的设想［J］．王娜，译．厦门大学学报，2012（1）：1－7.

[6] 宣文俊．国际货币体系改革研究——以后金融危机时代与人民币国际化视角［J］．上海经济研究，2012（12）：54－67.

[7] 朱珠，李松梁．现行国际货币体系缺陷分析及改革方案评述［J］．金融纵横，2012（2）：46－50.

[8] 蔚华．多元货币体系不解决根本问题［N］．第一财经日报，2011－03－28.

第九章　艾伦·格林斯潘论黄金

一、艾伦·格林斯潘简介

艾伦·格林斯潘（Alan Greenspan，1926—至今），美联储前主席，任期跨越六届美国总统，被称为全球的“经济沙皇”“美元总统”。艾伦·格林斯潘深刻理解金本位的本质、缺陷以及优势，并将这些运用到美国的货币政策中来推行符合美国利益的美元本位，因而最大限度地从央行的角度维护了美国国民的高生活标准和高科技的发展。艾伦·格林斯潘的著作有2007年出版的书籍《动荡岁月——新世界的冒险》以及他于1966年写的一篇名为《黄金与自由经济》的文章（被收录于《资本主义——未知的理想》中）。这篇文章从黄金在自由社会中的独特作用、信用货币的扩张、黄金稳定经济的作用机制、福利制度学者对金本位的抵制等方面进行论述，真实揭露了福利制度学者们反对金本位的本质原因，也反映了艾伦·格林斯潘本人在当时对金本位制度的推崇。

二、艾伦·格林斯潘眼中的黄金

在他所写的文章《黄金与自由经济》及《动荡岁月——新世界的冒险》一书中，艾伦·格林斯潘眼中的黄金可归纳为以下几方面。

（一）黄金在自由社会中具有独特作用

钱是一种可以支付商品和服务的交易媒介，它广泛被人们所接受，

因此所有的交易都离不开钱。钱也是一种商品，它的存在是以经济中的劳动分工为前提的。如果没有这种客观价值被普遍接受的商品充当金钱，人类将不得不依赖于物物交换，或者被迫回到自给自足的小农经济，而且还不得不放弃专业分工带来的好处。正如艾伦·格林斯潘所说："钱被当成衡量市场价值的尺度，并被用来储存价值，也就是储蓄""如果没有一种方法贮存价值，即储蓄，那么将无法进行长期计划，交换也不能进行。"① 那么交易媒介应当具有什么特性才能被交易各方广泛接受呢？

艾伦·格林斯潘认为有以下几点：

第一，交易媒介要有稳定性和持久性。艾伦·格林斯潘说："我一直很怀念金本位固有的稳定性——一种货币的主要目标就是要稳定。但我早已默认了这样的事实：金本位不容易适应当前被广为接受的政府的相应功能——特别是政府需要提供社会安全网。国会倾向于不说明用何种方式向国民提供资金来源为国民创造收益，国会向国民提供资金为国民创造收入，但他们倾向于不向国民说明他们是通过何种途径来提供这些资金的。这就导致除了1998—2001 年由于股票市场激增带来盈余外，从 1970 年就开始的每个会计年度都显示的赤字。为了实现这种功能所需要的真正资源的转移导致了通货膨胀。在政治领域，实现低利率的信贷、用财政手段刺激就业、避免名义工资和价格不愉快地向下调整几乎无法抗拒。在多数情况下，美国人已经容忍通货膨胀偏差作为现代福利制国家的一个可接受成本。"② 在财富贫乏的远古

① 艾伦·格林斯潘．黄金与经济自由［M］//资本主义——未知的理想，1966。

② Alan Greenspan. The Age of Turbulence: Adventures in a New World［M］. Penguin Press HC, 2007：第 481 页。

社会，小麦具有足够的持久性来充当交易媒介，因为所有的交易都在作物收获季节完成，没有多余的价值需要贮藏。随着社会文明发展，人们富裕以后，价值贮存变得格外重要，因此会选择能够长久存放的商品充当交易媒介。而黄金作为一种金属，它的自然属性和本质属性就是恒久性。不管是从微观的角度来讲还是从国家层面来说，黄金都代表真正的财富和储备。黄金的恒久性是财物安全的代表，也是诚信的代表，银和铜就没有这样的属性，所以说恒久性是黄金的根本属性。

第二，交易媒介通常是一种金属。选择金属是因其质地均匀、可分割，每一单位都材质相同，且可组成任意所需数量。黄金就满足这些特质，珠宝就因为质地不均匀也不可分割而不满足交易媒介这一条件。

第三，交易媒介必须是一种奢侈品。因为人类对奢侈品的需求是无限的，因此奢侈品总能被接受。但这种奢侈品要具有稀缺性和高的单位价值。单位价值高，才能便于携带。对此艾伦·格林斯潘有这样的阐述："奢侈商品总有需求，也总能被接受。小麦在食不果腹的年代是奢侈品，在富裕社会中就不是。香烟通常不会被当成金钱，但在二战后的欧洲，香烟作为一种奢侈品发挥了货币的功能。"①

黄金作为交易媒介除了具有稳定性与持久性之外，还具有货币性与保值性。贝壳、家畜、香烟、白银等，都充当过交易媒介，它们之所以逐个被替代是因为人们对具有贮存价值功能商品的偏爱会向被最广泛接受的那种商品转移，直至这种商品成为唯一的交易媒介。

① 艾伦·格林斯潘. 黄金与经济自由［M］//资本主义——未知的理想，1966。

艾伦·格林斯潘认为，这种单一交易媒介有巨大好处是因为“它使无限大范围内的交换成为可能。”[①] 随着经济的发展，在20世纪，黄金成为占支配地位的交易媒介，这是由黄金的货币属性、金融属性和商品属性决定的。1997年亚洲金融危机时，韩国政府为了获得国际货币基金组织的贷款，发动广大民众，收集民间藏金约250吨，并将其兑换成外汇以弥补贸易缺口，极大地缓解了韩国的金融危机。黄金具有规避通货膨胀风险、防范金融危机的良好属性。通货膨胀、战争、政治环境、恐怖袭击以及世界经济一体化进程的加快使得世界越来越不安宁，黄金的避险功能重新被世界各国所认识。尽管经济学家约翰·梅纳德·凯恩斯曾经激烈批评金本位制为“野蛮的遗迹”，但黄金终究是黄金，这是由黄金的特殊性所决定，格林斯潘不得不承认：“黄金在我们的制度中具有重要的作用。它作为最后的卫兵和紧急需要时的储备金，还没有任何其他的东西可以取代它。”这是因为黄金是不受他国限制的战略物资，是规避通胀风险、防范金融危机的良好工具。黄金的货币属性和金融属性决定了它在外汇储备中的重要地位。因此，尽管美国遭受百年不遇的金融风暴，它也决不减持黄金储备，仍然维持8 100吨以上，它的黄金储备持有量一直居世界第一位。[②]

（二）黄金是全球最根本的支付方式

艾伦·格林斯潘称：“一战后，黄金成为国际交易的唯一支付标

---

① 艾伦·格林斯潘．黄金与经济自由［M］//资本主义——未知的理想，1966。

② 高茹琨．聚焦中国黄金市场20年［M］．北京：中国经济出版社，2013：第305－306页。

准。”① 由于黄金具有质地均匀、易分割、便于携带、坚固耐用、价值稳定的特点，它逐渐被广泛接受并在交换过程中充当一般等价物的作用，成了一种特殊的货币。作为货币的黄金具有以下职能：价值尺度、流通手段、贮藏手段、支付手段和世界货币。

黄金只有在充当一般等价物之后，才能成为真正的国际货币。当确立货币地位之后，黄金作为货币的形式一直在变化。黄金最初是以金块形式出现的，为了解决不方便称量重量和切割的问题，黄金以铸币形式出现。英国制定的《金本位制法》于1821年实施后，形成了世界上最早的金本位制货币体系。该法规定一英镑金币的含金量为113.003克，具有无限法偿效力。金币作为英国的本位币可以自由铸造。之后世界各国纷纷效仿英国，制定本国的金本位货币制度，于是金本位制度就成为国际货币制度。

1922年，美国将金本位制修改为金汇兑本位制，在金汇兑本位制下，国际支付既可以用黄金结算，也可以用美元结算，美国政府对世界各国所持有的美元承担兑换黄金的义务。1944年7月，当时世界主要强国如美国、加拿大、英国签署了世界货币基金协定条款，确立了美元本位的国际货币体制，也就是布雷顿森林体系。协定条款规定，美元与黄金直接挂钩，其他国家货币与美元挂钩，并与美元建立起固定比价关系。1美元含金量为0.888671克，1盎司黄金等于35美元，1英镑等于4.03美元。二战之后，纸币开始了普遍的流通，各国纸币的含金量只是各国官方宣布的标准，并不真正代表货币的实际含金量。艾伦·格林斯潘说：“固定汇率制如果有效，的确能最大限度地减少价

① 艾伦·格林斯潘．黄金与经济自由［M］//资本主义——未知的理想，1966。

格浮动，为所有人提供稳定感，由此增进长期投资。二战结束前由44个国家达成的布雷顿森林体系，使战后的所有主要货币都绑定了以黄金为支撑的美元，并维持了近30年。”① 二战结束到20世纪70年代，美国对外投资持续增加，大量美元流向世界各地。与此同时，德国、日本等国家力量逐渐强大，美国地位相对下降，导致了美国贸易顺差不断缩小，其在国际贸易中的霸主地位受到挑战。1971年，美国出现20世纪以来的首次贸易逆差，再加上美国对外的大量直接投资，使得美国贸易逆差逐年扩大，美元以更快的速度流出美国。这样，非美国居民持有大量美元，一旦美元动荡，市场上就会出现美元被大量抛售、黄金被疯狂抢购的现象。这给美国政府造成巨大的兑换压力。在美国力量逐渐变弱的过程中，布雷顿森林体系确立的货币体制也逐步走向瓦解。1968年，美国宣布无力维持市场上的黄金官价水平，放弃对市场上的黄金官价干预，黄金价格开始进入官方价格与市场价格并存的“双价格”时期。对各国中央银行持有的美元，美国政府仍然保证35美元兑换1盎司黄金的兑换价格，而市场上的黄金价格则由市场供求决定。由于美国通货膨胀日益加剧，国际收支状况不断恶化，1971年8月15日，美国政府宣布完全停止履行外国政府或中央银行用美元向美国兑换黄金的义务。同年12月，美元兑黄金贬值7.89%，从而使黄金官价从每盎司35美元提高到38美元。1973年11月13日西方七国财长会议，宣布取消黄金双价制，改为自由浮动价格，黄金价格上升到每盎司90.85美元。美国停止以美元兑换黄金、各国实行浮动

---

① 艾伦·格林斯潘．动荡的世界：风险、人性与未来的前景［M］．北京：中信出版社，2014：第175页。

汇率，布雷顿森林体系被宣告瓦解，固定汇率制也随之结束。具有货币职能的黄金，是一种没有国界且自身具有内在价值的货币，也是安全性高、流动性强的资产，因此它具有保值的作用。不管是金本位制度之前还是金本位制度之后，黄金的货币地位很特殊，使得黄金价格稳定性强，黄金金融投资功能主要表现在保值方面，这也是黄金投资价值的意义。1974 年 6 月，由 IMF 发起成立的二十国"国际货币制度改革和有关问题委员会"第六次会议确定，减少黄金及其他外汇作为国际储备资产的职能，提高特别提款权这一职能。艾伦·格林斯潘说："禁止私人合同中有关黄金的条款以及禁止私人持有黄金，有效地消除了美元与黄金的历史联系。中央银行间的黄金交易持续到 1974 年，似乎没有影响私人市场或者不可兑现纸币的价格水平""这些金属的确具有吸引力：相对稀少，有延展性，可用于交换。但为什么是这些金属更多地被人们接受，而非有类似属性的其他物品，这个问题的答案我一直没弄特别清楚。当然，黄金的普遍接受程度毋庸置疑。例如在二战后期，德国的大多数进口产品只能靠黄金才能换回。"①

1976 年 1 月，国际货币制度临时委员会在牙买加召开会议，并签订了《牙买加协议》。关于黄金的地位和作用，《牙买加协议》提出如下意见：①废除黄金官价，基金组织要避免在黄金市场上干预金价或固定金价，各会员国的中央银行应按市价从事黄金交易。②以特别提款权逐步代替黄金作为国际货币制度的主要储备资金。③各会员国相互间以及基金组织同各会员国之间，取消以黄金清算债权债务的义务。

---

① 艾伦·格林斯潘．动荡的世界：风险、人性与未来的前景［M］．北京：中信出版社，2014：第 324 页。

④基金组织持有的黄金应逐步加以处理。《牙买加协议》从法律上正式解除了黄金在世界市场上的货币地位。从此以后，黄金储备不再在平衡国际收支逆差和平衡国际贸易中起主要的支付手段作用，也不再是决定各国汇价的基础，自此，世界进入了法定纸币本位时代，黄金保留了贮藏价值功能和流通职能。在黄金非货币化的30年间，黄金基本不再执行货币功能，虽然如此，各国中央银行仍然将黄金作为重要的官方储备，因为仅仅以国家信用而不是以黄金为唯一支撑的货币永远都有过度发行的冲动，也正因为如此，2008年金融危机爆发后，有关黄金再货币化的讨论日渐升温，法定纸币本位遭遇空前的质疑。

尽管《牙买加协议》从法律上解除了黄金货币的法律地位，但是人们对黄金的货币功能仍然具有相当的依赖性。在过去的30年里，人们试图相信黄金失去了货币作用，但却不得不承认黄金仍然是全球货币储备体系中的重要因素。正如1999年5月，美联储主席艾伦·格林斯潘表示“黄金仍然是全球最根本的支付方式”。①

（三）黄金是保值和投资的好选择

在黄金货币职能弱化的情况下，虽然大多数央行并未减持黄金储备量，但央行出售黄金对黄金发挥货币作用产生了影响，人们不可避免地会认为黄金货币功能在弱化。实际上，20世纪90年代中央银行抛售黄金有其政治原因和经济原因，并不能因此就说明黄金已经不具有货币职能。当时，各国中央银行以外汇的形式来增加其储备，而不主要以黄金作为储备。另外，欧洲实行货币一体化使欧洲地区的国际贸

① 北京黄金经济发展研究中心．黄金投资价值研究：投资保值功能再度引起重视［EB］．新浪财经，2006－02－08。

易内部化，这些国家可以大大减少其储备，特别是黄金储备。同时，黄金交易的市场化也使中央银行可以以更积极的态度来管理黄金资产，即可以租赁或买卖黄金，使黄金这一沉淀资产流动起来，以便增加储备资产的收益。所以，有多种因素造成一些中央银行实施出售黄金的操作，不过央行出售黄金主要是经济环境的变化促使其改变储备资产的管理方式，并不是因为黄金不再具有货币功能。实际上，央行出售黄金是一种市场行为，价高时出售、价低时购回，而不是把黄金简单地处理掉；另外，一部分中央银行售出黄金时，会有另一些中央银行在购入，而不是所有中央银行都在出售。美国、德国、法国、意大利等主要持有黄金的国家，都宣布不出售其黄金储备，也不出租黄金。美国除了在1976—1980年曾出售过1 500吨黄金用以帮助贫困国家，此后就再也没有出售其黄金储备。因此中央银行抛售黄金主要说明其储备资产管理方式发生了变化，只从央行出售黄金就得出黄金已经不值钱、黄金不再具有货币功能等观点，显然不正确。实际上恰恰相反，央行出售黄金是黄金具备货币功能的体现。因为央行出售黄金是利用黄金的变现功能，是增加国家收入、改善国家收支状况、减少财政赤字的重要可选手段，这与黄金内在价值的稳定性、信用能力与偿付能力密切相关。保持黄金储备与美元储备的合理规模、实施合理的储备货币组合、规避国际储备风险已经成为各国政府关注的焦点。①

艾伦·格林斯潘在2014年10月的外交关系委员会上发言称：“考虑其作为各国政府所执行政策之外的货币这样一种价值，在目前的状

① 祝合良，刘山恩．中国黄金市场十年回顾与展望［M］．北京：九州出版社，2013：第246－247页。

况下，黄金是一个保值的好去处，也是个不错的投资选择”，黄金是预防支付危机和防范金融风险的保障。在黄金非货币化的今天，黄金已经成为各国政府和中央银行防范金融风险和预防支付危机的最后保障，也一直是抵御国际政治、经济、金融局势动荡的“最后防线”。

全球现在约 17 万吨的黄金存量中，政府部门掌握了约 3.5 万吨黄金。在 1997 年的东南亚金融危机中，为了阻止本币进一步贬值、稳定本国经济，日本、韩国等国家和中国台湾地区最后都动用了黄金储备，韩国居民甚至将黄金首饰出售或献给国家，从而达到目的。对于黄金投资者而言，黄金具有分散和降低风险的功能。黄金价格与其他资产价格之间一般具有负相关关系，因此，在货币市场、证券市场和商品（期货）市场投资面临风险的时候，黄金与其他投资组合具有分散和降低风险的作用。黄金作为一种优质资产，被广泛地接受，因此它成为很好的抵押品，黄金所有者以黄金作为抵押向银行贷款，可以筹措到所需的资金。

黄金是财富贮藏的手段，也是特殊的资产保值增值形式。黄金良好的自然属性非常适合贮藏，现代社会中，愿意保留黄金的个人，大多都是将黄金当成资产保值手段。黄金以其独特的属性成为唯一不以国家信誉为条件而变现的资产，在黄金非货币化的今天，对于各国中央银行来说，黄金仍然具有重要的战略意义，无一例外还要保持相当数量的黄金作为储备资产。黄金的增值则主要表现在国际政治经济危机时黄金价格上涨，最典型的是黄金“战争溢价”。因为黄金曾是国际中心货币，而且现在仍然有众多货币职能遗存，在金融领域发挥着不可或缺的作用，因而与国际政治、经济、军事有着密切的关联性。一般认为发生战争和社会动乱，都会使黄金资金避风港的作用凸显，成为投资者及普通百姓规避风险、资产保值的选择，从而引起金价上涨，人们称这种现象为“战争溢价”。[①] 因此，艾伦·格林斯潘认为：黄金集艺术性与功能性于一体，同时相对稀缺，优于所有其他交易媒介。[②]

（四）黄金是信用扩张的基础

第一次世界大战后，黄金成为国际交易的唯一支付标准，但黄金的数量是有限的，艾伦·格林斯潘认为“如果所有商品和服务都由实物黄金支付，大宗支付将变得困难，并将限制社会劳动分工和专业化的水平。因此银行系统和信用工具（银行券和存款）的发展就合乎情理，它作为交易媒介的延伸，替代黄金，但可兑换实物黄金”。一个建立在黄金基础上的自由银行系统，能够根据经济中的生产需求来扩张信用，创造银行券（货币）和存款。艾伦·格林斯潘是这样描述这个过程的：“通过支付利息，黄金持有者被吸引将其黄金存入银行，并得到存款单据。由于所有存款人在同一时间提取所有黄金的可能性极小，银行家只需保留一部分黄金存款作为储备，这样，银行家就可以发放超出其黄金存款量的存款（这表示，他宣称拥有这些黄金，而并不是把黄金作为储户存款的安全保障）。但银行家的贷款量是有限制的——必须与黄金储备成比例，还要考虑到投资的前景。”[③] 因此说，黄金是扩张信用的基础。

2012 年上半年，艾伦·格林斯潘在华盛顿峰会讲道“市场告诉我们黄金是货币”，是唯一不需要信用的东西。黄金具有保值的作用，所以它可以成为信用扩张的基础，可以成为国家的信用之锚。当今，无

---

① 刘山恩．黄金“战争溢价”聚焦［J］．中国宝石，2003（2）。
② 艾伦·格林斯潘．黄金与经济自由［M］//资本主义——未知的理想，1966。
③ 艾伦·格林斯潘．黄金与经济自由［M］//资本主义——未知的理想，1966。

论是经济霸主、发达国家还是新兴经济体，都深刻认识到黄金不仅仅是财富的保障手段，更是一国国家的信用之锚。2011年以来，各国央行净购入自1963年以来最多的黄金，达440吨。世界黄金协会2012年4月发布了关于各国央行金储数据报告，该报告显示包括哈萨克斯坦、土耳其和墨西哥在内的新兴经济体陷入购金热潮。其中，哈萨克斯坦黄金储备2012年1月及2月连续上扬7.6%和2.2%，成为2012年“央行购金潮”的领头羊；土耳其央行的黄金储备量在2011年最后一个季度实现了21.7%、43.1%和16.3%的月度环比增长；墨西哥央行2011年9月的黄金储备环比增幅高达78.5%；泰国央行黄金储备量环比增长也在2011年8月和9月分别达到9.3%和15.6%。目前新兴经济体成为“央行购金潮”的中坚力量。新兴经济体通过购买黄金将外汇储备的一部分转换为黄金储备的意义在于，他们认识到，全球经济复苏遭遇波折，扩大黄金储备规模很有必要，这不仅可以缓解外汇储备风险，还可以对冲美元资产贬值损失。除了新兴经济体，美国、德国也都在维持黄金储备，美国的黄金储备为8 133.5吨，占其外汇储备的77%；德国的黄金储备为3 401吨，占其外汇储备的17.6%。美国、德国因此蝉联各国官方黄金储备冠亚军。这是因为，美元是全球主要流通货币，因此美元背后必须具有足够的黄金抵押物，在此轮金融危机最危难之时，美国都没有动用其黄金储备。德国持有如此多的黄金是因为德国是欧盟货币之锚，黄金是维持欧元稳定的重要工具。不在欧元体系之内的英国也在维持黄金储备，2012年英国的黄金储备为310.3吨，其黄金储备仅占外汇储备量的17.6%，但是英国自20世纪初抛售黄金以来，再也没有进一步抛售过黄金。黄金对抗信用风险的功能无可替代，是各国货币信用体系的基础，一直受到各国的重视。艾伦·格林斯潘说：“政府似乎难以控制不

可兑现纸币的供给，看似无成本的货币带来的诱惑是难以抵抗的。政府一开始是在铸币时短斤少两，然后盲目印刷纸币，毫不顾忌经济活动的实际资金需要”“在黄金和不可兑换纸币之间，是可兑换黄金的纸币。这种兑换承诺取决于政府或个人履行兑现承诺的能力。黄金的价值则被认为是内在的，不需要其他的外在保障。”①

（五）金本位下的自由银行体系有稳定经济的作用

艾伦·格林斯潘对黄金稳定经济作用是这样阐述的：“金本位下的自由银行体系可以起到稳定经济和防止经济过热的作用。如果一国银行滥造信用，这个国家的利率就会降低，利率降低会使得储户把他们的黄金转移到其他给出更高利息国家的银行，这样，滥发货币的这个国家的银行就会陷入准备金不足的危机，从而使得该国银行紧缩信贷，并重新调高利率到与其他国家相同。当银行创造出的金钱/黄金实现了盈利时，企业家会迅速偿还贷款，然后银行就能继续创造新钱。但是，如果企业用银行贷款进行的投资陷入了亏损，企业无力偿还债务，银行家就会发现银行的未偿还贷款超出了实际的黄金储蓄，于是他们就开始限制放贷，通常的做法就是提高贷款利息。银行的这种做法将限制新的投资，将要求现有的借贷人进一步改善盈利水平以获得银行的贷款。”②

艾伦·格林斯潘认为金本位的意义就在于此：“一个不受阻碍的自由和国际性的金本位会促进世界劳动分工的进一步细化，并使国际贸易量增加。当银行向生产力高、有利可图的行业提供资助时，贷款回流迅速，银行信用可持续提供。如果资助的业务利润少、回报期长，

① 艾伦·格林斯潘．动荡的世界：风险、人性与未来的前景［M］．北京：中信出版社，2014：第324页。

② 艾伦·格林斯潘．黄金与经济自由［M］//资本主义——未知的理想，1966。

银行家会很快发现贷款与黄金储备的比例失衡，从而缩减新的贷款，这一般通过提高利率来实现。这会限制对新业务的资助，现有借款者如果要得到新的银行信用进行商业扩张，必须首先提高盈利能力。这样，在黄金本位下，自由银行系统成为经济稳定和均衡发展的保护者。当黄金作为交易媒介被多数或所有国家接受，一个完全的、自由的国际金本位制建立起来，它将促进全球范围的劳动分工以及最广泛的国际贸易。即使交易单位在各国都不同（美元、英镑、瑞士法郎等），但只要它们由黄金定义，不同国家的经济就会融为一体，贸易和资本流动也将没有限制。信用、利率和价格在所有国家也将趋于一致（在不设置贸易壁垒和流动障碍的情况下）。"①

艾伦·格林斯潘在20世纪60年代末美国国务院研究所举办的"自由社会的经济学"讲座中极力推崇金本位，他还曾在华尔街日报的专栏（1981）讨论重返金本位的可能性。他认为："重返金本位最大的障碍是黄金价格难以确定，无论定价过高或过低，都会被大量的美元兑换黄金的潮流所淹没，唯一的解决方法是创造一种能够使美元等同于黄金的财政与货币环境，由此，黄金供需的变化能够被财政部库存的波动所吸收。重返金本位的前提条件是创造一定的金融环境，使得美元可以等同于黄金。在恢复金本位的条件还没有成熟之前，有些先行的政策行动可以最终检测重返金本位的可能性。"他还提出"双币过渡法"，即发行5年期的财政部中期国债，本息以黄金支付，以防遍布世界的美元一夜之间挤兑财政部的黄金，同时还可以避免出现劣币驱逐良币的格雷欣法则。当前国际货币体系不稳定的根源就在于美元不

① 艾伦·格林斯潘．黄金与经济自由［M］//资本主义——未知的理想，1966。

负责任，如果要改革国际货币体系，最根本的任务就是各国要管好自己的货币发行量，尤其美国要约束自己的行为，要负起责任来。美国不能动辄就开动印钞机滥发货币来弥补财政赤字，用美元贬值的方式赖账，来改变对外贸易赤字局面，用通货膨胀来剥削世界各国的老百姓为其买单。在经济不稳定的状况下，黄金成为规避纸币风险、稳定经济的最重要工具之一。

艾伦·格林斯潘说："完全自由的银行系统和完全的金本位制迄今尚未形成过。但在一战前，美国的银行系统（以及世界大多数地方）是基于黄金的，而且即使政府经常干预，银行业务也相对更为自由。由于过快的信贷扩张，银行贷款会周期性地达到黄金准备金规定的上限，利率大幅上升，新的信贷被缩减，经济进入急剧但短期的衰退（与1920和1932年的大衰退相比，一战前的商业实际只有温和的萎缩）。正是金本位阻止了商业活动的非平衡扩张，避免其发展成一战后那种类型的灾难。调整期很短，健康的经济基础会很快重建，并开始新的扩张。"① 2013年黄金问题专家祝合良教授在光明日报一篇名为《全球为什么关注黄金》的文章也指出："黄金是唯一独立于任何货币和不靠国家信誉变现的金融资产。在危机到来之际，黄金总能力挽狂澜，起到稳定经济的中流砥柱作用。因此，今天全球关注黄金，根源莫过于此。"②

（六）福利国家拥护者反对金本位的根本原因——金本位限制政府赤字支出

艾伦·格林斯潘认为："在金本位下，一个经济体所能支持的信贷

① 艾伦·格林斯潘．黄金与经济自由［M］//资本主义——未知的理想，1966。

② 祝合良．全球为什么关注黄金［N］．光明日报，2013－09－18。

数量取决于有形资产的量，因为任何形式的信贷都基于对某种有形资产的索取权。但政府债券不依赖于有形财富的支撑，仅由政府承诺用未来的税收偿还，而且很难被金融市场吸收，新增发的大量政府债券只有设定更高的利率，才能向公众售出。因此，在金本位下，政府的赤字支出受到严厉限制。废除金本位，使福利计划论者把银行系统当成无限扩张信贷的工具成为可能。政府债券或由债券创造出来的银行存款的持有人相信，他们有对某一种资产的合法索取权。但实际情形是，索取权远远超出了实际存在的财富。由于供求规律并没有被破坏，当货币（或索取权）的供应相对有形资产增加时，价格最终会上升。以可购买的商品来衡量，社会中生产力较高的部门攒下的积蓄丧失了一部分价值。当经济最终达到均衡时，就会发现丧失的这部分价值等于政府为福利或其他目的而买走的商品价值，这部分钱来自于银行信贷扩张支持的政府债券发行过程”“金本位缺失的情况下，积蓄必将被通货膨胀所吞噬，没有安全的价值储存手段。如果有，则政府必须宣布其所持有为非法，就像金本位情况下那样。例如，如果所有人都决定把银行存款转换成白银、铜或任何其他商品，而且逐渐不接受支票作为支付手段，银行存款将丧失购买力，政府创造的对商品具有索取权的银行信用将一文不值。福利国家的金融政策使拥有财富者的自我保护成为不可能。这就是福利计划论者为何要长篇大论与黄金为敌的羞于告人的秘密。赤字支出不过是用来没收财富的工具，黄金成了这个过程的拦路虎，忠实地充当财产权的守护者。明白了这点，就不难理解计划论者对黄金的出奇愤怒。”①

① 艾伦·格林斯潘．黄金与经济自由［M］//资本主义——未知的理想，1966。

集权主义者或者福利国家的拥护者认识到：金本位与政府长期赤字财政不相容。政府通过征税方式从社会上有生产力的人手中征收财富，来支持自己一系列福利计划的制度，也就是说，通过大规模财政赤字或者说举债方式，才能支持政府大规模的福利支出。但是，在金本位制度下，信用扩张程度受到了黄金资产数量的限制，黄金是信贷的担保。所以说，在金本位下，政府赤字运营的能力受到了极大限制。反对金本位的人他们的潜台词就是：放弃金本位等于放开了政府的手脚，让政府能够利用银行系统作为无限制信用扩张的手段。艾伦·格林斯潘认为这个过程如下："政府用国债的形式创造了大量纸币——通过复杂的步骤——银行用国债取代有形资产，把国债视为实际的储蓄，就好像先前提到的黄金储蓄一样。国债或银行存款的持有者相信他们手中拥有的是货真价实的资产，而实际上银行账面上的资产要远远多于实际资产。供求规律永远正确，当货币的供应超出了有形资产的供应，物价就一定会上涨。于是，社会有生产力的成员所积累的财富的价值就会在无形中蒸发。当人们终于算清了这本经济账，就会发现蒸发的财富都掉到了政府口袋里，被政府用于福利或各种各样的其他目的，而政府采用的手段就是'发行国债+银行信用扩张'。"①

《货币战争Ⅲ》的作者宋鸿兵对于西方国家政府打压黄金的原因有以下阐述：美联储和所有西方的中央银行一样，喜欢幕后操作。他们防范政府干预，他们讨厌国会插手，他们更不喜欢人民大众了解细节，他们号称要保持货币政策独立，就好像全社会的货币是他们的私有财产，决不容他人觊觎。美联储决定利率政策的公开市场委员会

① 艾伦·格林斯潘. 黄金与经济自由［M］//资本主义——未知的理想，1966。

（FOMC）的“公开”二字，实在具有讽刺意味，因为他们每年8次会议的内容并不打算公开，而是要等到5年以后才“解密”，并且这些会议的内容纪要已经被过滤或“修缮”过了。美国《1976年阳光法案》，明确要求包括美联储在内的组织，必须即时向公众开放所有正式会议详细的、未经修改的内容速记和原始录音，但美联储从1976—1993年的17年中，一直误导国会，声称他们的会议原始记录都被销毁了，只保留了“修缮”后的内容纪要。公众只有等到5年以后，才能从被“过滤”的纪要中去猜测当时会议现场的讨论细节。美联储的大佬们除了关注利率等问题之外，还对一样东西颇有兴趣，那就是黄金。

1993年5月18日，美联储公开了该委员会的会议纪要，内容如下：

安格尔：我想事情可能会这样发展。我不认为我们应该将利率提高300个基点，但是如果我们这样做，我非常肯定黄金价格将会开始一个猛烈和快速的下跌。金价下跌将会如此快速，你不得不到黄金行情屏幕上去见证这一切。如果我们提高利率100个基点，黄金价格肯定会调头向下，除非情况恶化到超过了我的想象。如果我们提高利率50个基点，我不知道黄金价格将会如何，但我肯定会对此非常好奇……人们会说黄金价格上涨是因为中国人开始购买，这是最傻的看法。黄金价格主要是由那些对法币系统没有信心的人所决定，他们拥有黄金是为了在危险时刻逃离纸币。现在如果每年黄金产量和消费量只占黄金总存量的2%，那么一年10%的黄金产销量变化是不会对黄金价格产生太明显影响的。但是，人们对通货膨胀的态度将会改变（黄金价格）。

艾伦·格林斯潘：如果我们是在面对市场心理的问题，那么我们使用的（黄金）温度计，在测量（通胀预期）温度时也会改变温度本身。我曾向穆林斯先生提出，假如财政部在市场上卖出少量黄金市场将如何反应的问题。这是一个有趣的思想实验，如果黄金价格发生了如下变化，这说明（黄金）这个温度计不仅仅是测量（通胀预期）的工具，而且它也将会改变（市场对通胀预期的）基本心理。

1994年12月美联储公开市场委员会的会议纪要，内容如下：

乔丹：我认为我们现在面临的主要问题是通胀预期，这显然反映出我们的美元缺少名义上的货币之锚，这意味着政治上宣称维持强势美元将会有所帮助。不管怎样如果我们能够实现真正的金本位的状态，而没有实际使用黄金的话，那么我们就必须将美元购买力稳定的理念（深植于）人们的脑海里。假以时日，我们现在面临的（通胀预期）短期问题将会变得更加容易处理。

1995年7月的会议纪要：

艾伦·格林斯潘：我想我明白了！你告诉我从财政部发行的特别提款权（从美联储的资产负债表上）抵消了他们（财政部）对美联储的负债，这是纯粹的资产置换，所以财政部对公众的负债同时减少了同样的数额，是这样吗？这倒是同时解决了乔丹先生的问题。

乔丹：我能对此谈谈我的看法吗？（70年代）当我们把黄金的价格从35美元升到42.22美元的过程中，也能达到同样的效果。财政部因为这两次所谓的（美元）“贬值”行为，获得了10亿~12亿美元的意外之财。我的问题是，当我们将特别提款权进行货币化时，应按照什么样的价格？你说我有一项资产在我的资产负债表上，但我却不知道它的价格。

艾伦·格林斯潘：（特别提款权的价格）大约是42美元。

杜鲁门：是42.22美元，它与黄金的官方价格一致。

乔丹：我们是用官方黄金价格计算特别提款权吗？

艾伦·格林斯潘：你的意思是我们可以调高黄金价格来降低公共负债压力吗？这样做确实可以使公共负债明显下降。

乔丹：我本来尽量不愿意提及此事，公众其实害怕有人想这么干。

艾伦·格林斯潘：可惜太晚了，我们刚才已经提到了。

乔丹：5年以后（会议纪要解密期），公众将会知道这件事。

宋鸿兵认为，从这些美联储大佬的对话中可以清晰地看到，黄金始终是国际银行家们的一块心病。从历史上看，玩纸币必然经历三个阶段：玩实力，玩信心，玩赖皮！当帝国势力殷实、财大气粗时，强大的财富创造力足以确保纸币的商品兑现能力，纸币是有底气的。当帝国过度扩张、力不能及时，财力日渐短绌，则必须玩10个瓶子5个盖的“杂技”，纸币无法完全兑现商品，通货开始膨胀，此时就进入玩信心的阶段。等到帝国财富已被掏空只剩下一副空架子时，纸币丧失了公信力，恶性通胀发作，此时帝国就只有玩赖皮了。

从美国立国到1971年，美元是玩实力的阶段，一度占到全球GDP一半的强大工业生产能力确保了美元的信用，所以美元敢于与黄金挂钩，因为其出口能力足以赚回世界其他地方的黄金，就如同中国通过400年的世界贸易，将全球白银的一小半都吸纳到中国来一样，此时的黄金白银作为诚实的通货，在经济体系内发挥着良好的财富合理分配的作用，从而刺激经济进一步发展，经济循环处于良性状态。

1971年到2008年金融海啸，美元进入玩信心的阶段。1973年是美元的转折点，美国不堪世界各国发动的黄金挤兑进攻，只得放弃了美元与黄金的挂钩，其实质是美国贸易连年逆差、财富外流和财富创造

力下降，美国人不能生产出其他国家所需要的足够的商品来平衡巨大的进口，久而久之，财富不堪重负，美元再也无法承载黄金诚实货币的重托。这一阶段，国际银行家们最关心的就是所谓对美元的信心问题。他们发明了一整套经济学“黑话”体系来修饰问题的本质，诸如“通货膨胀预期”“量化宽松的货币政策”“资产再通胀”等。其实用老百姓一看就懂的话就是，美元“毛了”。更为离奇的是，他们居然想象着如何实现“没有黄金的金本位”，看来美联储还是改行搞魔术更能发挥他们的特长。不过，世界银行行长佐利克先生在2010年11月，居然真的提出了世界应该考虑回到“修正版的金本位”，果然是个“没有黄金的金本位”，这难道真是历史的“巧合”？

2008年，发源于美国的全球金融危机，标志着美元进入了第三阶段——玩赖皮！这一阶段最重要的特点就是美国要赖账，使用的手段便是逼迫其他国家货币大幅升值，美其名曰“全球经济在平衡”，指责他国“操纵汇率”。其中更有意思的就是艾伦·格林斯潘等人讨论的放手让黄金价格暴涨，让美元大幅贬值，从而“抵消”美国的负债压力。他们早就明白黄金的真实价值，那就是黄金才是“诚实的货币”，因其童叟无欺、货真价实，所以在货币体系中承担着“最终的支付手段”。但他们却在世界范围内对其他国家大肆推行“黄金无用论”，对学术界进行系统和长期的“洗脑”，对人民和市场玩弄“强势美元”的文字游戏，从而达到“将美元购买力稳定的理念（深植于）人们的脑海里”的目的。黄金和白银好比测量通货膨胀预期的压力计，在全世界以美元为中心的纸币世界里，钞票越印越多，在市场的高压锅中，通货膨胀的压力越来越大，黄金和白银的价格作为唯一具有公信力的压力计，其价格必须被“有效管制”起来，这就是

20世纪90年代以来西方中央银行联手压制黄金和白银价格的目的。当市场上黄金白银充当着最诚实、最公正的货币时，银行家们想要作弊将是非常困难的。而没有金银约束后，情况就大不一样了。比如现在美联储发行的美元，不仅是美国的法币，也是全世界最主要的储备货币。可是它的货币政策完全是不负责任的，想发行多少就发行多少，既不需要联合国安理会通过，也不需要国会批准，根本不顾全世界债权人的利益。银行家既没有所谓民主选举，也不受新闻监督，更无视法律约束。正所谓："只要我控制了一国的货币发行权，我不在乎谁制定法律"，完全就是无法无天。人们常说："绝对的权利导致绝对的腐败"，其实腐败并不是最可怕的事。几个银行家天天腐败、夜夜腐败，对整个社会的影响又能如何呢？绝对的权力最可怕之处不是让人腐败，而是让人疯狂！独揽货币发行权的金融大鳄一旦疯狂，其野心和胃口将极度膨胀，全人类都跟着遭殃。银行家们能够以花样百出的"行业黑话"来愚弄世界人民，随心所欲地控制货币发行量，周期性地制造各种各样的泡沫和经济危机，通过货币战争搞垮各国金融，并在金融经济的废墟之上，重新构建由极少数人控制的世界统一货币新体系，最终通过控制世界货币来奴役全人类。但是，国际银行家们也做了最坏的打算，那就是高压锅迟早要炸，一旦锅盖"砰"的一声飞上了天，黄金价格的暴涨也会使西方债务大幅减轻，因为西方国家手中持有大量的黄金实物。艾伦·格林斯潘他们构想的通过放手让黄金价格暴涨来稀释美元债务压力的奇思妙想，乍听起来似乎很有道理，但他们恐怕低估了"水能载舟亦能覆舟"的风险。黄金价格一旦彻底失控，美国资产负债表上以美元计价的黄金资产价格固然能够暴涨，相应地使纸币负债压力大幅减轻。但问题在于，美元剧烈贬值所造成的全球恶性通货膨胀，将会从根本上颠覆美元的信用，谁还愿意继续持有美国债券和美元资产呢？失去了美元对全球资产的总动员能力，今天我们所熟悉的超级大国还能够存在吗？1948 年蒋介石搞金圆券改革，曾经使得国民党政府资产负债表中的黄金资产价格暴涨，但随着金圆券的滥发，人民拒绝接受纸币，在各地重新开始使用“袁大头”交易。纸币滥发所形成的超级通货膨胀，残酷掠夺了人民的财富，其后果是人们抛弃了金圆券，同时也抛弃了发行金圆券的国民党政府。国民党退往台湾和当年约翰·劳逃出巴黎时一样，他们带走的不是印刷精美的纸币，而是沉甸甸的黄金和白银。用黄金暴涨来平衡美元负债，将是最后的疯狂之举，它带来的绝不是美元的稳定，而恰恰是美元的覆灭。①

在政府扩张性货币政策的驱动下，通货膨胀成为一种生活方式。可一旦公众对政府的法定货币失去了信心，简单的通货膨胀就会演变成为突发的恶性通货膨胀，货币制度的崩溃不过是个时间问题。美国国会众议院货币政策小组的主席荣·保罗（2011）强烈谴责美联储膨胀性的货币政策，正是这种政策导致了商品价格的一路飙升，决策者却最晚感受到通货膨胀后果并得益于通货膨胀。决策者仅仅钟情于繁荣的假象，沉醉于增长的海市蜃楼，因此他认为必须对美联储的行为严加约束。从荣·保罗最近出版的《金本位的世界》这本书中可以感受到同样的愤慨和批判，他在书中深刻而生动地描述了大众司空见惯

---

① 宋鸿兵．货币战争Ⅲ：金融高边疆［M］．北京：中华工商联合出版社有限公司，2011：第 264－265 页。

却熟视无睹的货币幻觉；一针见血地揭示了当今法定纸币本位的弊端和混乱；抨击了政要与美联储肆意妄为的货币政策。他认为出现过的货币本位中，金本位无疑是最可信赖和持久的。[①]

艾伦·格林斯潘在《动荡的世界》一书中写道："在维持一个半世纪的价格稳定（美元可以按固定价兑换黄金和白银）之后，不可兑现货币的通货膨胀现象开始出现。1933—2008 年，美国劳工统计局公布的消费物价指数上涨了 14 倍还多，年均涨幅约为 3.4%。其他大部分发达国家也在 30 年代放弃了金本位制，出现了与美国类似的通货膨胀经济。各国中央银行因此也放弃了控制货币供应量以及价格水平的职责。当时的大多数经济学家都赞同，适度的通货膨胀有助于提高实际 GDP 的增长率。与之相应的是，中央银行家们把自己的目标调整为降低通货膨胀率，而非保持价格稳定，这样的政策自然导致价格不断上涨。不管是古代社会还是现代社会，黄金和白银都被普遍接受为支付手段。人们认为它们具有内在价值，而且与其他所有货币形式不同的是，它们并不需要由第三方提供更多的信用担保。这些贵金属在人类社会中的地位一直令我着迷""美国的中央银行官员们试图在 2008 年危机后推高通货膨胀率，这种壮举几乎史无前例。我能回忆起来的唯一类似情形发生在 20 世纪 30 年代：1933 年，美国放弃了金本位制，因为这个制度在当时看似抑制了一般物价水平，并且阻碍了经济从大萧条中复苏。更重要的是，黄金数量有限的本性不能支持福利国家政

---

① 秦凤鸣．黄金再货币化与金本位原则的复归［J］．中国金融，2012（09）：第 46 - 49 页。

策所需要的财政灵活性。”①

三、艾伦·格林斯潘黄金理论的现实意义

在艾伦·格林斯潘所著书籍及发表的文章中，他深刻阐述了金本位的本质、优势及缺陷，这有助于我们了解黄金维持经济稳定的作用机制以及福利国家拥护者反对金本位的根本原因。在这些著作中，艾伦·格林斯潘是持支持金本位的观点的。艾伦·格林斯潘的黄金理论所支持的金本位制具有以下现实意义：

第一，金本位制可以抑制通货膨胀，维持汇率及物价稳定，遏制政府赤字。在金本位制下，主权国家如果要增加货币发行数量，就要严格受当局黄金储备的制约，除非发生战争或黄金储备量急剧减少才能导致持续一段时间的通货膨胀。由于发行货币要以黄金储备为基础，并且央行承诺可以以固定价格兑换黄金，② 因此，政府无法利用通货膨胀来减轻需要偿还的债务，这样就遏制了政府赤字。而且发达国家也没有办法通过发行货币在国际上剥削其他国家。

第二，金本位作为完备的价值尺度，有助于协调各国经济政策，利于各国长期合作。在金本位制度下，各国商品直接与黄金挂钩，以黄金表示商品的价值。而各国货币也与黄金挂钩，各国货币之间比值一定，所以所有物品在全世界范围内的价值都是一致而且恒定的，不会因为所在国的不同而不同。而且，一国货币对内价值与对外价值一致，避免了在现行国际货币制度下商品价值不统一而带来的麻烦。实

---

① 艾伦·格林斯潘．动荡的世界：风险、人性与未来的前景［M］．北京：中信出版社，2014：第221-222页。

② 朱祁．我们为什么怀念金本位制［N］．文汇报，2011-08-29。

行金本位制的国家，把对外平衡也就是国际收支平衡和汇率稳定作为经济政策的首要目标，而把国内平衡也就是物价、就业和国民收入的稳定增长放在次要地位，服从对外平衡的需要，因而国际金本位制也使主要国家有可能协调其经济政策，实行国际合作。金本位制抑制世界性的通货膨胀，使各国物价稳定。同时，各国汇率也极少发生变动，减少了汇率风险。这就使得各国间的长期投资与合作成为可能，降低了投资与合作的风险与成本。总之，在金本位制度下，由于各国通货均以黄金为基础，黄金充分发挥世界货币的作用，加强了互相之间的经济联系，维持外汇市场的稳定，保障对外贸易与对外信贷的安全，从而为世界经济的发展创造了有利条件。①

综上所述，国际金本位制度可以克服现行货币制度下的各种缺陷：以黄金作为储备货币，能克服对美元的高度依赖及多元化储备体系的不稳定性，废除储备发行国的“铸币税”特权。以黄金输出输入点为上下限的稳定汇率，可以避免长期浮动汇率制度下汇价频繁变动，有利于国际贸易、世界经济的发展。

金本位制意味着经济自由，各国相互信任，世界经济平稳发展。在金本位制下，各国币值、汇率相对稳定，商品的自由流动降低了商业活动的不确定性，黄金自由铸造、自由交易、自由进出口，使国际货币形成成为可能。虽然现在重返金本位不太可能，但金本位倡导的经济自由、各国相互信任、公民和政府自觉遵守契约、纸币与黄金挂钩、纸币发行和交易严格按照规定执行，都是值

---

① 卫青．论国际货币体系改革——对重构国际金本位制的思考［D］．南京理工大学硕士论文，2002：第 30 - 33 页。

得肯定的。①

四、艾伦·格林斯潘黄金理论的局限性

艾伦·格林斯潘在 2014 年 10 月 29 日美联储公开市场委员会宣布结束量化宽松政策 QE 时，在外交关系委员会上发言称，考虑黄金作为各国政府所执行政策之外的货币这样一种价值，在当前状态下，黄金是保值和进行长期投资的好选择。在 1966 年发表的《黄金与自由经济》一文中，艾伦·格林斯潘也认为黄金具有保值和稳定性。但美联储 2014 年 10 月的 FOMC 会议结束了 QE，显现出对美国经济的乐观，并发出升息会提早到来的信号，使得金价大跌，这与艾伦·格林斯潘认为的黄金是保值和进行长期投资的好选择的观点是相悖的，体现出其理论的局限性。

虽然艾伦·格林斯潘的黄金理论是支持金本位的，但金本位也存在以下局限性：

第一，金本位使宏观调控政策失灵。这篇文章是艾伦·格林斯潘在 1966 年写作的，那时他已经 40 岁了，人生观、世界观、价值观早已定型。然而当他成为美联储主席，却长时间实行宽松的货币政策，导致美元泛滥，最终爆发金融海啸。艾伦·格林斯潘精准的数据掌握能力和对宏观经济的测算能力从 1967 年他能提前 6 个月就成功预测到 1968 年的经济危机就可以看出来，他也许不是真的对房地产泡沫膨胀视而不见，也不是真的无法预测次贷危机，《货币战争》系列丛书的作者宋鸿兵称："也许艾伦·格林斯潘在有意识地摧毁美元的价值，捣毁

① 祝合良．全球为什么关注黄金［N］．光明日报，2013－09－18。

美元的信用，摧毁美元的生存基础。因为美元崩溃绝不意味着美国崩溃，相反，在赖掉所有美元债务后，美元反而得以轻装上阵。在拥有强大的军事力量、科技创新能力和丰富的资源基础之上，美国通过‘破产保护’，彻底摆脱债务纠缠，更改世界货币游戏规则。最终，美国将拿出它压箱底的8 100多吨黄金储备和3 400吨IMF的黄金，此时，美国为了‘拯救货币信用’，不得不将‘新货币’与黄金挂钩，以取信于天下。当然世界上缺少黄金储备的国家将是最大的输家。届时，美元失去的不过是一条‘债务的锁链’，而得到的将是一个金光灿烂的全新世界。”① 在次贷危机引发信贷市场流动性紧张的背景下，复辟金本位很有风险。因为在金本位制下，宏观调控的货币政策几乎无计可施，本来可以纠正市场失灵的“看得见的手”此时无法对市场进行纠正和调整。而且经济危机下，为了维持金本位而做出的努力很有可能加深危机。当一个国家陷入金融困境之时，国际资本出于避险的需要往往大幅撤出该国，这时为了维持金本位，这个国家就要提高该国利率吸引国外资金流入该国以平衡国际收支，但提高利率的紧缩货币政策对在金融危机下信贷市场流动十分紧张的该国来说无疑是雪上加霜。弗里德曼认为，大萧条之所以持续43个月之久，很大一部分原因就在于Roy A. Young维持金本位的行动加剧了通货紧缩。因此说金本位与宏观调控的内在冲突使得金本位在当今时代具有局限性。从这里可以看出，金本位制度要求货币与黄金挂钩，不利于美国等国家发行货币甩掉债务链，也不利于福利制国家通过赤字达到各种各样的目的。在这种情况下，决策者无法通过制定货币政策来过多干预经济。

---

① 宋鸿兵．货币战争Ⅱ：金权天下［M］．北京：中信出版社，2012：第306－308页。

第二，黄金总量“有限性”的预期与发挥货币职能所要求的“无限性”存在矛盾。虽然就像“哪怕只有一盎司黄金，金本位也能运转”所说的一样，金本位和黄金之间并不完全对等，但事实上，问题的关键不在于黄金数量的多少，而在于人们对黄金存量有限性的预期，是预期制约着金本位的正常运转。因为世界经济发展空间及其对货币的需求是无限的，但是黄金的存量是有限的，人们明白两者之间存在的冲突，因此金本位货币体系就不能给人们带来安全感，一旦有风吹草动，人们就会争先恐后的挤兑黄金，让有限的黄金落入自己的口袋中才会安心。这种黄金的有限性与世界经济运行所需货币的无限性之间的矛盾使得金本位难以稳定维持。

历史经验和理论研究表明，金本位运行的稳健与否取决于其制度性基本规则是否得到普遍认同、贯彻和执行，即黄金的“自由兑换、自由铸造和自由流动”。在现在和可预知的未来，这一规则很难再被严格遵守。宏观经济分析师程实认为：①黄金真实价值的存在对规则本身就是巨大的挑战。由于黄金等同于财富，流入相对于流出更容易受到青睐，一旦某些经济体具有左右资本流动、抑制黄金流出的非常手段或是霸权力量，那么“自由流动的规则将被违反”，制度平稳运行的基础将遭到破坏。事实证明，这种财富激励导致的违规行为难以避免，Obstfeld 的经典论文显示，在 1885—1913 年，强大的英、德、法都通过大量经常项目顺差从世界范围内吸收黄金，其顺差占 GDP 的比重分别高达4.6%、1.6%、2.6%。②信心缺乏背景下的博弈将使规则难以被整体严格遵守。历史比较显示，古典金本位时代之所以比后来的金汇兑本位时代更加平稳，很大程度上是因为前一阶段市场对金本位的信心远比后一阶段强，而信心会促使不同经济体不约而同地遵守规则，

平等承担起干预外汇、维护整个体系安全的责任。在信用体系如此健全的现在，很难想象市场会对金本位保有如同100多年前的普遍信心，在个体理性的趋势下，每个经济体都有可能选择“搭便车”而不主动遵守规则。[①] ③由于现有黄金储备数量不同，金本位给不同经济体带来的潜在激励也相去甚远。根据IMF的数据，黄金的地理分布很不均匀，美国和欧元区分别占有全球30.8%及41.3%的黄金，其他经济体总共不及30%，欧美有可能借由高比例的储备在金本位复辟过程中获得货币霸权，由此触发的全球利益再分配势必难以得到广泛认同。

总之，金本位有效运行依靠的基本规则不可能被普遍遵守，制度性缺陷使得金本位难以回归。

参考文献

［1］ Alan Greenspan. The Age of Turbulence：Adventures in a New World［M］. Penguin Press HC，2007：481.

［2］艾伦·格林斯潘．黄金与经济自由［M］//资本主义——未知的理想．1966.

［3］艾伦·格林斯潘．动荡的世界：风险、人性与未来的前景［M］．北京：中信出版社，2014：175.

［4］宋鸿兵．《货币战争Ⅲ：金融高边疆》［M］．北京：中华工商联合出版社有限公司，2011：264－265.

① 程实．回归金本位已失去客观条件［N］．上海证券报，2008－12－19。

[5] 理查德·坎蒂隆．商业性质概论［M］．北京：商务印书馆，2009：2－5.

[6] 高茹琨．聚焦中国黄金市场20年［M］．北京：中国经济出版社，2013：305－306.

[7] 祝合良，刘山恩．中国黄金市场十年回顾与展望［M］．北京：九州出版社，2013：246－247.

[8] 刘山恩．黄金“战争溢价”聚焦［J］．中国宝石，2003（02）：43－45.

[9] 祝合良．全球为什么关注黄金［N］．光明日报，2013－09－18.

[10] 秦凤鸣．黄金再货币化与金本位原则的复归［J］．中国金融，2012（09）：46.

[11] 朱祁．我们为什么怀念金本位制［N］．文汇报，2011－08－29.

[12] 卫青．论国际货币体系改革——对重构国际金本位制的思考［D］．南京理工大学硕士论文，2002：30－33.

[13] 宋鸿兵．货币战争Ⅱ：金权天下［M］．北京：中信出版社，2012：306－308.

[14] 程实．回归金本位已失去客观条件［N］．上海证券报，2008－12－19.

第十章　彼得·L. 伯恩斯坦论黄金

一、彼得·L. 伯恩斯坦简介

彼得·L. 伯恩斯坦（Peter L. Bernstein，1919—2009），美国著名金融史学家，彼得·L. 伯恩斯坦公司的创始人及总裁，是《投资组合管理期刊》的创办者，为全球范围内的机构投资者提供咨询服务。

彼得·L. 伯恩斯坦出生于纽约一个中产阶级家庭，从事金融工作的父亲促成了他就读哈佛大学时由政治学转向经济学。同样也是在哈佛，他师从著名经济学家约瑟夫·熊彼特，以极优异的成绩取得了经济学学士学位，借此取得了联邦银行纽约分行一个研究员职位。

二战结束后，彼得·L. 伯恩斯坦重新回到了金融界。1951 年，父亲去世，彼得·L. 伯恩斯坦在家人和朋友的帮助下，接管了父亲创办的投资管理公司。“我们当时的工作并不是以追求投资业绩为核心，而是给客户提供一种关怀备至的商业服务”，在彼得·L. 伯恩斯坦看来：“一旦人们告诉你他们拥有多少财产，其实已经把生活中最重要的事情都告诉你了。”

尽管彼得·L. 伯恩斯坦注重为客户提供全方面理财服务的策略看起来似乎不够激进，但这并不影响该公司的蒸蒸日上，在他的带领下公司的资产增值了十余倍。

然而彼得·L. 伯恩斯坦似乎对学术问题更感兴趣，在大多数投资同行对学术理论持藐视态度的时候，他总是乐于向那些思想泰斗请教，他创办了《投资组合管理期刊》，打造了一个学界、投资界与投资者共同探讨的平台，深入研究风险与回报的关系。

长期的投资管理实践工作，不仅磨砺了他将金融各领域理论与实务对接的能力，而且反过来使他有别于其他一些学院派专家、观察家，可以“用事实说话”，一一验证学说、理论、数学模型。他将学院里那些高深晦涩的金融模型发展提炼为后来广为流传的有效市场理论，并将这一理论落实为可操作的投资策略，改变了华尔街的投资行为模式，成为现代投资管理的一个里程碑。

彼得·L. 伯恩斯坦也是投资界的学术派，是人所共知的“最棒的写手”，除了创办《投资组合管理期刊》，彼得·L. 伯恩斯坦一生的著作颇多，而且令人惊叹并尤为敬佩的是，几乎他所有重要的著作都是在 70 岁之后完成的。《与天为敌——风险探索传奇》被奉为风险管理的经典著作，此外《金融简史》《华尔街上的经济学家》《繁荣的代价》等著作也广为流传。

二、彼得·L. 伯恩斯坦眼中的黄金

托马斯·莫尔爵士在其所著的《乌托邦》一书中写道：“乌托邦人非常惊讶地闻知黄金这种本身并没有什么价值的东西，却到处为人所崇拜。黄金是由人类发掘和制造的，其价值也是由人类设定的，而人类与之相比，为何却又那么微不足道呢?”

彼得·L. 伯恩斯坦在《黄金简史》的开篇便引用《乌托邦》中对黄金的一段叙述，似乎暗示了自己对于黄金的观点。

人们对于黄金的迷恋、贪婪源于黄金本身的属性。黄金的可塑性

极强，人们可以随心所欲地将其锻造为各种形状的物品以满足自己的需要。黄金的光泽永恒不变，人们可以将其敷之于任何物体以显示其权贵。尽管黄金使人产生了难以言尽的迷恋和困扰，但究其本质，黄金却是极为单纯的。

在纷繁复杂的现代经济社会，黄金又在扮演着什么样的角色呢？在全球经济日益被各国中央银行和各类国际机构把持的态势下，黄金是否还具有重要的作用？只有时间能够告诉我们。黄金作为货币储备已经无效或被湮没，但是有一件事情是确凿无疑的：贪婪与恐惧的动因，以及对权力和美貌的渴求，驱使着有关黄金的各种故事经久不衰。因此，“关于我们时代的许多黄金的故事，有如源出古时的传说：从可怜的、为黄金所淹没的迈达斯国王，到每年将与其体重相等的黄金拿去送人的阿里·汉；从斯基泰人华丽灿烂的黄金装饰，到南美洲阴冷潮湿的淘金矿井；从犹太人围之起舞的小金牛，到纽约联邦储备银行的地下金库；从孟加拉的街市，到伦敦的金融市场……让人们一边感受着黄金在各种历史时期角色的变换，一边慨叹着人类的睿智和命运，似乎永远超越不了黄金的不朽光芒。”[①] 作为贵金属，黄金见证了从古至今人们经久不衰的贪婪与恐惧、迷恋与困扰。

（一）黄金险中求胜

在《圣经》中，有400多处提及黄金，这足以说明黄金在当时的丰裕程度和崇高地位。困顿的约伯（Job）宣称：“我若以黄金为指望，对纯金说，‘你是我的倚靠’。”犹太国家的创立者亚伯拉罕（Abraham）在《圣经·创世纪》第13章被描绘为“富有家畜、白银和黄金”，特

① 彼得·L. 伯恩斯坦．黄金简史［M］．上海：上海财经大学出版社，2013：第4页。

为前去迎接丽贝卡（Rebecca）的仆人提供了黄金器皿，包括黄金鼻饰。除了《圣经》中的记载，在各种史料中也时常出现关于黄金的记载，纵观人类历史，无论是欧洲、亚洲还是非洲，也无论文明出现的早晚，人类几乎都不约而同地把黄金放在了显赫的地位。古代的王公贵族使用黄金来制作熠熠生辉的装饰品，教会用黄金宣扬教会的权威，国王用黄金显示自己的威严与特权……

黄金以其永恒的光泽和稀缺的属性以及人们对它的偏爱，从人类历史的早期一直到现在都被作为饰品与货币的绝佳选择。

古代欧洲拜占庭帝国的历史，就是一部以黄金为焦点的历史——黄金不仅作为货币，并且作为至高无上的财富得以宣扬。所有博斯普鲁斯海峡沿岸迷宫般的宫殿均以大量的黄金和稀世珍宝装饰。查士丁尼为了超越所罗门，将继承的30万镑黄金用于修建圣索菲亚教堂。拜占庭帝国的西奥菲雷斯皇帝通过用黄金建造的大树遮蔽他的金质御座，将炫耀浮夸之风发挥到了极致，大树和御座上装饰有金鸟、金狮、金质的狮身鹫首怪兽，当有客人来访时，这些金质的雄狮就会摆动它们的尾巴，发出低沉的怒吼声，金质的鸟儿则会清脆啼鸣以示欢迎，这些都是挥霍黄金以彰显权力的事例。这一时期，黄金制品种类繁多，为此，君士坦丁堡需要从全欧洲（尤其是意大利）寻觅制作黄金的能工巧匠。① 在绘画、雕刻、建筑成为主流艺术形式之前，金匠是中世纪欧洲最为主要的艺术家，这也成就了拜占庭风格中世纪早期的最高艺术成就。

然而，黄金的装饰仅仅是一种表象，在这一表象背后，意味着帝

---

① 彼得·L. 伯恩斯坦. 黄金简史［M］. 上海：上海财经大学出版社，2013：第4页。

王们集聚和贮藏了大量的金币与金条。黄金是皇帝们在幅员辽阔的版图内残酷、高压地维持帝国统一的关键性工具。金光灿灿的金币，也为帝国的进口贸易、军事机器以及与其他国家联盟提供了支持。统治者们常年四处征战，黄金被用来支付军队的薪饷。有些国家则用黄金收买潜在的侵略者、贿赂欧洲的盟国为其提供保护，来牵制他们所面临的敌人。

（二）黄金是货币

对于金币出现的原因，我们应该看到黄金与权力之间的联系，这种联系使之在商业交易中履行着货币的职能，支撑着商业的发展乃至人类文明的进步。货币服务于文化，同时也反映了文化的基本价值，这也是黄金之所以亘古以来就作为货币形式出现的最佳解释。具备价值，并非是某种物质可以充当货币的充分条件，许多物质具有价值但并不能充当货币。事实上，许多货币的有效形式是从某种物质其他方面发展起来的。例如：牛和奴隶本身是用来劳作的，而在英国早期，牛和奴隶被充当货币，其价值由法律确定；在第二次世界大战结束后的早期阶段，香烟在德国被当作货币来使用。黄金作为贵金属，因为质地太软，并没有使用价值，但是，黄金充当货币具有很明显的优势：黄金便于贮藏，不易被腐蚀；每一块黄金无论大小，质地均匀，易于分割；价值高，每一块黄金的价值仅以其重量和纯度区分……这些属性难以在其他物质上体现。

黄金在成为货币之前就成为贮藏财富的手段。如同其他物质被作为财富储藏一样，黄金在古代就是一种被渴望占有的东西、一种权利的炫耀、一种激起敌人或下层人嫉妒的财富。当黄金作为货币时，情况就变得有所不同，“人们消费或出借钱财，必须理性冷静、精于算计、极为精确并附有策略性。”[①] 同时，出于对财富的渴望，人们会费劲心思地获取黄金来交换货物，交往与流动更为日常化。另外，为了达到公平交易的目的，度量衡也必须被精确地定义。

因此从黄金作为货币的那一刻起，其意义不仅胜过了饰物的功用，也胜过了黄金自身。从这一点再向前推进一步，那就是黄金不仅仅是权利、等级的体现。无论黄金是通过贸易赚取来的，还是掠夺来的，或者是在河流、山峦之间发掘来的，新增的黄金储量都会激起人们高度的兴奋，因为获取黄金就意味着踏上了通往金钱、权力之巅的捷径。[②]

商业和贸易离不开金钱，从零开始创建一种新的货币体系并非是一项简单的事情。只有当某一种物质具备所有人都能接受和使用的特质时，它才具备成为货币的资格。所有货币都演变成为硬币——都以黄金、白银、铸币来表现——是一个十分复杂的过程。因为黄金与白银的供给是由自然界而不是使用它们的人们决定的。矿山资源会消耗殆尽；国家会由于劫掠而得到或失去金银；当贸易不平衡的时候，金银也会发生变动；欧洲中世纪政治、经济的动荡不安使人们普遍偏向贮藏金银铸币而不是消耗。这些因素都阻碍了货币体系的建立。然而，尽管存在这些困扰因素，在缺乏理论和历史经验的指导下，大约在公元1 000年之前，中世纪的君主和他的臣民还是成功地发明并推进了他们的货币体系，这种货币体系已经演化成为我们当今的金融世界。在这些体系中，没有一个能够运行很长时间而不遭到瓦解。

---

① 彼得·L. 伯恩斯坦. 黄金简史［M］. 上海：上海财经大学出版社，2013：第153页。

② 彼得·L. 伯恩斯坦. 黄金简史［M］. 上海：上海财经大学出版社，2013：第235页。

（三）对黄金的神圣渴望推动了人类发现新世界的进程

14 世纪的葡萄牙地狭人少，加之动荡和货币贬值，摧毁了葡萄牙的乡绅阶层，从而促使这些没落者去海外拓展事业，获取新财富。葡萄牙著名的航海家亨利王子为航海事业付出了极大的努力。黄金是葡萄牙人海外探险的主要目标之一，他们试图通过海路，将产自非洲的黄金矿藏运抵葡萄牙，这就可以省掉通过骆驼穿越撒哈拉沙漠再到地中海北部贸易这样一系列冗长且成本高昂的行程，从而不经过其他欧洲国家。他们通过精细的计算，得出海路更加廉价的结论。我们可以做个简单的计算：一头素质优良的骆驼每天能够承载 120～200 千克的货物，每天负重行走 8～12 小时，每小时行程为 2.5～5 英里。按照均值来计算，如果一头骆驼承载 160 千克货物，每天负重 10 小时，每小时行程为 3.5 英里，那么骆驼每日的行程为 35 英里。从地中海沿岸的摩洛哥到非洲的黄金矿区，相距大约为 2 000 英里，需要骆驼走 35 天的时间。在旅途结束后，骆驼还需要另外一些时间来恢复体力。如果一支商队装备有 1 000 头骆驼，每头骆驼负重 160 千克，那将能够运载 160 吨贵金属，一个人在同一时间内通常可以照料 4 头骆驼，那么平均每人的运量为 0.7 吨左右。[①] 而一艘船在海上航行的速度大约是骆驼行进速度的 60%，但是船能够每天 24 小时行进，结果，海船一天能够稳定航行的距离是骆驼的两倍以上，根据船舶的大小和所需人数的不同，一个船员的运量为 3～14 吨。可见，海船可以大大提高运输效率。

葡萄牙人通过征服大海，使非洲和葡萄牙之间的奴隶、靛青、白糖贸易快速增长，黄金等贵金属也开始流向葡萄牙。但是，贪婪的葡

① 彼得·L. 伯恩斯坦. 黄金简史［M］. 上海：上海财经大学出版社，2013：第 245 页。

萄牙人的欲望不仅于此，他们深信，沿着西部非洲海岸而下，一定能够发现“黄金河流”。尽管探险的过程充满危险，但黄金是如此的诱人，以至于没有什么可以阻止人们前进的步伐。葡萄牙人的所到之处除了贩卖奴隶之外，还与当地人进行贸易。到了 15 世纪 70 年代，葡萄牙人在西非建立了名为圣·何塞·德·麦纳的贸易据点，他们向土著人交易食盐、披肩、长袍、衣料、帆布、铜制的水壶或平底锅、珊瑚、红贝克和白酒，以此换回黄金。到了 16 世纪早期，大约每年有 700 千克的黄金从非洲输入葡萄牙，而当时整个欧洲的黄金产量不超过 4 吨，葡萄牙的产量则为零。①

出于对财富的追求，西班牙、英国、荷兰等国也很快加入海洋探险、开辟新殖民地的行列中，这才有了我们耳熟能详的巴尔托洛梅乌·迪亚士、达·伽马、克里斯托弗·哥伦布这样的大航海家出现。16 世纪，新大陆的大量黄金、白银源源不断地横跨大西洋，运抵欧洲。根据权威统计，在 16 世纪末，欧洲存储的黄金、白银数量是 1492 年的近 5 倍。金银的数量如此之大，以至于武装运送这些财富到欧洲的船只平均为 60 艘，16 世纪，每一艘船载货量为 200 吨，到了 17 世纪，较大型的海船载货量达到了 400 吨，这也从侧面推动了欧洲造船技术和航海技术的提高。

在 16 世纪中叶，有些人会认为西班牙、葡萄牙由于拥有大量的财富而成为欧洲最为富有的国家，但事实并非如此，一旦黄金滚滚而来，西班牙人便倾向于消费而非生产。在 16 世纪，从西班牙输往殖民地的 5/6 的货物产自其他国家。16 世纪晚期，西班牙的议会宣称：“黄金输

① 彼得·L. 伯恩斯坦. 黄金简史［M］. 上海：上海财经大学出版社，2013：第 250 页。

入的越多，西班牙王国得到的就越少……虽然我们王国应该是世界上最为富有的国家……但现实中确是最穷困的国家。因为我们国家仅仅是（黄金和白银）流入到我们敌对的君主制国家的一座桥梁。”西班牙人未能将黄金白银转变为生产性的财富，对其社会的发展也毫无裨益，他们用这些贵金属购买他国的产品，数额之大致使其债台高筑。如此多的黄金白银成了逐渐蚕食西班牙的毒药，使人们满足于安逸的生活却忘记了耕田、牧场、渔业这些维持生计的必需品。

从美洲输入的大量黄金加上新发现的金矿所产的黄金，以及东欧特别是匈牙利采矿技术的提高，导致 16 世纪欧洲的黄金供给快速提高。大量的黄金白银导致了欧洲的通货膨胀，然而，黄金白银的价值发生了怎样的变化呢？虽然黄金的价格在 17 世纪的物价革命[①]中与其他物品一样上涨，但是，黄金的价格涨幅要小一些。亚当·斯密对于这种现象提出了自己观点，他认为每一个国家的商品数量都会参照市场所愿意承受的需求量而进行调节，没有一种商品会比黄金或者白银的调节“更加容易或更为精确”。因为金银的价值高而体积小，这使得它们从一个价格低的地方运转到一个价格高的地方非常容易。这种物理上的属性解释了为何黄金的价格比其他商品的价格更为稳定。因此，“当输入任何一个国家的金银数量超过了有效需求的时候，无论政府如何警觉，都无法阻止它们的外流。西班牙和葡萄牙残酷的法律也不能将金银留在国内。来自秘鲁和巴西源源不断的黄金……使这两个国家

① 物价革命（The Price of Revolution）是指 15 世纪地理大发现后，西班牙人入侵美洲，破坏了美洲印第安人的印加和阿兹特克（阿特兰大）文明，并且掠夺大量（主要是黄金白银）贵重金属输入欧洲，但是各项物资并未增加，加之人口增加，以致商品农产品产量不足，物价急剧上涨，尤其是粮食价格。

的金银价格低于周边的国家。”①

（四）纸币的出现是货币概念变化的必然

历史上大多数时期，黄金作为货币的主要竞争对手是白银。但是到了16世纪末期，纸币成了这两种贵金属的竞争对手，当时的纸币由私人而非政府发行，且是债务凭证。

在中世纪初期，人们居住相对比较分散，没有银行或是超市可以方便人们的日常生活，商品交易会因此逐渐发展成了一种必要的商业形式。除了物物交换，商品的单向购买也成为可能，因为此时已经出现了为之服务的融资渠道。15世纪的许多商品交易会上的摊位被货币兑换商所占有。在西班牙的商品交易会上，交易是通过以不同国家的货币开具的本票（也被称为汇票）来进行的。下面我们以一个简单的例子说明汇票是怎样运作的。现在有两项交易发生：意大利的A商人从法国C商人处购买羊毛，而法国的D商人从意大利的B商人那里购买了葡萄酒。但是，A商人并不需要直接向C商人付款，D商人也不需要直接向B商人付款。取而代之的是，B签发一张以D为付款人的汇票，并写明D欠B一笔葡萄酒钱；B将该汇票售予A，这意味着B从A那里获得了葡萄酒的货款。为了支付给C羊毛的货款，A将汇票售予C，C再将汇票转售给D，这意味着C从D那里得到了羊毛货款。于是，C和D都收回了货款，但向他们支付货款的并非是与之发生贸易关系的客户，即使这两项交易都超越了国境线，实际上并无真实的钱款在意大利和法国之间流动。② 这是一个极为简单的例子，但却揭示了

① 彼得·L. 伯恩斯坦. 黄金简史［M］. 上海：上海财经大学出版社，2013：第255页。
② 彼得·L. 伯恩斯坦. 黄金简史［M］. 上海：上海财经大学出版社，2013：第267页。

这一过程的本质所在，在现实生活中仅凭个人之力寻找国籍相同、方向相反、金额相等的交易非常困难，于是，为解决这样的问题，一个活跃的汇票交易市场建立起来了。例如，在1585年以阿姆斯特丹的商人和银行家为付款人的汇票，在安特卫普、科隆、里斯本、吕贝克、鲁昂等城市交易。

在这些市场，交易商经常充当银行家的角色，提前向商品供应商支付货款，然后再向商品购买商收取钱款。由于结算的是相互之间的差额，而不是结算总的价款，因此，这类汇票市场能够非常明显地减少人们对铸币的需求，从而平衡双边的贸易差额。商人们再也不用长途跋涉去收取他们的货款，若有需要，他们就去市中心的贸易点，那里的结算极有效率。结果，商品交易会的集中运作，吸引产生了越来越多的金融交易。也正因如此，造就了那个时代的大家族企业，例如，佛罗伦萨的美第奇家族、英国的罗斯柴尔德家族和巴林兄弟家族。

至此，货币的概念开始发生变化。传统的货币是政府发行的印有君主图案的金属铸币；现在，以信用工具形式出现的私人货币开始一同参与到商品流通循环中，充当交易的支付形式，并涉及商人和银行家。商品交易会上发生的交易越来越多地用汇票进行交易，并且外汇交易成为一种主要的业务。这些汇票可以被视为由个人签发的私人货币，但它不是一张以一定数额的金币或一定重量的黄金来表示货币的汇票，而采用一种记账单位来表示（例如美元或英镑），这些记账单位便于确定交易的规模、双方结算时使用地方货币的数量。

梳理了前述历史，我们会发现它们界定了黄金在今后欧洲和美国历史中的作用。随着时间的流逝，金币的流转越来越少，而金块只有在非常大宗的交易中才被使用。这并不意味着黄金不再为人所留恋或价值降低，但是，黄金在货币体系中所扮演的角色确实在发生变化。

简要回顾一下英国的货币体系，我们会发现，英国的官方和私人货币一起流通，并彼此强化其作为货币的地位。政府的货币是铸币，大多数是几尼金币，也有银币和面额较小的代用货币。在1797年危机发生的100多年前，私人铸币已经开始在大型交易中替代铸币。出于安全保管的角度考虑，许多拥有金币的人会将金币放在金匠处，然后收取一张可以兑换黄金的收条，这种收条可以作为支付工具，根据需要兑换成黄金。18世纪，银行业以飞快的速度得到发展。银行向客户提供贷款时经常采用期票的形式。这些期票有着各种面值，采用凹凸印刷、带有水纹印记来杜绝伪造的赝品。人们手手相传，将这些期票视为货币。银行券作为货币，在商业贸易和公众间流通，同时也被其他银行持有，作为准备金以弥补黄金储备的不足。18世纪末，以支票和存款体现的货币形式占比不断增加，这与我们今天已经极为相似了。

这些变化并不意味着金币和金条因为公众间流通的减少而变得不再重要了。英国货币还是以其含金量来明确界定的，即使为了安全，几尼金币大部分保存在金匠处，或者保存在英格兰银行戒备森严的地窖中，但是，只要确信这些黄金存在那里，就能保证货币体系的正常运转。在当时，人们确信各种各样的私人纸币——汇票、期票、金匠收条，以及各家商业银行发行的遍布全国的银行券，都可以兑换成英格兰银行的银行券，而英格兰银行的银行券则能够兑换成黄金和金币。直到1797年英国遭到法国入侵，人们纷纷挤兑银行中的黄金，为了使公众树立信心，英国下议院颁布了《限制兑换法案》，这项法案同时也赋予英格兰银行的银行券在支付中“视同现金支付”的权利，这就使银行券与黄金之间的联系分割开来，随着黄金与纸币的脱钩，经济运

行就完全依赖于纸币。

随着技术的变革和现代社会的发展，经济增长的步伐超过了黄金储备增长率，且文明社会对于黄金储备的需求要远多于个人为防不测而储藏黄金的数量。在19世纪早期英国首先向金本位制方向迈进，金本位制的认可度不断提高，从而创造了巨大的黄金储备需求。这种需求来自于各国的中央银行，黄金储备是用来应对意外的巨大进口需求或者投资资本流向其他国家金融中心的主要手段。随着经济活动、国际贸易和投资的大规模扩张，黄金储备给予了国家行动的自由，并吸引新的资本进入国内。掌控黄金的国家享有很高的声誉，而流失黄金的国家会被视为深陷困境之中。

结果，黄金的巨大产出，只有极少一部分流向普通民众，它们中的绝大部分都流向了各国的金库，作为各国的储备。

（五）金本位制有利有弊

“从美国内战结束到第一次世界大战爆发的短短50年时间里，国际金本位制被笼罩着一种神秘的氛围，绝非用它对各成员国所要求的简明义务所能概括。”① 纵观历史，我们可以看到金本位制衍生出一套完整的宗教模式：共同的信仰、高级牧师、严格的行为规范、信条和信念。供这个宗教成员礼拜的祭坛是小心翼翼地堆砌在银行地窖中的金块；高级牧师是各国的货币当局；与大多数宗教一样，金本位制对于那些胆敢脱离约束的成员施行严苛的惩罚，但它也允诺赦免那些迷途知返的成员。金本位制为它的信徒提供了一种慰藉，提供了一种集体感、自豪感和永恒感。

---

① 彼得·L. 伯恩斯坦. 黄金简史［M］. 上海：上海财经大学出版社，2013：第280页。

英国是金本位制的发起者或者说是发明者。尽管美国施行金银复本位制，但在1834年通过更改金银的比价关系建立起事实上的金本位制度，从而成为第一个紧跟英国步伐的国家。在66年后，金本位制确立了法律上的地位。1871年，法国在普法战争中战败，德国人利用法国的部分赔款开始实行金本位制。之后，法国通过限制银币的使用数量也开始了金本位制。1876年，意大利、比利时、瑞士以及斯堪的纳维亚国家和荷兰相继实行金本位制。在19世纪70年代末，世界主要国家中，只有中国和印度仍然坚持使用银本位制。

19世纪，黄金的声誉是如此的坚实，以至于白银作为货币的信誉和可受度持续下降，纸币、银行存款以及外汇仅仅被视为黄金的方便替代物，资产的可接受程度完全是由其兑换黄金的便利性决定的。"金本位制最为引人注目的特征就是，它将人类在最早期时对熠熠闪光贵金属的原始信赖，与第一次世界大战前生机勃勃的工业和金融发展背景下黄金由于其高度精准而运行良好这两个特征独具匠心地结合在一起。"① 金本位制下，官方公布的黄金比值关系是神圣不可侵犯的，只要黄金平价不变，美元或者法郎就会如同英镑那样在伦敦受到欢迎，马克或者卢布就会如同法郎那样在巴黎受到热捧。诺贝尔经济学奖得主罗伯特·蒙代尔简洁地描述了这一制度："货币仅仅是一定重量黄金的名称。"

但是，自从1914年第一次世界大战爆发后，这种完美结合就不再有了。即便当时金本位制依旧势力强大，但在各国社会、经济、政治崩溃的情况下，金本位制已经陈腐不堪了。为了恢复金本位制，几乎

① 彼得·L. 伯恩斯坦. 黄金简史［M］. 上海：上海财经大学出版社，2013：第316页。

每一个国家都在冒特殊的政治风险，但没有人敢公然提出对金本位制的挑战。

金本位制度的有利方面和不利方面相互交织，导致了这种体系的复杂动态性。有利的方面在于，支撑货币的许多优势是为人所普遍接受的，当陷入困境时，货币持有者仍然愿意持有货币。例如当时人们宁愿持有英镑而不愿持有本国货币，如同今天的人们使用美元一样。英国人是这种制度安排的受益者，因为英格兰银行仅靠较少的黄金储备就可以运转。不利的方面体现为，货币的可接受性若遭到破坏，将会使一个国家陷入危机，接踵而来的则是投资者、商人、投机商的蜂拥而至，将手中的纸币兑换成银行储备的黄金，从而消耗国家宝贵的储备资源。

金本位制的泛滥与机缘、政治、地理以及黄金的物理属性有关，也同时促进了各类货币理论的兴起。

尽管黄金在生活中处处光芒四射、魅力无穷，并占据着非常显赫的地位，但直到 19 世纪中叶，白银仍是货币的主要载体。与 17 世纪晚期金币被偷锉的悲催境遇恰恰相反，供给充沛的优质银币在小额交易中被广泛使用，大宗交易以及为流动性提供储备的仍然是黄金。李嘉图和洛克都主张采用一种金属而非两种金属作为货币的基准，大卫·李嘉图认为，白银体积所造成的不便，完全可以作为“全流通媒介”的替代品——纸币——所抵消。但是，黄金的价值高、体积小、运输成本低以及人们千百年来对其的追捧等优势，使得黄金在货币中依旧占据优势。

金本位制在特定的经济和政治环境中是成功的，这种环境就是经济增长不断地舒缓政策错误所造成的困境，欧洲的估计债务负担没有超过可控水平，国际的合作充满友好和无私，没有苛刻的附加条件。巴里·艾肯格林是研究金本位制历史及其运行的最主要权威。他认为，金本位制成功最为关键的因素是其信用的可靠性，除非成员国改变黄金平价或者宣布本国货币与黄金脱钩。一个经济体货币与其他国家货币的固定汇率取决于该经济体国内经济受金本位制需求支配的程度。如果黄金储备外流，就不得不提高利率以吸引国外资金，但与此同时，国内经济必然会由于进口减少而受到抑制。如果一国国内经济稳定和就业率目标高于捍卫黄金储备的水平，那么该国货币体系的动荡就在所难免。本杰明·迪斯雷利告诉格拉斯哥的商人："将我们在商业上的优势和英国的繁荣归于金本位制是世间最大的错觉。我们实行的金本位制并非我们所取得的商业繁荣的原因，而是结果。"然而大多数人未能认识到迪斯雷利观点的正确性，而是深信金本位制创造了良好的商业环境。因此，这也成为欧洲人为何历尽艰辛也要坚持在1921年恢复金本位制，并将其维系至1971年的主要原因。

（六）黄金是最后的避险工具

千百年来黄金作为财富的象征、作为万能的货币以及作为最后的避险工具已经深入人心，人们在危机中更倾向于持有黄金而不是其他形式的货币。

在18世纪末期，由于政治的动荡、战乱和经济的不景气，私人货币的可信度受到挑战。与之相反，人们认为黄金是终极货币，无论是英国政府还是法国政府，黄金的价值都不会受到损害，人们永远接受黄金。18世纪末法国人入侵英国造成英国民众的恐慌，形成了兑取黄金的风潮。市民纷纷将手中的纸币（其中既有英格兰银行发行的纸币，

也有规模较小的银行发行的纸币）兑换成黄金，而此时银行回收的黄金量却极少。挤兑风潮使得英格兰银行每天以 10 万英镑的速度流失黄金，英格兰银行的黄金储备从 1794 年底的 700 万英镑衰减到 1795 年底的 500 万英镑，到了 1796 年底，英格兰银行的黄金储备仅余 200 万英镑。为了使公众树立信心，英国下议院颁布了《限制兑换法案》，这项法案同时也赋予英格兰银行的银行券在支付中“视同现金支付”的权利，使银行券与黄金之间的联系分割开来，经济运行完全依赖于纸币。这次英国发生的危机是市场第一次以纸币自由兑取金币和金条的方式发生的冲击，而纸币的自由兑换这一权利已经存在了一个多世纪。经过多年的积累，英格兰银行券已经“等同于黄金”。“英格兰银行发行的纸币，上面加盖公司的印鉴和大不列颠的徽记，比政府的契约更具可信度。”① 人们停止了向银行挤兑黄金，所有的交易仍然使用银行券。关于黄金继续作为货币体系的核心基础这一法则并未引发人们的争议。

1928—1929 年大萧条期间，黄金并没有在美联储遏制证券市场牛市的斗争中发挥作用。而在大萧条开始后不久，二战爆发，庞大的战争债务和理赔事项、英镑的高估与法郎的低估、商品价格的下跌、过度扩张的银行等一并爆发后，黄金不久就重返舞台的中央，从而强化了人们对于黄金的崇拜。2008 年金融危机中黄金价格从每盎司不到 800 美元飞涨到每盎司 1 900 多美元，也可看出黄金作为避险工具所受到的热捧。

① 彼得·L. 伯恩斯坦. 黄金简史［M］. 上海：上海财经大学出版社，2013：第 342 页。

三、彼得·L. 伯恩斯坦黄金理论的现实意义

千百年来，黄金激起了人们对于权利、荣耀、美丽、安定的追求以及不朽的欲望。黄金也成为贪婪的符号、一种虚荣的工具，以及货币标准的有利约束。除了黄金以外，没有什么物品能够在这么长时间内成为人们崇拜的对象。彼得·L. 伯恩斯坦在《黄金简史》一书的大幅描述中，我们可以看出黄金自从诞生之日起就似乎拥有了高贵的血统，它是和平时期权贵的象征、危机时期永恒的宝藏……黄金因为自己特殊的优势当之无愧地担负起流通工具的职能。

布雷顿森林体系瓦解后，黄金的货币功能基本退出历史舞台。当黄金失去既有的权势之后，便不再是各国中央银行关注的焦点，也不再是固定汇率和金融交易的中心。其实，历史上并不存在永恒的统治，斯塔特金币、拜占庭金币、第纳尔金币以及英镑，都没有在世界金融体系中占据永久的统治地位。那些相信黄金能够应对生活中不确定性的人们并不明白，黄金或者我们所选择的任何一种东西，其实是难以永久保持不朽的。黄金自身没有任何意义，储藏黄金并不能创造财富。黄金及其替代品只有在作为实现某种目的——诸如追求美丽、权力、地位——的手段时，才有意义。但是，我们并不能排除当美元或者欧元无法在世界范围内履行支付工具的职能时，黄金也许会再一次充当起终极货币的角色。因此，黄金是否就此成为过往云烟尚难定论。

参考文献

［1］彼得·L. 伯恩斯坦. 黄金简史［M］. 上海：上海财经大学出版社，2013.

［2］罗伯特·蒙代尔. 蒙代尔经济学文集（第六卷）：国际货币：过去、现在和未来［M］. 向松祚，译. 北京：中国金融出版社，2003.

第十一章　费迪南德·利普斯论黄金

一、费迪南德·利普斯简介

费迪南德·利普斯（Ferdinand Lips，1931—2005），简称利普斯，瑞士人，是黄金问题的权威专家，对于黄金的历史了解得非常透彻，多年来在黄金和黄金市场上建立了令人尊重的地位和卓越的成绩。

1987年，费迪南德·利普斯在苏黎世创建了自己的利普斯银行（Bank Lips AG），1998年，在将银行的股权售出后退休，之后费迪南德·利普斯一直活跃在银行、黄金和金融领域。他是多家公司的董事会成员，包括一些非洲黄金矿业公司。他也是纽约货币教育促进基金（Foundation for Advancement of Monetary Education）理事会的理事之一，也是黄金反垄断行动委员会的坚定支持者。

费迪南德·利普斯共著有三本书籍，分别是1981年的《投资手册》（Das Buch der Geldanlage），1991年的《金钱，黄金和事实》（Geld，Gold und die Wahrheit），以及2001年的《黄金战争》（Gold Wars），其中《黄金战争》是最广为人知的一部著作，德语版、日语版及中文版相继出版。在《黄金战争》一书中，费迪南德·利普斯以一个瑞士人的角度，凭借自己多年来对于黄金的研究，并通过众多银行家、经济学家以及政府工作人员的原话，向我们展示了从19世纪金本位制到现行的牙买加体系，黄金是如何一步步被逼出国际货币体系的舞台，向全世界看

不到这场战争的人讲述了黄金如何被暗算和颠覆，而货币法则的力量又如何让那些对黄金有所企图的人万劫不复。

2005 年 9 月费迪南德·利普斯在 GATA 第 21 次会议前去世，作为黄金反垄断行动委员会的长期支持者，费迪南德·利普斯一直是金本位的拥护者，在其看来，在纸币滥用及信用缺失的现行体系下，危机早晚都会爆发，而 2008 的全球金融危机也正好验证了他的论述。费迪南德·利普斯先生关于黄金的观点在今天看来都让人受益匪浅，值得我们深思与重视。

二、费迪南德·利普斯眼中的黄金

（一）19 世纪的金本位制体现了文明世界在货币上取得的最高成就

19 世纪的金本位制不是哪一次会议的结果，而是顺其自然发展而来的，是结合很多个世纪的实践和经验而出现的产品。它的发展是逐渐的，可以说是偶然的，凭借从过去的货币贬值中得出的逻辑和经验自行发展而来的。[①] 费迪南德·利普斯称 19 世纪的现代金本位制为天赋货币的黄金时代，这一时期的金本位制有如下特点：①金币可以自由铸造、自由熔化，具有无限法偿能力；②国家之间的汇率由它们各自货币的含金量之比决定，辅币和银行券可以自由兑换金币或等量黄金；③各国以黄金作为货币储备，使用黄金进行国际结算，黄金可以自由输出与输入。最早实行金本位制的是英国，费迪南德·利普斯根据有关资料认为，其实英国早在 1664 年就开始将黄金作为货币，共持

① 费迪南德·利普斯．货币战争——黄金篇［M］．马晓棠，译．北京：中信出版社，2009：第 4 页。

续了超过两个世纪（1797—1821 年英法战争期间有所中断），金本位制对大英帝国的崛起有着不可磨灭的作用，如果英国没有建立完善的货币体系，也不可能有那么辉煌的历史。①

费迪南德·利普斯以美国为实例，论述了金本位制在稳定物价上的作用。1800 年，美国的批发价格指数达到 102.2，这一数字在 1913 年又下降到 80.7，1879—1913 年这 34 年间，美国消费物价的浮动仅为 17%，平均的通货膨胀接近 0，平均每年的物价浮动是 1.3%。一战期间和一战之后美国的平均价格回调达到 6.2%，从第一次世界大战到布雷顿森林体系这段时间的平均价格回调达 5.6%，自从布雷顿森林体系以来，这个时期的平均价格回调是 6%。其他实行金本位制的国家，在实行期间，物价也相当稳定。② 见表 11－1 所示。

表 11－1

货币	时间	稳定阶段
法国法郎	1814—1914	100 年稳定阶段
荷兰盾	1816—1914	98 年
英镑先令	1821—1914	93 年
瑞士法郎	1850—1936	85 年
比利时法郎	1832—1914	82 年
瑞典克朗	1873—1931	58 年
德国马克	1875—1914	39 年
意大利里拉	1883—1914	31 年

① 费迪南德·利普斯．货币战争——黄金篇［M］．马晓棠，译．北京：中信出版社，2009：第 12 页。

② 费迪南德·利普斯．货币战争——黄金篇［M］．马晓棠，译．北京：中信出版社，2009：第 17 页。

在金本位制下，股票和债券市场可以健康稳定地发展。金本位制下，最重要的货币——黄金——长期处于稳定状态，这一稳定性非常有利于工业化，而且货币的稳定尤其有利于债券的发行，利息很低。股票市场的风险比债券市场高，所以收益也要高于债券市场，这一时期基于收入稳定、金融结构完善和流动资本充足，股票被看作存钱的工具，而现行股票市场流行的确是“博傻理论”。

费迪南德·利普斯认为只有在古典金本位制下，金融工具和市场才能令所有人满意，债权人、股东、债务人、最重要的存款人都能从中收益。只有执行诚实的货币政策，货币面额等同于实际价值，金融工具和金融市场的运行状态才能达到最佳。[①]

然而，1914年，第一次世界大战爆发，各国为了筹措资金，纷纷选择赤字财政以及发行纸币政策，金本位制就这样被抛弃了。费迪南德·利普斯深信放弃19世纪金本位制是人类历史上最大的悲哀，这一事件导致货币领域在近100年处于无主之地的状态，最终致使人类完全失去了自由。从那时起所有经济学家都戴上了眼罩，不过一旦一个人肯花时间研究历史上那些具有决定意义的事件，他就会发现货币本位制与道德标准紧密相关，它也决定着人类的命运。[②]

（二）黄金是世界经济和世界命运的支柱

1. 热那亚会议上确立的金汇兑本位制

第一次世界大战结束后，各国并没有恢复金本位制，因为恢复金

---

① 费迪南德·利普斯．货币战争——黄金篇［M］．马晓棠，译．北京：中信出版社，2009：第17－20页。

② 费迪南德·利普斯．货币战争——黄金篇［M］．马晓棠，译．北京：中信出版社，2009：第22页。

本位制必然导致货币贬值，尤其英国坚决反对恢复金本位制，认为这必然会弱化英镑在国际上强有力的地位。于是，在1922年的热那亚会议上，一种新的货币制度——金汇兑本位制产生了，其主要内容如下：①货币单位仍规定含金量；②国内不再流通金币，以国家发行的银行券代替金币流通；③银行券只能购买外汇，不能兑换金币，这些外汇只能在实行金本位制或金块本位制的国家兑换黄金；④本国货币同另一实行金本位制国家的货币保持固定的比价，并在该国存放大量外汇或黄金作为平准基金，以便随时干预外汇市场来稳定汇率；⑤主要金融中心仍旧维持其货币同黄金外汇（即可兑换黄金的货币）的可兑换性。热那亚会议之后，美国实行金币本位制，而英国和法国实行金块本位制，其他欧洲国家的货币均通过间接挂钩的形式实行了金汇兑本位制。在1925年，国际金汇兑本位制正式建立起来。

费迪南德·利普斯认为这一新的货币制度使一个巨大的造币和信用机器启动起来，它生产出的纸币面值远远超过实际购买力，通货膨胀严重，这些货币又大量流入房地产市场和股票市场，最终导致了1925年美国佛罗里达州的房地产危机和1929年华尔街股市崩盘，使世界经济陷入萧条期。1933年3月5日罗斯福总统宣布暂时关闭全美的银行，停止用黄金支付。同年3月10日，政府修订了相关贸易法案，为罗斯福的举措提供了法律保障，从此之后直到1975年持有黄金都属于非法，除非取得许可证或者用于商业目的，美国人不再允许用黄金作为货币价值标准，并将所有黄金储存单据上交政府，兑换相应的纸币。之后，在国会的授权下，总统又开始降低黄金的兑换价值。费迪南德·利普斯认为这是一场从民众手中榨取黄金的骗局。1934年1月30日，国会通过《黄金储备法案》，它授权总统宣布美元与黄金新的

兑换值，此前1美元可以兑换25.8格令（1格令约64.8毫克）的标准金或者23.33格令的纯金，新的数值是原来的50%～60%，随后总统又宣布1美元可以兑换13.71格令的纯金，贬值幅度达41%。在执行政策的同时，受到纸币带来的巨大利益的刺激，媒体进行了大量带有误导性的反黄金宣传，直到今天他们还在传递这样一个错误的观念：美国纸币的发行不需要黄金的支撑。①

2. 布雷顿森林体系是一个黄金陷阱

（1）布雷顿森林体系的建立。1944年7月美国邀请参加筹建联合国的44国政府代表在美国布雷顿森林举行会议，会上确立了新的货币制度，称布雷顿森林体系。布雷顿森林体系的内容主要包括以下几点：①美元与黄金挂钩。确认为美国规定的35美元一盎司的黄金官价，每一美元的含金量为0.888 671克黄金。②其他国家货币与美元挂钩。其他国家政府规定各自货币的含金量，通过含金量的比例确定同美元的汇率。各国政府或中央银行可按官价用美元向美国兑换黄金。③实行可调整的固定汇率。④确定国际储备资产，使美元处于等同黄金的地位，成为各国外汇储备中最主要的国际储备货币。布雷顿森林体系还建立了国际货币基金组织、国际复兴开发银行等永久性国际金融机构。通过国际金融机构的组织、协调和监督，保证统一的国际金汇兑本位制各项原则、措施的推行。

费迪南德·利普斯认为布雷顿森林体系实际上并不是金本位制，而是金汇兑本位制，或者说是美元汇兑本位制。这次会议不过是执行

① 费迪南德·利普斯．货币战争——黄金篇［M］．马晓棠，译．北京：中信出版社，2009：第13－14页。

了美国的命令，正式承认了美元的最高地位，美元成为各国中央银行唯一可以与黄金兑换的货币。[①] 布雷顿森林体系给美国带来的益处是显而易见的，美国可以不费力地为战争筹措资金，在经济上征服全世界，不必担心货物的数量和总价，这一切仅仅是因为美国银行系统可以制造出必需的美元。费迪南德·利普斯称美国在布雷顿森林体系下的赤字状态为“不流泪的赤字”，即美国付给债权国美元，这些美元流入债权国的中央银行，不过就在同一天，这些钱接着被带给了纽约货币市场，它们又回到了发行国，所以美国不会受到国际收支赤字带来的影响。

在布雷顿森林体系下，美国承诺维持美元的价值，按照每盎司35美元无限制地购买和销售黄金。但具有讽刺意味的是，美国承诺向国外中央银行兑换黄金，却不向美国公民开放兑换黄金的窗口。事实上，美国有时会使用外交手段向他国施压，避免黄金流出。

（2）建立黄金总库来控制黄金价格的失败。20世纪50~60年代，美国的黄金储备不断减少。到1960年年底，美国黄金储备从最高峰的约250亿美元降到不足180亿美元。费迪南德·利普斯认为美国黄金储备不断减少的原因如下：①美元在战争前夕、战争期间和战争结束后三个阶段遭受重创，导致其购买力下降，但并没有将这一损失考虑到黄金与美元的兑换价格中去，金价在1934年仍然维持在每盎司35美元。②欧洲国家摆脱战争的影响，开始建立自己的黄金储备。美国倾向于通过外国中央银行购买美国黄金与否来区分朋友和敌人，那些

---

① 费迪南德·利普斯．货币战争——黄金篇［M］．马晓棠，译．北京：中信出版社，2009：第34页。

保留美元、不兑换黄金的国家被美国看作真正的朋友。[①] ③最主要的原因，20世纪60年代，美国财政赤字巨大，国际收支情况恶化，美元的信誉受到冲击，大量资本出逃，各国纷纷抛售自己手中的美元，抢购黄金，使美国黄金储备急剧减少。

为了减少黄金储备流失，抑制金价上涨，1961年初美国联合英国、瑞士、法国、联邦德国、意大利、荷兰、比利时等国家建立了黄金总库，八国央行共拿出2.7亿美元的黄金，由英格兰银行为黄金总库的代理机关，负责维持伦敦黄金价格，每当伦敦市场上黄金需求量增大时就大量销售黄金，并采取各种手段阻止外国政府向美国兑换黄金。费迪南德·利普斯认为货币专家们并没有认识到美元陷入困境的根本原因，所以他们没有对美元贬值，而是采取了典型的集权主义方法，即抑制自由市场上的黄金价格。

黄金总库在刚开始的运行阶段，取得很大的成功，一度将黄金价格控制在35美元左右，但为了维持黄金价格，黄金总库一直遭受着损失，使得英国货币长期处于困扰中。1964年10月英国工党在议会选举中取得胜利，增加了抛售英镑的压力，同时引发了对黄金投机需求的暴涨，法国总统戴高乐对美元发起了强烈的攻击，并呼吁恢复金本位制，而此时的美国也深陷越南战争泥潭，国际收支进一步恶化，美元危机再度爆发。费迪南德·利普斯认为，在1968年3月以前，由于美国财政部愚蠢地坚持将黄金价格压制在每盎司35美元，使得美国的黄金储备骤然下降至105亿美元，1968年3月的半个月中，美国黄金储

① 费迪南德·利普斯在《货币战争——黄金篇》中引用查尔斯·库姆斯在《国际金融舞台》的原话。

备共流出了14亿美元，仅3月14日一天，伦敦黄金市场的成交量就达到了350吨~400吨。终于在1968年3月17日，美国政府做出了结束黄金总库、建立黄金价格双轨制的决定。之后美国国会又取消了发行美元必须要有25%的黄金储备支撑的要求，从而切断了美元供应量和美国黄金储备之间最后的官方限制。

（3）布雷顿森林体系的崩溃。1971年7月第七次美元危机爆发，尼克松政府于8月15日关闭了黄金窗口，停止履行外国政府或中央银行可用美元向美国兑换黄金的义务。1971年12月以《史密森协定》为标志，美元对黄金贬值，这是从1935年以来，美元兑换黄金价格第一次从每盎司35美元上升到38美元，之后又调整到42.22美元，但当时市场上的黄金价格已经达到了每盎司75美元。《史密斯协议》完全没有解决任何问题，1973年3月，西欧出现抛售美元、抢购黄金和马克的风潮。3月16日，欧洲共同市场九国在巴黎举行会议并达成协议，联邦德国、法国等国家对美元实行“联合浮动”，彼此之间实行固定汇率。英国、意大利、爱尔兰实行单独浮动，暂不参加共同浮动。其他主要西方货币实行了对美元的浮动汇率。[①] 至此，实行固定汇率的布雷顿森林体系完全瓦解了。费迪南德·利普斯认为浮动汇率成为一种机制后，它可以将灾难从一个国家转移到另一个国家，使世界的经济形势不断恶化。从历史上看，将黄金作为货币是自文明出现以来人类集体智慧选择的结果，对黄金进行的战争实际上是抵制市场选择的战争，因此必定会失败。美元危机、黄金总库的瓦解、布雷顿森林体系的终结和黄金战争的发生不是因为黄金失败，

---

① 来源：百度百科 http://baike.baidu.com/view/108174.htm。

而是由于凭空创造货币的那些人食言，他们原本承诺用纸币即可兑换黄金。[①]

布雷顿森林体系崩溃以后，国际货币基金组织和世界银行仍得以存在。费迪南德·利普斯认为建立世界银行和国际货币基金组织初衷是为了保持布雷顿森林体系的运行，而布雷顿森林体系瓦解后，这些机构就没有存在的必要，但他们还是争取到了继续存在的机会。1971年后，这些机构的活动有所扩展，国际货币基金组织俨然发展成为一个将财富从穷人转移到富人手中的工具，它经常为处于困难中的国家制定错误的解决方案，以及紧缩开支和货币贬值。[②]

3. 20 世纪 70 年代的黄金卖空潮的失败

1974 年 12 月，在美国公众被允许购买黄金的前几天，美国当局掀起了历史上著名的黄金卖空浪潮。1971 年美国政府害怕失去更多的黄金而关闭了黄金窗口，而现在，美国政府担心黄金价格继续上涨（黄金价格已由 1971 年的每盎司 75 美元涨到 1974 年 12 月的 197 美元），从而造成美元信用进一步下降。1975 年 1 月，首次黄金拍卖活动得以举行，共销售了 200 万盎司的黄金，同年 6 月，又举行了第二次黄金拍卖活动，共售出 50 万盎司黄金。1975 年8 月，10 个主要工业国家组成的十国集团（G－10）和瑞士共同决定，为了使黄金进一步失去货币的资格，十国集团和国际货币基金组织不再增加黄金官方储备，国际货币基金组织减少 5 000 万盎司黄金储量，其中的 2 500 万盎司在四

① 费迪南德·利普斯．货币战争——黄金篇［M］．马晓棠，译．北京：中信出版社，2009：第 82 页。

② 费迪南德·利普斯．货币战争——黄金篇［M］．马晓棠，译．北京：中信出版社，2009：第 77－78 页。

年内售出。在黄金卖空潮掀起的初期，黄金价格受到很大的打压，1976年秋，黄金价格跌至谷底到103.05美元，但之后无论再怎么出售黄金，黄金价格均大幅度回升，尤其在1979年8月的黄金拍卖会上，德国德累斯顿银行购买了所有的黄金，该行动使黄金价格一举突破400美元大关，随后黄金牛市进入了狂躁阶段，1980年1月，在伊朗危机[①]的推动下，黄金价格创下历史新高，达到每盎司850美元。

费迪南德·利普斯认为1980年1月黄金价格涨到每盎司850美元显然超出理性，但是，在通胀的20世纪70年代后，世界似乎总是处于灾难的边缘，如果世界恢复金本位制，那么这一切都不会发生，这是时代的悲剧，带来了各种危机和战争，而这一切都是放弃稳定的货币——黄金的后果。美国政府、美国财政部和美联储试图击败黄金，这是十分不必要也是十分困难的，战争的结局必然以黄金的胜利告终。

（三）黄金短缺是一种谎言

费迪南德·利普斯认为货币专家不知道导致货币危机反复发生的根本原因，他们往往将这一原因推到黄金身上，认为是黄金短缺造成的。而我们从金本位制的历史中可以看到，黄金短缺显然是对真实情况的误解，与事实偏离甚远。[②] 真正的原因是印制和创造的法币过多，特别提款权的发明就是其中一种情况。

特别提款权是国际货币基金组织提供给全体会员国的一种国际货币储备单位，最早发行于1970年，为成员国在货币基金体系内的资产

① 这里指1979年伊朗学生冲进美国驻德黑兰的大使馆，抓走美国外交人员，之后美国政府冻结了伊朗存在美联储的黄金，美国这一行动让各个国家的中央银行意识到，它们存在诺克斯堡的黄金并不是安全的，各央行开始购买黄金储存在自己的金库中。

② 费迪南德·利普斯．货币战争——黄金篇［M］．马晓棠，译．北京：中信出版社，2009：第65页。

储备，又称纸黄金。最初发行时每一单位特别提款权等于0.888克黄金，与当时的美元等值。发行特别提款权旨在补充黄金及可自由兑换货币以保持外汇市场的稳定。[①] 美国财政部实施特别提款权计划，意在补充黄金的数量，而事实上，世界上已有很多黄金和美元。[②] 费迪南德·利普斯通过与多名银行家和金融家的探讨，向我们揭示了特别提款权创立的内幕及其荒诞性。为了隐瞒美国无力偿还债务的事实，金融专家设计了一个周密的方案，分配给所有国家一定配额的特别国家储备，有了特别提款权的帮助，美国偿还了本不可能支付的小部分美元债务。[③] 出于某种原因定义特别提款权相当于黄金，然后又庄严地宣布它不可以兑换成黄金，这种行为明显是一种谬论，任何纸币或信用单位只有在其可以按固定价格或比价兑换成黄金时，才能被看作相当于黄金。[④] 在费迪南德·利普斯询问前中央银行家约翰·埃克斯关于特别提款权的观点时，他直白地说道：国际货币基金组织的特别提款权就是一张"不知道谁欠你的、不知道什么时候才能还的、零数额的借条"，既没有债务人、没有还钱的承诺，也没有票据到期时间，这是人类曾想到的最可笑的手段。

（四）黄金价格一直备受破坏

1. 中央银行和政府的破坏

20世纪90年代黄金价格一度处于萎靡状态，这让费迪南德·利普

① 来源：商务印书馆《英汉证券投资词典》。

② 费迪南德·利普斯．货币战争——黄金篇［M］．马晓棠，译．北京：中信出版社，2009：第65－66页。

③ 费迪南德·利普斯引用雅克·吕夫的原话。雅克·吕夫（Jacques Rueff），法国经济学家，曾任法国总统戴高乐的经济顾问，著有《西方的货币原罪》。

④ 费迪南德·利普斯引用唐纳德·霍庇的原话。唐纳德·霍庇著有《如何投资黄金股票》，在黄金领域颇有建树。

斯很难理解，因为在他看来，20世纪90年代推进股票市场上涨的各种理由都有利于黄金的行情，黄金需求量在90年代初也开始超过黄金供应量，于是费迪南德·利普斯开始努力寻找致使黄金价格下跌的原因。

1996年2月6日，费迪南德·利普斯参观了高盛集团的子公司——伦敦著名的黄金交易所J. Aron公司，该公司的常务董事卡里福特坦率地告诉费迪南德·利普斯：他对黄金看跌，因为中央银行会尽力压制黄金价格的上涨。政府在制造黄金的不稳定性上功不可没，在黄金价格居高时，政府本可以销售黄金来赚取一定的利润，但政府却选择持有黄金；在黄金价格跌至谷底时，它们却开始销售黄金。费迪南德·利普斯认为政府之所以这么做只是想维持货币正常的假象。

费迪南德·利普斯认为独立的中央银行理论上应该保护本国货币的完整性，而中央银行的真正作用（尤其是美联储）是在商业银行资产负债表受损时将其稀释，中央银行被称作“最后贷款人”是就它的紧急财政援助功能而言的。商业银行建立美联储并不是让它代表公共利益来削弱商业银行的利润，事实恰恰相反，中央银行的建立有助于它们的通胀发展，可以不受自由市场竞争的种种限制，进而提高银行的利润。而19世纪运行的金本位制可以自动抑制通货膨胀，政府和商界知道在金本位制下通货过多会导致黄金大量流失。因为一旦流通中的通货过剩，黄金就开始流向境外，导致货币供应量“自动”紧缩，货币价格上涨，从而自动抑制通货。黄金天生就可以抑制通货，所以没有必要建立中央银行。正因为如此，中央银行和商业银行憎恨黄金，金本位制与最后贷款人的功能不能兼容，所以政治家和银行系统不希望恢复金本位制，中央银行更想要摆脱黄金的制约。

2. 贵金属银行的破坏

费迪南德·利普斯认为对于贵金属银行来说，委托业务比稳定的货币体系更重要，市场波动可以给它们带来收益，稳定的货币则会使它们收入减少，因为至少委托业务量会下降。很多年来，渴望发展委托业务的贵金属银行家们一直在散布谣言，他们宣称黄金价格只会朝着糟糕的方向发展，为了抓住黄金生产商的业务，他们所预测的价格一年比一年低，而他们握有多少空头头寸从不向外公布。贵金属银行贪婪地侵蚀原本属于黄金开采公司、其股东、工人及穷困黄金生产国的利益。

3. 世界黄金委员会的破坏

世界黄金委员会是由黄金开采业建立并资助的一个组织，目的在于向全世界推广黄金。费迪南德·利普斯认为，虽然该组织发布研究成果，偶尔还组织公开会议，但由于它主要推广制成首饰的黄金，所以它的动机是不明确的。黄金首饰是对黄金一种低价值的边际使用方式，黄金首饰行业在黄金低价上有既得利益。世界黄金委员会从成立起就开始推广黄金首饰，但它几乎从未提及黄金有储藏价值的功能，也从不将黄金当作货币来看待，以优惠价格推广黄金首饰完全不符合其所代表的行业——黄金开采业及其股东的利益，也不符合黄金生产国的利益。

4. 对冲基金和投资银行的破坏

对冲基金业务开展不久，黄金价格就处于持续的压力下，做空成了投机者的天堂，与黄金市场毫无关系的仓盘被建立起来。费迪南德·利普斯认为，投资银行创造的最糟糕且不道德的新盈利中心就是所谓的“黄金套息”，即从中央银行处借来黄金，随后卖掉黄金将收益

投资到国库券上，或者投资到普通股上，而这只会刺激股票市场上的狂热情绪。由于这些新业务的实施，使得黄金价格不断受到压制，黄金市场上的熊市氛围更加浓重，投资银行就更有信心进行交易。

费迪南德·利普斯认为在打击黄金的战争中，长期受益的唯一团体，今天和明天唯一的胜者就是黄金购买者，这些人中最有代表性的就是珠宝商，因为他们购买的黄金价格异常低廉。经济上受益最多的是高盛等金融机构，它们是黄金行业卖空和期货销售的另一方，当金价突然暴涨时，从法币体系中受益的这些金融机构很可能拥有大部分黄金，甚至拥有金矿。最艰苦的是黄金开采公司，尤其是这些公司的雇员和股东，他们在收入、分红以及市值上的损失达数亿美元。

（五）黄金战争中瑞士的倒戈

在《货币战争——黄金篇》一书中，费迪南德·利普斯详尽回顾和展示了瑞士央行如何迫于“外敌”和“内部的敌人”的双重压力，以及在该国央行缺乏远见、愚昧的领导下在这场黄金战中屈膝下跪，加入了国际货币基金组织，从而失去了瑞士金融中心的显赫地位，使得世界对瑞士的信任度大大降低，瑞士法郎这种之前唯一与黄金挂钩的货币不再坚挺的全部过程。

1. 外敌的诱惑及压迫

在布雷顿森林体系瓦解后，瑞士法郎便成为世界上唯一一个与黄金挂钩的货币，瑞士法郎受到百分之百黄金的支持，瑞士货币的稳定性以及该国的中立政策，使世界各国对瑞士银行体系充满了信任。这一独特性和保证稳定性的特点甚至让美元本位制的支持者们妒忌不已。美元不具备瑞士法郎的这一优势，而世界新秩序的主宰者也不再容忍瑞士货币与黄金挂钩。为了诱导瑞士人放弃金本位制，他们想出了一

个最简单却可行的方式，那就是让瑞士加入国际货币基金组织。因为国际货币基金组织在其协定条款中明确指出，成员国禁止将本国货币与黄金挂钩，而它们的货币可以与黄金之外的任何事物挂钩，例如特别提款权等。

在1992年，瑞士正式加入国际货币基金组织，这不仅标志着它独有的货币制度的结束，也将威胁它作为世界金融中心的地位，如果瑞士继续执行这样的货币政策，最终必将牺牲主权。显然，瑞士没有任何理由需要加入国际货币基金组织，而瑞士政府向全体选民做出的解释确实十分敷衍："我们需要成为国际社会的一部分""我们不能留在外面"等。费迪南德·利普斯说瑞士加入国际货币基金组织的原因：一是瑞士公众没有被告知加入国际货币基金组织的真实原因；二是政府本身都不理解自身的行为可能带来的后果。

根据1995年瑞士央行的年度报告，瑞士的黄金储备只有流通纸币的43.2%，与1990年46%的比率相比有所下降，因为流通的纸币每年都在增加，所以黄金与纸币之间的比价应该有所变动，在黄金的市场价格已经达到每千克15 000瑞士法郎的情况下，每千克4 595瑞士法郎的法定金价已经不太现实。对于这种情况，可以想到的快速直接的方法原本应该是将黄金价格提高到市场价格，或者说提高到接近市场价格，就像法国和意大利银行的做法，不过因为瑞士1992年加入了国际货币基金组织，而这一组织禁止其成员国把货币与黄金联系起来，所以调高金价变得难以想象。

在1996年底，按当时黄金的市场价格计算，瑞士的黄金存储量相当于流通中瑞士法郎的115%，而美元只有21%的黄金支撑，德国马克也只有20%的黄金支撑。瑞士在国际上的地位仍非常高。为了攻击实施银行保密法、位居银行业务中心并且仍保留大量黄金储备的瑞士，利益集团又再次出招，这次它们使用的武器是卑鄙且具有诽谤性的。以纽约参议院艾尔弗斯·达马托发表轰动性言论开始，他质疑瑞士在第二次世界大战中发挥的作用，指控它与纳粹政府合谋。达马托是美国参议院银行委员会主席，这一事实清楚地暴露了其真正意图，也就是攻击实施银行保密法、位居银行业务中心、保留大量黄金储备的瑞士。这是现代征服者发动的一场战争，不过，此次突袭的不是墨西哥玛雅人的黄金，不是秘鲁土著人的黄金，也不是哥伦比亚人的黄金，而是瑞士人的金库。战争中的武器不是利剑，而是更具杀伤力的国内外媒体，《纽约时报》和《华盛顿邮报》发表大量文章指责声誉甚高的瑞士银行，称它们利用犹太人遭受苦难的机会发财，瑞士银行仍持有在大屠杀中受害人的黄金。在世界犹太人大会主席兼西格拉姆跨国酒业公司负责人埃德加·布朗夫曼的带领下，“种族灭绝受害者基金”很快发展起来，并以人道主义援助为宗旨，帮助曾尝到瑞士银行“闭门羹”的“受辱”犹太人，特殊利益集团在媒体和一位美国参议员有意宣传的支持下，系统地加大对瑞士银行和整个国家的压力。对瑞士三家大银行在纽约法庭提起的集体诉讼，进一步激化了民众的情绪，随着时间的推移，对瑞士的指责越来越多。

然而一再被忽视的是，20 世纪 50 年代和 1962 年，瑞士银行已经正式对“休眠”账户进行调查，查找账户主人是否可能已经死于“二战”，并给幸存者和犹太人事业拨出数千万资金。尽管如此，瑞士政府在巨大的压力下还是被迫同意召集名人成立独立委员会，负责审查瑞士银行账户。该委员会主席不是别人，正是美联储前任主席保罗·沃尔克。瑞士首先宣布捐献 70 亿法郎组成瑞士人道主义基金会，它的利

润用于援助处在经济压力下的“人士”。1997 年 2 月 26 日，瑞士联邦委员会决定成立团结基金会，1997 年 2 ~ 3 月瑞士银行、瑞士工业和瑞士央行联手向所谓的“大屠杀基金”注入 2.7 亿瑞士法郎。1997 年 3 月5 日，联邦委员会主席阿诺德·科勒宣布，成立团结基金的建议是为了弥补“不是因为自身过错而遭受严重困难”的那些人，并宣布通过重估黄金储备价值而筹措资金的理念。1997 年 3 月 17 日，联邦委员会的瑞士国家银行修改法案建议，将支撑瑞士法郎的黄金储备要求从 40% 减少到 25%。1997 年 6 月 19 日，瑞士央行法案的部分修正内容通过。1997 年 11 月 1 日，瑞士央行的新法生效。1998 年 8 月 12 日，在一些美国律师和世界犹太人大会的联合攻击下，瑞士银行由于莫名担心制裁掷出 12.5 亿美元，以制定出“全面可行的解决方法”。

1999 年中期，瑞士银行又加速了黄金贷款活动，在 1998 年贷款 187 吨的基础上 1999 年达到 316 吨，这证明它并没有从长期资本管理公司近乎破产的教训中吸取经验，之前的那次教训已让瑞士联合银行损失了近 10 亿瑞士法郎。瑞士联邦政府、瑞士银行和大银行更是在投机中将瑞士银行业务中心的卓越声誉给输光了。

2. 内部的敌人

事实上，多年来代表左翼势力的媒体、政治家以及主流经济学家不断向瑞士央行施压，催促其提高管理资产的效率和利润。瑞士当时无休止讨论的主题是，对部分货币提供黄金支撑的法律要求是否是使央行最初大部分经济功能丧失的原因，也就是说是否这一手段限制了中央银行制造货币。一位外国大学教授就发出了一些最强烈的攻击言论（费迪南德·利普斯戏谑地称道，这位教授为何不在自己的国家传授智慧呢，而他所在的国家，货币的价值仅在一个世纪就跌至原来的

一半）。这位教授认为，瑞士央行没能利用瑞士的储蓄获得更好的效果，也就是说央行的无能才导致瑞士人不得不勒紧裤腰带，缩减开支，并称这是不公平的。他认为瑞士央行本来可以利用黄金赚得数十亿法郎，但是它却将黄金储备暂放一旁。这些来自媒体、学术界、政界及金融街的所有预言都是内部的敌人，因为他们愚蠢地，或是有意地想要改变一贯行之有效的政策，在一个多世纪的时间里，这一政策一直发挥着十分可靠的信心建设者的作用。

瑞士央行的新一代官员对黄金也持有不同的观点，他们可能听说过金本位制，但他们并不理解，因为他们大都没有经历过如 20 世纪 30 年代那样的经济危机，也没有经过 1973—1974 年的华尔街股市大崩盘。他们大都在战后出生，接受的教育是股市理论，黄金已经经历了 20 年的熊市，所以新一代的银行家们自然认为黄金在未来发挥的作用较小。

1996 年年底，瑞士政府与瑞士银行合作组成了一个调研组，其得出一个惊人的结论：瑞士货币 40% 的黄金储备支撑没有必要存在了。实际上组建这个调研组意在制定一个清除“过时”附加条件的计划，同时避免让谨慎的瑞士人感到过度的震惊，因此这个联合调研组才会有这种极具轰动性效应的发现。瑞士宪法曾规定，每一瑞士法郎至少有 40% 的黄金支撑。

瑞士保留的黄金储备使瑞士法郎和瑞士的银行业务在全世界范围内获得必要的尊重，并争取到了国际客户的信任。随着这笔财富的一半被销售掉，世界对其货币和银行业务的尊重也降至原来的一半，瑞士在国际银行业务中的作用已不同往日。

（六）现行的国际货币体系是不平等的，必须要重返金本位制

由布雷顿森林体系瓦解而产生的货币体系，使美国贸易逆差显著增加，现在已经超出了政府的控制范围，而且情况会越来越糟糕。费迪南德·利普斯认为，在目前的美元本位制下，美国人可以用不可兑换的美元购买全世界的所有货物，而部分美元又被外国持有者再次投资到美国的资本市场，这种局面令人震惊。美国人可以年复一年地延续这种存得少、花得多的方式，因为目前不平等的国际货币体系使得部分市场活动参与者（主要是指金融部门）偷偷地从他人那里抽调钱财，因此美国政府一直坚持“一个世界一种通货”，如果其他人都把美元当作他们的通货，很多事情办起来更容易了。

费迪南德·利普斯认为如果返回到金本位制，每个人都将受益于健全稳定的货币，包括南美、非洲，美国可能再次成为一个强大的经济体和国家，亚洲由于有众多的黄金资源会收益更多。世界经济会全力运行，充分就业将会实现，世界会再次回到和平状态。

费迪南德·利普斯认为应主要从三个方面努力来重返金本位制：GATA 革命、教育革命以及采矿业革命。

1. GATA 革命

黄金反垄断行动委员会（GATA）是由比尔·墨菲和克里斯·鲍威尔共同建立起来的，比尔·墨菲是一位经验丰富的商人，而克里斯·鲍威尔是康涅狄格州的一位报纸编辑，创建这一组织的目的是在自由透明的市场上恢复黄金的货币功能。该组织不断对黄金操纵者包括高盛、摩根、德意志银行进行反击，在它们看来，巴里克黄金公司和英国咨询公司矿业服务公司也属于黄金操纵者阵营中的一员，因为这些矿业服务公司并没有在它们的数据中反映市场的真正规模。

GATA 一直致力于揭露黄金被操纵的真相，GATA 的副主席约翰·梅耶在 1999 年提出：贵金属银行和某些杰出的金融机构精心策划了一场运动，虚拟的“恐怖统治”是黄金市场目前低迷的原因。就风险管理而言，对冲交易是合法且必要的活动，但是不要以摧毁一个行业的价格进行交易。俄罗斯 1998 年夏季违约造成资本市场瓦解，所以我们有理由相信，黄金贷款明显已经发展成为失败的日元交易的继任者。虽然套利交易为贵金属银行和对冲基金共同体提供了巨额利润，不过对于金融共同体的紧急援助来说，如今黄金套利交易已经比以前更为重要。这也就解释了为何近期私下黄金贷款和华尔街疯狂地尝试控制黄金价格的行为。它们拼命地掩饰市场的真实情况，尤其是黄金贷款市场衍生工具的混乱状态。在提供黄金贷款存在的合法性后，它就发展成为目前这样一个榨取行业、违反法律、帮助一群债务繁重的赌徒摆脱困境的机制。[①]

2000 年夏季，GATA 基于前 18 个月黄金市场的广泛研究，撰写了一份研究报告。在报告中，GATA 得出结论：黄金市场受到鲁莽的操控，给国际金融体系带来了严重的风险。GATA 向国会请求全面调查此事，并认为压制金价的时间越长，银行业务的最终危机将越严重，大量黄金以极其低廉的价格被消费，大量衍生工具被用来压制金价，如果这种情况一直延续下去，将会引发规模巨大的黄金衍生工具的信任和违约危机。但是很遗憾，这份令人震惊的报告却没有引起相关方面的重视。

① 费迪南德·利普斯．货币战争——黄金篇［M］．马晓棠，译．北京：中信出版社，2009：第 217－218 页。

费迪南德·利普斯认为GATA一直在为自由市场以及自由黄金市场而战，它理应得到世界的充分支持。GATA一直在批判采矿业不指控明显的操纵来保护自己的利益。GATA认为黄金开采公司不明白对于他们的产品、他们自己以及股东发生了什么，不明白纽约交易所在背地里做了什么，或者他们只是睁一只眼闭一只眼。他们应该支持GATA的工作。所有投资者，尤其那些对金矿银山感兴趣的投资者应该订阅GATA，因为GATA有高质量并且真实的信息，它是唯一为矿工和投资者利益而战的组织。费迪南德·利普斯呼吁，GATA应该得到一个更宽广的平台，有关人士应该去了解它，并为它做出组织化和结构化的计划安排，这会使每个人都受益。“我们必须将GATA建立成一个更强大的组织，它理应成长壮大起来。”

2. 教育革命

费迪南德·利普斯认为如果想改变现行的货币体系，必须使人们明白什么是稳健的货币。官员和媒体都满嘴谎言，而世界上却没有一所大学在教授货币历史和科学，只有从历史中我们才能知道法定货币系统是如何灭亡的，看看约翰·劳①的例子你就明白了，现行的货币体系更加糟糕。只有从历史中人们才能得到教训，才能明白只有金本位制才能保证社会的稳定。现行不可赎回的货币之所以能够存在，是因为缺失黄金的标准，是因为人们不知道稳健的货币是什么并且意味着什么，历史的教训已被人们遗忘。在19世纪，每个人都知道什么是真正的货币。必须再次教育人们什么是真正的货币，必须通过全球性的

① 约翰·劳（John Law），苏格兰裔金融家和投机家，18世纪早期在法国引入法币，并因此引发了通货膨胀，最终导致金融崩溃，后人称这一事件为“密西西比骗局”。

货币组织（例如FAME）来向人们讲解货币的历史。

3. 采矿业革命

黄金开采业一直处于巨大的压榨中，它本可以获得巨大的利润，并支付丰厚的分红，但是由于低廉的黄金价格一切均未实现。不只是黄金低价使它们受损，货币超发引起的通货膨胀也使它们蒙受巨大损失，黄金价格必须要提高。费迪南德·利普斯认为，既然中央银行被允许公然损害黄金开采业的利益，那么黄金开采业也要适时反击，它们需要保留市场上产量的10%，这会非常有用。

三、费迪南德·利普斯黄金理论的现实意义

费迪南德·利普斯关于黄金的言论已经过去10多个年头了，但是其对黄金的深刻解读，直到今天看来也让我们受益匪浅，能让我们在黄金战争的硝烟中，拨开迷雾看到事情的真谛。

（一）黄金价格大跌的真正原因

从2013年4月以来黄金价格大幅度波动，黄金不再具有保值功能的声音不绝于耳，而通过费迪南德·利普斯的观点，我们或许能看到黄金价格下跌的真正原因：一是2013年3月美国宣布退出量化宽松政策，美元与黄金一直以来就呈反向变动关系，美元利好，黄金价格就会下跌。二是真正的黄金价格控制在美国政府及华尔街投资集团手中，高盛等众多国际知名投行集体高调唱空黄金，导致投资者恐慌性抛售，推动黄金及相关贵金属加速下跌。这两点是黄金价格波动的真正原因，而它们之所以这么做，一是牟取利润，将财富转移到自己手中，二是打击黄金，使美元地位更加稳定。

（二）现行国际货币体系的本质

早在2008金融危机爆发前，费迪南德·利普斯在2005年的演讲稿“三次革命（Three Revolutions）”中就曾做出预测：美联储已经制造了股市泡沫，现在又制造了最大的房地产泡沫，而这可能会导致经济崩溃。三年后经济危机就爆发了。费迪南德·利普斯还呼吁废除美联储，认为它的建立是历史上最大的悲剧，它使人民变得贫穷、引发战争并为战争做后援。

现行的国际货币体系是以美元为中心的国际货币体系，美国为了维持美元的霸权地位不惜发动战争。美国引发了金融危机，而全世界的人民却要为之买单，就像费迪南德·利普斯说的那样，现行的国际货币体系可以让美元维持不流泪的赤字，享受全世界人民创造的财富。

四、费迪南德·利普斯黄金理论的局限性

（一）重返金本位的可能性很少

费迪南德·利普斯一直呼吁重返金本位制，并坚持只有金本位制才能使世界真正回到公平、和谐的状态，但现在世界的情况使重回金本位制的可能性显得微乎其微。

1. 各个国家难以达成共识

经济利益的博弈背后是政治的较量，强权政治左右货币归属，美国作为超级大国，不会允许威胁其利益的存在。金本位象征着自由和公正，如果金本位制得以实行，美国的霸主地位将受到威胁，美国是不允许任何能威胁其美元地位的事情发生的。

2. 世界黄金储备分布不均匀

即使各个国家同意重返金本位制，由于黄金储备在各国的分配非

常不平衡，也有可能使重回金本位制的原意无法实现。图 11－1 是世界上黄金储备量最多的十个国家或地区组织，美国第一，中国第六，但中国黄金储备占外汇储备的比重只有 1.6%，远远低于美国的 72.8%（见图 11－2）。黄金储备的分配不均，使得如果金本位制复辟，那么少数黄金储备大国会在国际金融市场上有更大的话语权，从而侵害其他国家的货币铸造权和货币流通权，削弱其他国家货币流通的基础。尤其美国拥有最多的黄金储备，将会在此过程中重新确定其霸主地位。

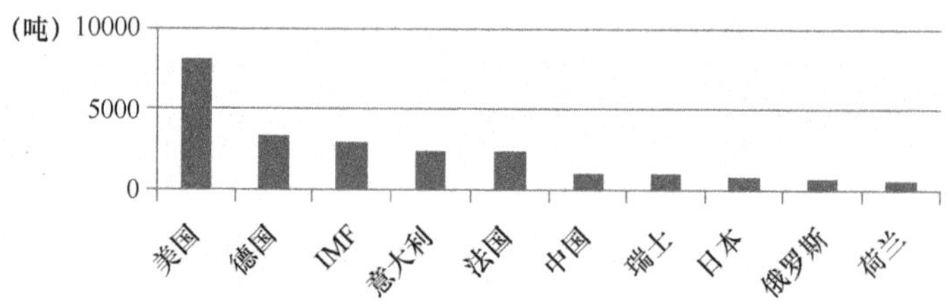

图 11－1　世界黄金储备量

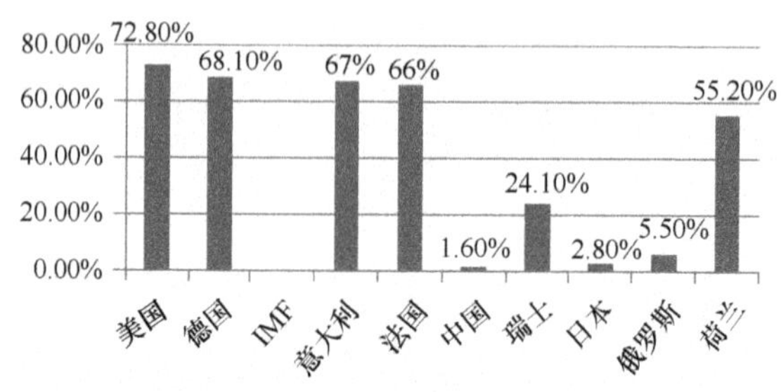

图 11－2　各国黄金储备量占外汇比率

3. 全球经济增长速度

现今的商品经济发展速度远远快于一个世纪以前，而黄金发掘困

难导致的产量增长速度却只有2% ~3%。金本位制以黄金作为基础货币，如果黄金产量的增长幅度远远低于商品生产增长的幅度，那么百年前的难题不但没有解决，反而更加严重。

费迪南德·利普斯关于重回金本位制的三个方面努力在现实看来是不太可能的，黄金反垄断委员会很难得到有关人士的重视从而取得重大发展，建立世界性的货币组织来教授人们货币历史也是极其困难的，黄金采矿业也没有足够的勇气去保留那么多的黄金对抗政府和中央银行。

（二）世界经济格局已发生了很大的改变

1985年的广场协议使日本的经济进入了“失去的十年”，日元也失去了成为国际强势货币的机会。2008年金融危机后，欧盟经济受到重创，主权危机的爆发使欧元也岌岌可危。中国虽然已超过日本发展成为全球第二大经济体，但人民币在国际上的地位还很微弱。虽然美国在金融危机中也遭受损失，但美元的强势地位却毫无动摇，甚至可以说更加稳定了，若想撼动美元和美国的地位从现实来讲不太可能。

参考文献

[1] Ferdinand Lips. Three revolutions, speech of Ferdinand Lips on the occasion of the Conference Goldrush21 in Dawson City [C]. 2005.

[2] 费迪南德·利普斯．货币战争——黄金篇 [M]．马晓棠，译．北京：中信出版社，2009.

[3] 张云，刘骏民．未来重建国际货币体系的可能方案 [J]．理论参考,2009 (10)：16 – 18.

第十二章　迪米特里·斯佩克论黄金

一、迪米特里·斯佩克简介

迪米特里·斯佩克（Dimitri Speck），简称斯佩克，德国经济学家，市场异常点数量化研究专家。斯佩克2001年通过对黄金交易日分时走势的研究，发现1993年以来中央银行对黄金市场进行了系统干预，导致投资者对经济形势和通货膨胀做出误判，形成价值扭曲；干预导致低利率，从而引起了金融泡沫；最终形成了涉及整个世界的金融泡沫；高负债水平对于储蓄和经济发展构成了威胁。

无论是对于国家还是个人而言，中央银行对黄金价格的秘密干预和操作，因其壮观的历史场面和神奇的情节，在任何时候都有无法消除的魔力。斯佩克从一个独特的视角向我们展示了中央银行对黄金干预的全过程，展示了近年来黄金市场惊心动魄的发展，并以大量的数据图表作为依据，解释了金融泡沫的作用以及对货币稳定性的影响。其主要代表作有《秘密黄金政策》。

二、迪米特里·斯佩克眼中的黄金

回顾2008年，金融危机令人屏息，股市暴跌不止，人们害怕金融体系完全崩溃，不再信任银行，因而发生了疯狂的挤兑现象。人们把存款转移到安全地点，转换成国债和黄金。

这是20世纪30年代大萧条以来最严重的金融危机，当时以无法控制的速度蔓延。中央银行家和政治家几乎以同样的速度采取了几十亿元的救市措施。机构投资者和私人储户将投资转向国债和黄金。国债发行量达到极端水平，回报率急速下降，人们放弃利息，只为了投资的安全，那么金价怎么变化呢？金价在下降！这不符合常理。①

迪米特里·斯佩克认为，黄金是一种特殊的商品，其价格受中央银行的压制，中央银行为了避免出现金价失控上涨的情况，甚至会向市场上投放黄金。那么，中央银行为什么要压制金价呢？它们也持有大量的黄金，应该对金价上涨感兴趣，因为金价上涨也意味着它们手里的财富增加。但是事情远远不这么简单。中央银行不但公开而且秘密地对黄金价格进行干预，有时候可能还会和利益相关的机构串通一气。这样合作的例子包括接管私人银行，以这种方式可以减少直接参与的人数，增加干预行为的保密程度。

迪米特里·斯佩克通过对黄金价格、央行的资产负债表和中央银行家的言论进行综合分析，寻找长期干预遗留下的痕迹，证明中央银行对黄金价格干预的存在性。因为价格是黄金干预的直接目标，肯定会对央行的干预有所反映，所以价格成为识别干预的基本研究对象。另外，干预也会在资产负债表中遗留下痕迹，中央银行家的言论也会把他们关于黄金政策和干预手段的一些看法公之于众。

斯佩克认为黄金干预政策也会对其他领域产生影响。黄金干预会引起金融泡沫，金融泡沫又是我们将要面临的金融危机及经济危机的

---

① 迪米特里·斯佩克．秘密黄金政策［M］．王煦逸，译．上海：上海财经大学出版社，2011：第4页。

先导。黄金是以信用货币为基础的货币对应物，它与负债无关并且不会因为通货膨胀贬值，是中央银行主要管理对象。

（一）黄金价格在经济危机时强势上涨将助长人们失望的情绪

1. 黄金的发展历史

货币天然不是金银，金银天然是货币。自被人类发现以来，黄金从未脱离与货币的关系，黄金先后经历了金本位时期、布雷顿森林时期、牙买加体系时期等阶段。

（1）金本位时期。金本位即金本位制，就是以黄金为本位币的货币制度。在金本位制下，每单位的货币价值等同于若干重量的黄金（即货币含金量）。当不同国家使用金本位时，国家之间的汇率由它们各自货币的含金量之比——金平价来决定。在历史上，曾有过三种形式的金本位制：金币本位制、金块本位制、金汇兑本位制，其中金币本位制是最典型的形式，就狭义来说，金本位制即指该种货币制度。

（2）布雷顿森林时期。布雷顿森林体系是以美元和黄金为基础的金汇兑本位制。其实质是建立一种以美元为中心的国际货币体系，基本内容包括美元与黄金挂钩、其他国家的货币与美元挂钩以及实行固定汇率制度。

（3）牙买加体系时期。这一时期，黄金与货币彻底脱钩，取消国家间必须用黄金清偿债权债务的义务，降低黄金的货币作用，使黄金在国际储备中的地位下降，促成多元化国际储备体系的建立。

如今黄金已经退出货币体系，不再是国际支付的通用手段，但却仍作为财富被人们持有。对个人而言，黄金多以铸币金条和首饰的形式存在。对于国家而言，各国的中央银行都有大量的黄金储备，目前全球官方黄金储备接近3万吨，是黄金年消费量的好几倍。

2. 黄金的独特性

黄金与其他商品有重要的区别，具体表现为：

第一，黄金储备量是黄金年消费量和年产量的好几倍。其他商品的存货只有几个月，而黄金停产几年依然能够保证需求。黄金存量的小部分就可以满足消费需求，相反，人们需要多年的生产才能使黄金的储量明显的增长。如果人们把黄金视作一般商品，那么它的价格主要取决于生产和消费的关系。但是黄金的价格并非这样简单，因为黄金是一种特殊的商品，虽然现在已经退出货币体系，但是其两大重要的职能只失去了支付职能，储藏手段的职能仍然被保存了下来。所以人们投资黄金是由于它作为保值手段，并不是因为它有具体的使用价值，这就是它的特别之处。汽车驾驶员驾驶汽车，即使汽油价格上涨，也必须加油，而如果黄金价格翻倍，就没有必要必须买黄金。人们购买黄金是为了预防通货膨胀或是银行破产时的保值，人们卖出黄金是因为相信金融体系，投资自己信任的银行，以获得利息收入。因此，当储备的黄金被抛售时金价会下跌，当黄金作为保值手段被人们追捧时金价会上涨。所以当黄金储备量很大而且黄金作为保值手段的时候，金融机构才能长期承购、影响金价。

第二，黄金与其他货币投资形式不同。人们可以通过投资股市和房地产保值增值，但是与黄金相比这种投资缺乏流动性，并非长久安全。黄金与金融资本、证券、债权和信用贷款也不尽相同，因为这些情况下货币不再以商品作为基础，而是依赖于债务人的还款。这些特征使黄金独一无二，成为坚挺的保值手段和中央银行政策的调控对象。黄金是跨越国家并且独立于国家的货币，即使在通货膨胀的时候，其价值也不会缩水，它与当今中央银行负责发行的纸币形成直接的竞争。

如果金价上升，投资者和储蓄者就会认为，货币疲软，有通货膨胀的危险，担心他们的财富会贬值，或是会有更严重的情况发生，比如金融体系崩溃、银行倒闭、血本无归等。反过来，如果金价不上涨，人们会对纸币产生信心，最为熟知的物价指示器没有发出警报，通货膨胀的预期就会降低。[①]

3. 黄金在危机时期的表现

20 世纪 90 年代初的英镑和欧洲货币体系的危机、90 年代末的墨西哥、亚洲金融危机、俄罗斯危机，几乎都遵循了相同的模式。经济危机和金融危机往往不是由当前的错误造成，而是由长期集聚的畸形发展所致，经济危机之前都会伴随着严重的经济泡沫，房地产和股票价格急剧上升，更确切地说是信贷增长的幅度比经济增长的幅度要大。这些国家的货币都和美元进行了绑定，实行固定汇率制度，似乎会促进国外投资，稳定经济，实际上隐藏着外币负债剧增的危险。[②] 当危机发生时，国家不得放弃固定汇率制，股票行情急剧下降，大量的银行倒闭，经济危机只是矫正了之前的畸形发展。这些危机对于黄金政策在很多方面都有重要的意义，黄金对于美元的意义，就如同美元对于英镑、欧元、卢布等货币的意义，而危机发生在 20 世纪 90 年代，许多黄金干预政策正好在这个时代发生。

黄金不是一个很好的投资品种，它的行情几十年基本保持不变，与此同时，房地产、债券、股市却不断盈利，价格上涨。与广为流传

① 迪米特里·斯佩克．秘密黄金政策［M］．王煦逸．译．上海：上海财经大学出版社，2011：第 22 – 23 页。

② 迪米特里·斯佩克．秘密黄金政策［M］．王煦逸．译．上海：上海财经大学出版社，2011：第 22 – 23 页。

的观点相反，在适度贬值时期，黄金并不会稳定币值，但当稳定币值的风险加强时，情况会截然不同，此时黄金的保护功能发挥作用，因为它不依赖于支付承诺又不会贬值。所以存在支付风险的金融危机和比较剧烈的货币贬值的情况下，黄金将会发挥保护作用。人们一旦担心他们投资的安全性和价值，他们就会选择安全性。他们会惊慌地卖出可能会贬值或是变得一文不值的东西，转而把钱投向于他们觉得安全的地方。

斯佩克对危机时期黄金、国债、道琼斯指数进行比较研究。1998年7月初至9月末，美国股市下跌约20个百分点。同期国债大幅上涨，因为人们将其视做安全港，那么黄金价格表现如何呢？总体来说它几乎没有波动，若是分阶段观察其价格甚至下跌。好像它并不是安全的投资，而是像不良证券一样不安全。黄金不但未从严重的危机中获利，而是完全相反，其价格和股票一起下跌。

危机发生时，人们对经济失去信心，无论在任何价格水平，人们都急需流动性，会恐慌地抛售手中的一切，转向安全的投资，比如说国债、黄金。研究发现，国债价格在道琼斯指数达到最低点的前1.5周开始上涨，随着时间的推移更加明显，而此时股市加速下跌。[①] 在市场上出现不确定的时候，国债正如预期的一样，起到安全货币投资的作用，股市价格下跌，被认为安全的国债价格上涨。

危机时期与国债竞争的投资对象——黄金，在道琼斯指数达到最低点的前一周，金价出现了区间最高值，从这一点起，股价开始加速

---

① 迪米特里·斯佩克．秘密黄金政策［M］．王煦逸．译．上海：上海财经大学出版社，2011：第50－52页。

下跌，接着金价也开始加速下跌。与股市相比，黄金的最低价格稍晚出现。几周时间金价都保持低位，下跌期更长。通过观察发现，在股市价格加速下降，并且接下来稳定性呈最高水平时，黄金并没有和我们预想的那样承担安全港的作用，它的价格走势使得它在危机时刻和股票一样，是高风险投资。

金融机构希望看到金价下跌，下跌的金价会强化人们对金融市场的信心，是避免金融危机的最重要动机。如果金价疲软市场就会更加稳定，黄金作为危机投资不再有吸引力，资金涌入其他的投资种类，尤其是流向国债市场，随后又会流回股市，这样能避免危机失控造成的恶劣影响。反过来我们设想黄金在不稳定时期价格强势上涨，这暗示着存在着无法控制的很大问题，会助长失望的情绪，因此金融机构有充足的理由希望金价下跌。

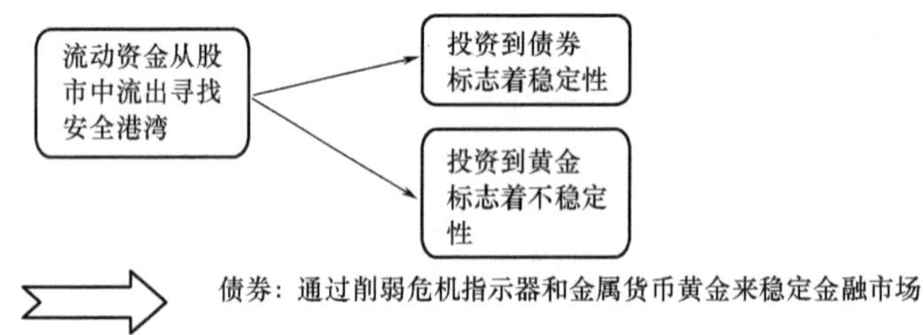

图 12－1　中央银行眼中金价疲软的优势

本图来源：迪米特里·斯佩克．秘密黄金政策［M］．上海：上海财经大学出版社，2011.

（二）金融机构通过抛售、黄金借贷、买卖期货来干预黄金市场

1. 抛售

抛售是直接抑制金价上涨的手段，20 世纪初中央银行平均每年抛售将近 500 吨黄金。无疑，大量的黄金抛售给价格带来了很大的抑制

力，没有抛售黄金价格显然会更高。对于黄金抛售，央行有足够的理由，毕竟黄金相对于其他商品而言，储蓄率实在是太高了。但是，过去几年，央行对黄金进行抛售主要是为了对黄金的价格进行干预，可以通过一些间接的证据证明：

（1）中央银行自身并没有压制金价的需求，可能是受了其他机构的刺激，比如一些黄金企业的游说，因为黄金企业的再融资主要是通过借入黄金来完成的，所以他们更愿意看到金价下降。

（2）可能是受一些煽动性言论的影响，类似于黄金现在已经过剩，无法盈利，又不能作为国际的支付手段，还是其他储备更安全等。例如在瑞士，中央银行就受到了来自政治家、行业协会和媒体的指责，认为它们在第二次世界大战中非法获得了大量黄金，为此，国家成立了一个基金会，售卖过去的黄金，收入将归基金会所有，用这部分收入来弥补以前的过错。

（3）受到道德观点的影响。在德国，人们建议央行通过出售黄金来提高教育支出，国际货币基金组织也会出卖黄金来免除穷苦国家的债务。

这里，我们可以结合具体的销售和当时政治家的发言来分析。英国财政大臣和首相戈登·布朗，1999 年，他提前宣布抛售黄金，使得金价急剧下降，中央银行这种提前告知并不寻常，因为这会危及卖出收益，戈登·布朗的这一发言，使得金价和抛售利润一同下降。作为商人肯定不能长期忍受这种情况，而且大部分人会灵活应对，做出的定价至少不会有损于自己的利益。这只有一个原因，明显的价格干预政策，目的就是打压黄金价格。

中央银行打压金价，有两方面的影响：一方面打压金价会强化美

元，激励海外投资者尤其是中央银行投资美元。另一方面，打压金价会缓解美国的财政赤字。从20世纪50年代开始，美国出现贸易逆差的趋势，由于经常项目和资本项目下向海外的支付比收入多，这起初很有诱惑力，因为美国拥有地球上最多的黄金储备。美联储可以通过抛售黄金、打压金价来促进本国经济的发展。

2. 黄金借贷

黄金借贷类似于人民币借贷业务，即指向客户借入和贷出黄金的业务，银行赚取借贷利差，国际上有黄金借贷利率的报价。在所谓的黄金借贷中，长期储藏于银行保险箱中、从未使用过的黄金，最后贷给了金矿和黄金加工企业，与普通的信贷相似，银行起到了中间人的作用，在金融融资术语中叫储蓄银行。[①] 对于中央银行而言，这些中间银行帮助国家减少了一些金矿企业的倒闭。这些银行还会承担一些细节性的工作，比如按照一定的标准挑选一些业绩比较好的金矿企业，把黄金贷给这些企业，按照标准收取一定的中介报酬费。金矿企业在中间银行处贷得黄金后，就会拿到市场去抛售，从而筹得资金来投资开采设备。这些金矿企业因为得到的是黄金形式的注资，而不是货币形式的，所以，它们必须用黄金进行偿还而不是货币。

这种实物借贷的范围很窄，只涉及黄金。通常的大部分借贷品都是货币，面包师不会借入面包，石油公司不会借入石油。黄金借贷的前提是已经有很高储备的黄金（相当于许多年的产量），这才使得黄金可以被金矿企业贷走作为投资资金。这种形式只存在于黄金借贷，而

---

① 迪米特里·斯佩克．秘密黄金政策［M］．王煦逸，译．上海：上海财经大学出版社，2011：第70－76页。

且是美元与黄金脱钩后。

黄金借贷是一种实物借贷，但是它与一般的实物借贷又有所区别。金矿企业用新开采出来的黄金的一部分去还贷，而不是原物奉还。原来借到的黄金被金矿企业抛售到市场上，市场上的黄金供给增加，从而影响了黄金的价格，对市场产生消极的影响。

中央银行借出黄金的原因：①可以支持和间接地资助当地的黄金产业，它们可以简单有效和独立地从黄金市场进行再融资。②来自于储金银行、金矿业和相关组织的游说工作，它们试图在全球范围内对中央银行施加影响，让中央银行贷出黄金。③中央银行贷出黄金可以从中获得利息收入，黄金借贷的利息和通常的利息资本不一样，黄金借贷市场的资金完全独立于供给和需求，可以根据贷出黄金的供给情况来自主制定。20 世纪 80 年代该利率的平均值为每年 1% 最高达到 3%，那时候相对于黄金的庞大储量，只有一小部分黄金被贷出去，有些中央银行甚至考虑不收取利息，因为黄金放在中央金库每年的库存成本也很高。

除了上述几点，其实最重要的这是中央银行的一种货币政策。因为贷出去的黄金受中央银行的支配，黄金借贷利率属于政策性内容。

尽管中央银行持有大量的黄金，但是它们贷出黄金获取的收益很低，而且还存在因金矿企业经营不利倒闭而收不回黄金的风险。对于一国的央行而言，向金矿去投资贷款也很费事，其实它们只是很小程度上参与该交易。这就引出了央行黄金干预政策的得力助手——黄金套息交易。

套息交易是外汇市场常见的一种融资套利模式。通常是指借入低利率的货币，然后转入高利率的货币换取回报。例如，几年前人们可

以借入利率1%的日元，然后购入9%利率的新西兰元，8%的利息差就是预期收益。此外在偿还贷款时利率起到了关键作用，若是新西兰元贬值、日元升值，那么投资者就会蒙受损失。

黄金套息交易是可以类比的一种交易，只不过参照物变成了黄金而已。人们从中央银行借出黄金，然后投资到高利息的地方以赚取利差。黄金套息交易是从传统的黄金借贷发展而来①。储蓄银行和金矿企业签订关于未来黄金供应的协议，它们只能在通常的银行贷款中获得收益，收益的形式主要是佣金和利息差。所以储金银行为了获得更高的利益，自己把黄金在市场进行抛售，获得资金来寻找高利率的投资。到期在黄金市场购回黄金，返还给中央银行。与其他黄金交易商一样，储金银行可以在金价下降中获得利益，因为它们有黄金的负债，所以从市场上购买的黄金价格越低，它们的盈利就越大。相反，若是金价上涨反而对它们不利。

套息交易商是理性的经济人，对黄金的下跌感兴趣，这与他们的经济利益分不开。同时，中央银行出于政治目的也希望金价下跌。中央银行要想打击金价、重振人们对信用体系的信心，除了可以直接在黄金市场上抛售黄金外，还可以委托储金银行来完成，并不需要一定要亲自参加到市场中去。中央银行抑制金价上涨符合储金银行的利益。有了金价压制的共同利益，压制金价就是一个自然过程。这个过程一旦被推动就会由于共同利益而被运转下去。这样，中央银行就可以把常规的黄金借贷业务作为一种干预政策，促进经济的发展。储金银行

---

① 迪米特里·斯佩克．秘密黄金政策［M］．王煦逸．译．上海：上海财经大学出版社，2011：第122－123页。

可以内部系统性地影响金价，但对外仍然表现为黄金套利交易和黄金放贷的一部分。当然，不能让过多的人参与这个干预的过程，如果有人有意泄漏什么，这会增加央行和储金银行的风险。所以参与交易过程的只有很少一部分人，甚至中央银行负责黄金放贷的职员也没有参加到整个体系，所以不知道交易内幕，大大减少了风险性。

因为实物黄金供给增加了，所以黄金套息交易和黄金借贷一样会对黄金价格产生负面影响。此外，由于共同利益，储金银行之类的套息交易商和中央银行有密切的联系，而且套息交易商为干预活动注资，商业银行可以从利差中获利。

个人和官方合作并非没有历史依据。1987 年股市危机时，当年 10 月 19 日股票市场下跌了 20%，成为历史上损失最严重的一天。当时，私人银行就通过市场干预来代理美国央行，主要是通过购买期货合约来支持证券市场。

黄金借贷是央行干预黄金政策的一个手段，在此可以从两个方面来说明。

(1) 银行家的发言（以格林斯潘为例）。美联储主席格林斯潘 1998 年就曾经说过：私人的伙伴也不能限制黄金供给，黄金经常在银行间交易，如果金价上涨，中央银行就要贷出更多的黄金。他的言论所涉及的不是系统干预，而是可能发生的银行间交易的调整。投资商为了自己的利益试着人为推高金价，以赚取非常规的利益。格林斯潘试图阻止这些人的企图，他的言论提及黄金及其相关运行机制，该机制是系统性压制金价的主要内容。虽然格林斯潘没有说中央银行这么做了，但是至少可以表明中央银行有压低金价的准备。

从他的言论我们还可以看到涉及银行应该不止一家，这说明放贷已经是中央银行为压低黄金价格商定好的手段。所以这种有目的的干预（也就是异常的黄金借贷）被认为是黄金价格的影响因素。

除此之外，格林斯潘还将金价上涨作为中央银行的干预理由。中央银行用什么标准来判断金价上涨是常规的还是非常规的？如果银行要阻止非常规上涨又不能区分常规上涨和非常规上涨，它们就必须抑制每一次金价上涨，所以只可能是中央银行在金价上涨中会遭受损失，它们才想方设法抑制金价的上涨。

（2）各个银行的资产负债表。公众事件的透明化是现代社会的根本要求，所以银行需要定期公开其资产负债表。大量贷出的黄金应该在资产负债表中表现出来，这样人们就可以检验黄金借贷和黄金套息交易是不是央行的黄金干预政策，人们还可以根据相应的数据计算出干预的范围。观察联邦银行的资产负债表，我们仅仅发现黄金和黄金债权一个账户。黄金债权，就是以黄金计量的债权，就是以黄金借贷和相关的交易形式产生的，这种权利是联邦银行对其他中央银行和储金银行的权利。黄金债权和黄金有很大的不同，具有收不回来的风险，但是联邦银行却没有进行区分。联邦银行在公开信息时，并没有独立列出贷给储金银行的大量黄金，这并不符合国家对资产负债表的标准。但是按照国际惯例这不需要独立列出，在大多数情况下，中央银行并没有公开贷出了多少黄金，因此我们没有银行贷出黄金的可靠说明。若是中央银行怕人们不赞成，完全可以延迟公布或是交给可以信任的国际货币基金组织，国际货币基金组织会将其纳入数据库，将所有数据结合在一起公布。但是中央银行并没有这么做，我们不得不说这有点问题了。中央银行间接地承认为了共同的利益各国央行之间已经达成了协议，不公开数据，这样全球范围内到底有多少黄金被贷出就不

得而知。虽然无法从中央银行公布的数据中推出黄金的贷出量，但是央行的合作贸易伙伴可能公布自己贷到了多少黄金，所以可以推算。另外还可以通过每年黄金供给和消费的差额的估算来得出。斯佩克通过估测，把黄金的价格和央行的黄金供给排在一张表上发现，金价从 20 世纪 80 年代由于环境变化下跌主要是中央银行抛售黄金造成，1993 年黄金价格又一次上涨，但被投入市场的黄金所压制，之后黄金价格一直单边下跌直到 2001 年，这期间央行一直向市场投放黄金压制价格。2001—2009 年黄金价格一直上涨，最高的时候上涨了四倍，原因是即使央行持续抛售黄金也无法抑制黄金价格的上涨，但是延缓了黄金价格的上涨速度。

3. 期货市场的干预

典型的期货市场是对未来某一时刻交易实物的一个共同约定，就像我们在汽车交易中心约定一个月后以某一个价格购买汽车，在黄金期货市场中表现为按约定的价格在未来某个日子交易 100 盎司的黄金。与购买汽车不同的是，在期货市场上黄金可以继续转卖，通过这种方式人们可以参与价格的形成而无须实物交割。那么期货市场的价格对现货价格影响多大？对一般商品而言，最终决定价格的是实物的供给和需求，尤其是生产和消费，而非投机和期货市场的金融投资。但是黄金和一般商品不一样，套利者在期货和现货市场上很好操作，因为黄金不会被消耗、便于储存而且大多数可以达到足够数额，即使在很短的时间内，期货市场也可以干预实物市场的价格。

央行也很明白这个道理，所以央行通过在期货市场抛售，打压黄金价格，从而对现货市场黄金的价格形成影响。投资者投资黄金，是以金价上涨为前提的，若是黄金价格下降或是有下降的预期，黄金投资就变得无吸引力，投资者对其失望，潜在的投资者也会放弃投资。在现货市场上，这也会引起黄金持有者的抛售，从而达到打压金价的目的。

央行在期货市场对金价的干预政策可以通过跟踪观察黄金期货的价格走势并前后比较找到痕迹，金价在纽约商品期货交易所开盘之后价格会下跌，这个观点在大量的研究黄金的日间变动行情时可以得到证实。下降的走势主要发生在美国交易时段最初的两个小时，这正好说明存在黄金干预政策。但是为何干预只是针对一天当中某一个时段而不是整天均等的干预？一方面定位在美国的国内市场，因为黄金价格的干预和其他事情一样要合乎实际，因此国内市场为最好的选择，熟悉当地市场、有较多的人际关系并且与昼夜操作相比可以减少花费。另一方面，集中在纽约的收盘时间之类的行情标记也可以节约成本，这些行情标记对参与者有引导作用，在此期间达成的交易决策要远远多于任何中间段的交易。还有重要的一点，期货市场在纽约开盘，使一小部分资本博取巨大的仓位成为可能，可以减少投资的费用。

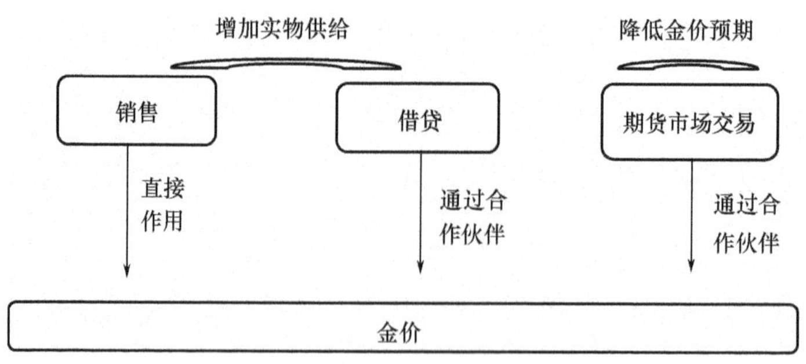

图 12－2　金价干预的三种方式

（三）黄金互助基金的存在是说明黄金价格受央行黄金干预政策影响的最好证据

1961 年 11 月，国际银行家组织了一个联手镇压黄金价格的联盟，就是黄金互助基金。它产生的背景是在布雷顿森林体系崩溃前夕，美元与黄金挂钩、以固定的比例自由兑换的时候。黄金互助基金成立的主要目标是：如果黄金价格超过 35 美元，该组织就大量抛售压低金价，当黄金价格低于 35 美元时，该组织就会大量收购，以增加黄金弹药库的弹药。[①]

黄金互助基金是由美国牵头，和其他七个欧洲国家的央行成立的。该基金总额为 2.7 亿美元，由美国中央银行承担一半。德国在战后经济也逐渐起飞，国库逐渐充盈起来，加之战后的负罪感，所以认捐额仅仅次于美国，居第二位，达到 3 000 万美元。英、法、意都是 2 500 万美元，瑞士、比利时、荷兰为 1 000 万美元。由英格兰银行负责实际的操盘，先用自己的金库垫付，月末和其他银行按比例结算。在建立的初期，这个系统在黄金干预政策方面发挥了作用。

但是由于政治形势的不稳定，美联储不断加大黄金的供给，由于担心美元币值的稳定性，各国纷纷购买黄金规避美元风险，黄金互助基金抛出的实物黄金效应越来越低，其盈余和大部分黄金家底不断丧失。到 1967 年 11 月底，黄金互助基金总损失 10 亿美元的黄金，接近 900 吨。但是各大央行还是为了自己伟大的干预事业，在进行垂死的挣扎，黄金互助基金为了压制不断上涨的黄金价格，疯狂抛售了近万吨

① 迪米特里·斯佩克．秘密黄金政策［M］．王煦逸．译．上海：上海财经大学出版社，2011：第 178 页。

的黄金。但此时的黄金市场就像一个无底黑洞，在很短的时间内吸收了黄金的全部卖盘。忍受巨额损失的各国再也不能维持35美元的黄金保卫战，黄金互助基金一蹶不振并在1968年3月27日关门大吉。

（四）黄金的短缺性决定了金本位体制不会出现金融泡沫

黄金是独立于信用货币体系的，作为实物货币的黄金，其数量取决于现存地球上的黄金，而且其开采成本也非常大，这是黄金与纸币的区别，是黄金的优点也是黄金的缺点。

现在的货币体系是信用货币体系，印刷的纸币并没有债务人，国债虽然有债务人，但是对于国家是否还债却是相当宽松的。印刷纸币过多会迅速导致通货膨胀，这一点可以通过观察世界范围内生产总值与世界黄金数量来得到。[①] 由于黄金数量有限，虽然科学技术发达使黄金的开采量迅速增加，但是其增加速度还是比不上生产总值的增长速度，即经济发展的速度明显快于黄金数量增长的速度。但是负债的增长速度却远远高于这两者的增长速度，国家为了弥补赤字不断发放信贷，往后信贷泡沫越演越烈，由于价格被央行严格控制，黄金价格所显示出来的货币体系的健康状况已经不复存在了。格林斯潘曾经把黄金价格形象地比喻为温度计，温度计表示的温度上升，说明人病了，也就是我们的经济出现问题了。现阶段黄金价格被央行强制打压，表面上看，病人的温度是恢复正常了，但却治标不治本，病源没有得到根本的治疗。[②]

---

① 迪米特里·斯佩克．秘密黄金政策［M］．王煦逸．译．上海：上海财经大学出版社，2011：第211－212页。

② 迪米特里·斯佩克．秘密黄金政策［M］．王煦逸．译．上海：上海财经大学出版社，2011：第216页。

黄金的优势在于黄金数量的有限性，在通货膨胀的情况下其优势得以体现。出现严重的通货膨胀时，人们可能带大量的纸币穿梭在街道上去购买那些不需要的东西，就是为了把手中在不断贬值的纸币赶快处理掉，当存在这么一种稳定比值的黄金货币的时候，相比不需要的东西，人们会更加倾向于选择黄金来对自己的财富进行保值。

（五）金本位的回归是缓解金融泡沫的选择

近几十年，由于信贷额不断增加，人类面临巨大并且难以解决的问题。为了将时间维度扩展到空间范畴，第一次世界大战中累计过多的债务，直到第二次世界大战结束之后才得以减少。这几十年间出现过通货膨胀、通货紧缩、经济危机、社会变革、战争和货币改革，都与信贷水平相关。现在的债务更多了，未来的世界是不确定的，但人们不能相互残杀，因为人与人之间存在很多债务往来。

与此同时，经济的出路也是未定的，如果经济前景确定，那么股市预测将会非常简单，我们都将是富人。假如再出现一次通货紧缩或是通货膨胀，结果还会和以前一样吗？所有家庭、企业、国家的债务数量与国内生产总值的比值，将会直线上升。债券越多，通货紧缩引起的经济崩溃、坏账风险就会越高。反之，通货膨胀的风险就越高，因为债权是潜在的需求。此外，如果能维持价格水平不变，就会相应增加减债的耗费和持续时间，直到债务达到一个很低的水平。

目前美国的债务水平就很高，它的经常项目收支出现了高额赤字，这与受亚洲金融危机严重影响的亚洲国家情形差不多。但美国同时又是一个特例，因为它负债的货币是本国的货币。此外，他国中央银行决定投资美元国债作为外汇储备，也在一定程度上减轻了美国财政赤字，但这未从根本上解决问题。产生这种失衡的根源在 20 世纪 60 年

代，那时人们决定，允许信贷无节制的增长，外贸长期赤字，这一严重错误从来都未被人们重视过。虽然在没有外贸赤字的情况下，一国的经济仍然严重负债，但二者总是密切相关的。这类赤字主要表明一国的消费大于生产，为平衡消费与生产之间的差额，必须给以资金的支持，比较典型的一种方式就是政府额外举债。

像20世纪30年代的通货紧缩以及之后的高通货膨胀这些令人害怕的灾难性后果并不一定会出现，但又无法成功做到实质性偿还，使得要以一种比较温和的方式来消除今天的经济泡沫并非易事。

1. 通货紧缩

纵观历史，信贷过度而引发的后果，第一个比较典型的就是通货紧缩。经济泡沫形成之后会接着出现价格回落、坏账等现象，这些现象的基本机制就是经济泡沫形成的逆向过程。经济泡沫形成的过程可以概括为：投机者用新拿到的贷款投资，这样就抬高了其投资产品的价格，投机者再用升值的投资品继续做抵押，从而得到更多的贷款，这就会引起新一轮的投资，然后循环往复下去。但泡沫终究是要破灭的，因为流量并不会随着信贷储备的增长同步增长，所以就会形成落差，不仅在流量方面，在存量方面也会产生越来越大的差额。流量方面，受益与票面利息相比越来越少；存量方面，额外信贷投资对已经抬高的物价水平的推升影响越来越小。

避免通货紧缩的措施一般有以下几种：泡沫形成之前一般会有大规模的政府举债，国家通过明示担保或者把坏账记到自己头上的方式预防债务的减少，促进经济的增长。此外政府也可以自己放贷，以减少税负或者发放补助的形式，向公民提供贷款。有了各种各样的措施，国家就能避免通货紧缩。

还有其他形式的措施，主要就是货币创造和干预黄金的价格。最初，干预黄金的主要目的是降低通货膨胀的预期，促使用户将钱继续存在账户里，而不是进行消费，通过这种方式能减少通货膨胀。这个过程当然是可逆的，债权可以从储蓄领域成功流入流通领域，然后在流通领域引起需求，流通速度的提高也会对物价产生更多的影响。通过干预黄金价格，黄金价格的上涨会抬高人们的通货膨胀预期，促使用户花尽他们账户里面的积蓄。在通缩时期，中央银行可能希望黄金价格上涨，以便抬高价格水平，抑制通货紧缩，而不用考虑在信贷领域采取措施。

2. 通货膨胀

巨大的泡沫经济可能引起的第二个后果是通货膨胀，甚至可能是严重的通货膨胀。自相矛盾的是，这恰恰是通货紧缩典型后果的对立面，原因在于针对通货紧缩威胁而采取的措施。

与信用创造不同的是，在货币创造中只产生了价值载体，增加债务，它执行起来或难或易。通常情况下，货币增加的难度越大，货币价值就越稳定。我们从经典的商品开始，商品货币的创造——金银，还有很早以前的贝壳及其同类。因为采矿的花费非常大，因此，商品货币长期以来一直是合适且稳定的价值载体。尽管赤字严重的国家尝试过各种方法，但是商品货币不可能消失，因为在或长或短的历史上，它们的货币一直伴随着这种问题。

除了采矿之外，还有另一种货币创造的形式，同样也具有局限性，数量很小，并且出乎意料，这和各国中央银行黄金储备升值利润分配有关。如果黄金价格上涨，或者官方将其价格提高，就会出现中央银行能够向国家支付的账面利润。虽然这样的升值比起昂贵的开采黄金

更容易实施，但它比单纯的印钞机更有局限性。由于这一局限性，它排名第二。中央银行黄金的升值可能不久就会发挥作用，例如，如果中央银行想要消除在金融危机中纳入自己账户的坏账，通过黄金增值产生的货币创造利润，是中央银行未来可能对金价增长产生兴趣的原因。

货币质量下降的一种方式是贵金属含量下降。货币质量下降、货币贬值，就会引发通货膨胀。古希腊、罗马时期，货币贬值受限于硬币铸造和原材料的开销，因为全是手工制造，所以简单的货币制造也会受成本的影响。现在出现的超级通货膨胀，是由于货币的铸造成本不再限制国家货币的发行量。由于货币的发行失去了成本的限制，所以在一些国家出现了钱的制造速度比商品的制造速度快得多的现象。印刷货币是没有债务人的，国债虽然有债务人，但是对于国家是否还债还是相当宽松的。唯独企业信贷和个人信贷中的债务人，不管愿不愿意都必须及时还债。无节制的印刷货币会迅速导致通货膨胀，政府信贷中存在制度性的缺陷。界定国家信贷和会计方法上净货币的另一个角度就是它们在市场上的作用不同：在生产方面，它们的作用是相同的，不管政府是否创造信用支付，都会创造需求，导致物价上涨；之后两种方式的作用就不一样了，印刷出来的货币会继续流通，国家信用产生的钱大多数被存起来。因此区别就是，一种体系把货币投入流通领域，一种进入储蓄领域。如果泡沫经济后期出现了严重的通货膨胀，货币就会从储蓄状态进入流通领域。

存在泡沫经济的背景下，支付能力和期限都不是货币不能进入流通领域中交易的原因，巨大的泡沫经济导致的问题在于债务周转率是否提高、物价是否开始上涨。在经济泡沫的形成中，债务从流通领域

到流通过程的转移发挥了重要作用。这个转移能解释债务水平的提高，它受从国债增加到打压金价的许多过程的影响。在一个没有由于债务失效导致通货紧缩的、经济泡沫的最后阶段，会出现相反的情况，债务从储蓄领域转移到流通领域，这导致严重的通货膨胀。这将有悖于避免通货膨胀这个出发点，它的出现不是由于增加债务，而是由于存量、债务额对流量和流通过程的影响。

所以货币时代的经济，各国为了促进经济的发展，必然伴随高负债和严重的经济泡沫。只有贵金属货币或者有金属担保的货币才有助于缓解问题的严重性，但并不能从根本上解决问题。①

三、迪米特里·斯佩克黄金理论的现实意义

为了避免世界经济进入萧条，2008 年金融危机之后，各国政府都出台了救市措施，通过政府救助、政府担保来直接拉动经济的增长。虽然救市很好地避免了经济的大萧条，但是也带来了很大的负面作用——通货膨胀和债务水平明显提高，人们眼看自己手里的纸币越来越不值钱，顿时对纸币本位的货币经济体系产生怀疑，这也许会进一步推高通货膨胀，人们自然就把眼光转向了我们最原始的金属货币——黄金。

但是黄金已经退出了货币体系，其保值作用可靠吗？黄金的价格是由什么因素决定的？黄金在目前信用货币体系的时代处于什么地位？

迪米特里·斯佩克是市场异常点数量化的研究专家，他通过对各个阶段黄金价格行情的变化进行分析研究，找出了一个影响黄金价格

① 查尔斯·金德尔伯格．西欧金融史［M］．王煦逸．译．上海：北京：中国金融出版社，1991：第 493 页。

变化的重要因素——中央银行的黄金干预政策。他提供一个新的黄金交易机制的分析视角，使我们更加了解黄金交易的内幕，从而为黄金交易者提供帮助。

迪米特里·斯佩克对黄金在金融体系中的作用进行了分析，说明了黄金是信用货币体系的温度计，这也是央行一直实行黄金干预政策的原因。黄金价格上涨，人们就会对货币体系信心下降，从而影响经济的发展，所以央行会想方设法压制金价。现在信用货币体系下，纸币发行泛滥，与商品严重脱钩，各国负债严重，各国为了刺激经济的发展大量发行信贷，增发金融产品。各国央行再也没有足够实力去左右黄金的价格，随着央行干预力度的力不从心，黄金价格上涨得更加迅速，黄金价格对于金融体系的作用将进一步得以显现。

四、迪米特里·斯佩克黄金理论的局限性

迪米特里·斯佩克对现行的经济泡沫进行了大量解析，对现行经济的健康程度进行了评价，但是并未提出一个可行的解决办法，只是预测央行对黄金的干预影响会逐渐减弱，黄金价格对经济的指示作用将会进一步明朗。

迪米特里·斯佩克指出了信用货币体系存在的缺陷，提倡回归金本位，但并未深入研究黄金货币化的内容及其可行性。

参考文献

[1] 迪米特里·斯佩克．秘密黄金政策［M］．王煦逸，译．上海：

上海财经大学出版社，2011.

［2］查尔斯·金德尔伯格．西欧金融史［M］．北京：中国金融出版社，1991.

［3］蒋铁柱．韩汉君黄金的非货币化和再货币化对黄金货币功能的再认识［J］．上海经济研究，2001（3）．

第十三章 保罗·南森论黄金

一、保罗·南森简介

保罗·南森（Paul Nathan），1968年师从艾伦·格林斯潘和安·兰德，他是一位坚定主张恢复金本位并维护自由竞争市场的斗士，有人认为他的观点是拯救当今世界的一剂良药。保罗·南森在《重返金本位——纸币的危机与黄金的魅力》一书中，从基本的货币金融理论出发，生动地论述了当下的法定纸币本位制度给美国及整个世界带来的繁荣幻觉，深入探讨了历次国际金融危机的货币制度根源，客观评价了金本位制度的种种优势以及曾经为人类社会经济平稳发展所做出的巨大贡献。他从自由市场经济理论出发，从当前的货币体系及其造成的危机、自由贸易与贸易保护、通货膨胀背后的政治欲望等方面，系统分析了金本位制度对于保持经济平稳发展、规避金融危机的作用和意义。

在逐渐告别金本位的100多年里，美元贬值了97%，金价上涨了数十倍。与此同时，通货膨胀四处蔓延，金融危机频频爆发。人类已经进入21世纪，也许这是我们进入金本位制的最佳时机。在经历了漫长的岁月之后，我们再度听到了有关重返金本位制的议论。市场经济本身已经做出了这样的选择，世界正处在一种向事实上的金本位制推进的过程之中，黄金的魅力再度显现。没有人能够断定这样一种新的

金本位制将以何种形态出现，然而，在既定的技术条件和自由选择的环境之下，新金本位制将以其特有的风貌出现在世界货币的舞台上。这一理由足以促使我们努力去理解什么是金本位制，以及它如何区别于当今的货币体系。

二、保罗·南森眼中的黄金

（一）与其他货币本位相比，金本位是最可信赖和最持久的制度

将金本位与其他货币本位进行比较，金本位可能不是完美的，换言之，纯粹的金本位是不存在的。但是，迄今为止，在历史的长河中，凡出现过的货币本位中，金本位无疑是最可信赖和最持久的，金本位的时代象征着增长、繁荣和相对稳定。

历史重演时有发生，然而，退回到历史显然是不可能的。保罗·南森所指的重返金本位的世界不是一个虚幻的乌托邦，他注重强调的是金本位的原则："金本位是以财政责任、平衡预算、货币稳定以及自由贸易为先决条件的。"[①] 他对理想中的金本位与现实中的纸币本位的实质做了一番比较：金本位是自由社会不可分割的一部分，法定纸币本位是集权社会的重要组成部分；金本位的生存需要公众的赞同，而纸币本位的存在是政府施以强权所致；金本位的基础是自愿交易、个人的价值和私有财产得到认可和尊重，而纸币本位的基础是强制交易、否定个人的价值、欺诈性地剥夺私人财产。"实施金本位制度需要的是生产率和诚实的民众，而纸币本位在政府控制和管理经济的社会中受

---

① 保罗·南森. 重返金本位：纸币的危机与黄金的魅力［M］. 北京：人民邮电出版社，2012：第23页。

宠”“金本位崇尚劳动所得，纸币本位倚仗不劳而获。”① “金本位的主要优点并不在于它的适用性，而在于它的道德性。对于自由、公正、财产权的保护和购买力等问题的担忧，在金本位的道德光环之下都会迎刃而解，因为，一旦理解了金本位的这种美德，它将成为个人应对政府利用通货膨胀没收财产的最佳保护方法。”②

（二）重返金本位是对现有货币体系的改良

保罗·南森以及一批拥护自由竞争市场的经济学家并非一味坚持使用黄金作为货币，而是倡导货币必须是市场导向的，金本位只是更广泛的商品货币的一部分。支持者更加看重黄金所拥有的品质与特征，它更有益于行使交换媒介的功能，这并不意味着黄金永远适合做货币，也无须强制公众必须接受黄金作为货币，这正是金本位的倡导者与法定货币的推行对立的一面。保罗·南森在其著作中倾注了大量的笔墨描绘金本位的优点，他阐明了时间和实践所证明的金本位具有更大优越性这样一个事实。他还充分考虑到理想与现实的差异，于是提出了一种次优选择，即如果以货币改革为出发点，那么改善法定纸币体系要比取代这一体系来得更容易，但不可能将金本位嫁接到目前的货币体系上。重返金本位是一个阶梯递进的过程，朝着金本位的任何转变都会有助于造就金本位的未来。保罗·南森刻意指出：纸币本位与金本位在许多方面具有共同的目标，两种体系能够在一定程度上表现出向同一方向收敛的迹象，这一点与全盘否定现有纸币本位下货币制度

---

① 保罗·南森．重返金本位：纸币的危机与黄金的魅力［M］．北京：人民邮电出版社，2012：第13－20页。

② 保罗·南森．重返金本位：纸币的危机与黄金的魅力［M］．北京：人民邮电出版社，2012：第23页。

的观点形成了一定的矛盾，他说："我们对当今世界最好的期盼是对现存体系的改善，使其更审慎和更可靠。"[①] 这或许表现出了保罗·南森对现实的一种无奈，至少在可以预见的未来，只能是一种折中和改良的选择。

发现一种最适合估值且人们可普遍接受作为交换媒介的商品，这样的任务只能由市场来完成，因为只有通过市场的筛选过程，才能恰当地反映大众的估值与选择。市场的裁定能够满足对任何交换媒介的三项基本要求：大多数人能普遍接受、具有实用性、其价值应该相对稳定。如果满足了这些条件，这种货币就是可靠的。可靠性是货币的命脉，而货币是任何间接交换商品和劳务的经济体系的生命线。一种可靠货币可以为人们的商品交换提供便利，从而促进经济的健康增长。然而，如果人们开始怀疑货币的可靠性，市场将即刻做出反应，丧失对货币的信心，货币失去它的稳定性和可接受性，很快也就失去作为交换媒介的可行性。不可靠的货币形成了它作为经济命脉的对立面。一种"互不信任"的厌恶感在人们之间蔓延并贯穿整个经济，滋养着混乱与猜忌。"人们不信任货币"这一事实将导致货币危机和货币体系的崩溃。他所强调的是，人们所需求的是这样一种货币，它从来都不会与人们的估值相矛盾，在任何时候都可以适当地反映人们对它的估价，人们真正选择的是货币所赖以生存和维持生命的基础——它意味着自由的、市场导向的商品货币。[②]

---

① 保罗·南森. 重返金本位：纸币的危机与黄金的魅力［M］. 北京：人民邮电出版社，2012：第 109 – 112 页。

② 保罗·南森. 重返金本位：纸币的危机与黄金的魅力［M］. 北京：人民邮电出版社，2012：第 120 – 126 页。

（三）金本位制是历史的必然

纵观历史，几乎每一种可想象到的商品都曾经充当过交换媒介。历经多年的尝试和过失之后，那些最不适于做货币的商品被淘汰掉了，最适于做货币的商品成为货币形态的幸存者。人们之间经过几个世纪的交换，最具价值、最实用和最能赢得人们信赖的货币商品就是黄金。

人们之所以如此信赖黄金，首先是人们将黄金作为货币来估值，这是因为黄金本身就是一种具有价值的商品，如果黄金作为货币的角色受到质疑，人们在任何时候都可以将黄金兑换成其他商品。其次，黄金作为稀有之物而被人们视为贵重物品，其价值相对稳定，黄金因此获得人们的信任并作为相对稳定的交换媒介。最后，大多数人都希望能够以某种货币手段将其生产的物品保存起来，黄金价值的稳定性为人们提供了货币流通和储藏财富的可靠方式。

此外，黄金是极易市场化的物品，这意味着在所有的交换中都能够被人们所接受。人们信赖黄金还因为它的实用性和持久性，这是一种可以铸造成各种形状的金属，比如金条和金币。此外，当人们欲将金币熔化成金块，或将金块熔化制成其他产品时，黄金在这一过程中并不会蒸发，无论在质量还是数量上都不会因此而造成任何损失。

人们之所以信赖商品货币还基于一种认知：黄金是无法伪造的。这一认知证明，旨在没收财富而不是创造财富的那些政府官员无法通过增加货币供给达到人为套利的目的。这一认知也证明了货币本身即代表着商品和劳务。简言之，人们对黄金的信赖承载着一种信念，即货币体系是人们基于诚实和生产率而不是基于幻想和政令来自由选用的。

黄金储存的是财富，金本位造就了货币的稳定性，这是它最重要

的天性，也是它对人类的馈赠。在19世纪的金本位制下，一单位美元在世纪末和世纪初的购买力几乎是相当的。而在脱离金本位制的20世纪末，等量美元的购买力竟然减少了97%！诚然，在人类历史上从来就不存在纯粹的金本位制，金本位在文明世界以各种不同形式有效行使货币体系功能的时期，大约是在18世纪初至1913年。此后，美国联邦储备体系开始掌控货币和信用大权。就“自由竞争”或“完全的自由竞争市场”而言，纯粹的金本位制只能是一种理想。从某种意义上说，国家走向理想的自由王国，转向市场经济以及健全的货币，人类便获得了成功。在金本位制下，只有在极其特殊的情况发生时，黄金作为交换媒介才会出现某种不稳定性，这时，货币的替代便成了问题——并非基础商品所能取代的，而这种情形实属罕见。[①]

（四）金本位制可以抑制通货膨胀

在金本位制以及在此之前的银本位制下，货币的购买力在200多年间一直是相当稳定的。1792—1933年，黄金的价格固定在每盎司（1盎司约为28.35克）22.67美元的价格上，在同一时期，同量美元的价值与每盎司黄金的价值保持不变。在1880—1914年，通货膨胀率为0.01%。这一时期就是著名的“经典金本位制”时期，历时34年，单位美元价值固定，因而才有美元“贵如黄金”一说。自废除金本位制以来，美元的价值已经下跌了97%。金本位和法定纸币本位的情景对照是如此的简单和强烈。

当今世界，纸币本位下的通货膨胀趋势日益严重，纸币本位制度

---

① 保罗·南森．重返金本位：纸币的危机与黄金的魅力［M］．北京：人民邮电出版社，2012：第25－33页。

正滑向失败的边缘。如今真正的威胁是整个世界法定纸币体系的生存能力问题，因为大多数国家所创造的债务对全球经济的威胁远远大于通货膨胀的威胁。毫无疑问，货币制度改革势在必行，然而，财政改革更是当务之急。采用金本位制正是解决这些问题的一剂良方，金本位并不意味着可以完全消除恐慌、危机、贪婪和非理性，但是只要遵从金本位制的规则，就可以保障货币稳定的购买力。金本位可以阻止政府在通货膨胀体系下的恣意妄为，这一事实仅用一句话就可以做最精彩的概括："政府不可能印刷黄金"。1933 年以来，美国逐步放弃了金本位制并使得美元与黄金价值相分离，美元的价值相对于其他商品已经下跌了 2/3 以上，这在商品货币本位下是根本不可能发生的——只有在政府强加的法定货币本位下才会有如此后果。

米尔顿·弗里德曼将通货膨胀定义为："货币供给的过度增加"。但是，他忽略了其全部的含义，即通货膨胀是"可导致价格总水平上升的货币供给的过度增加"。这一含义包含了起因与结果两个方面。我们真正所需求或想要购买的商品价格正在大幅上涨。但是，只要货币供给增加保持稳定，我们以牺牲其他商品需求为代价而购买的这些商品，最终会促使其他商品价格下跌。这就是引起通货膨胀与通货紧缩的原因，也是我们现在正在生存或将要生存的客观环境。这是一个保护主义盛行的世界（无休止的贸易赤字和价格不平衡），而这一切的解决之道就是自由贸易和自由竞争市场，最终建立一个基于信心的国际货币体系、一个基于稳定和有预见性的货币体系、一个基于世界各国资本自由流动的货币体系。这个体系需要更多的自由和更少的政府干预，以及政府必须遵守的客观规则。这是一个可以实现的体系。这是一个建立在自由竞争市场经济和自由贸易两大支柱基础之上的体系。

这个体系曾有过它辉煌的历史，并且为人类所成功运用达几个世纪之久：这就是金本位。在金本位制度下，货币供给由黄金生产的数量决定。

目前，黄金已经重返一揽子货币与政府金库之中，作为投机性的风险资产在减少，中央银行几十年以来首次买进黄金而不是出售黄金，我们正在缓慢地向事实上的金本位制度靠拢。如果我们转向更稳定的货币供给，信息公开而透明，具有市场导向的利率，实施反欺诈和反杠杆化的法律，就可以改善货币体系，打造一个更为可靠和稳定的货币体系，这种变动方向是正确的。

在2011年中，金本位和新的储备货币这些术语的运用比过去几十年加起来还要多，这也许是一种警告。一些评论家、作家和杂志开始卷入重返金本位的利弊之争。围绕金本位这一主题的讨论恰逢其时，保罗·南森也强调了两点：第一，朝着金本位的任何转变都会有助于造就金本位的未来。重返金本位是一个递进的过程，不可能将金本位嫁接到目前的货币体系上。因为金本位是以财政责任、平衡预算、货币稳定以及自由贸易为先决条件的，首先要进行政治与经济的改革。第二，未来的金本位将不同于以往的金本位。没有人了解——也不可能了解——未来的金本位会以什么样的面目出现，原因在于技术已经发生了变化。

保罗·南森认为："重返金本位的关键在于取消政府对货币的垄断权。如果打破这一垄断，黄金就会顺利融入货币体系，一如它目前的表现，只要不受到法定货币法律的阻碍，它的优越性将再度显现。"①

① 保罗·南森. 重返金本位：纸币的危机与黄金的魅力［M］. 北京：人民邮电出版社，2012：第34－40页。

（五）金本位制与布雷顿森林体系有很大不同

特别值得一提的是，保罗·南森认为我们不应重返类似于布雷顿森林体系下的货币体系，它与金本位之间存在着本质区别，正是这种差异导致了布雷顿森林体系的惨败。任何企图重返布雷顿森林体系的尝试都将重蹈覆辙。在布雷顿森林货币体系建立时，美国人不允许使用黄金作为货币，政府可以将盈余的美元兑换成黄金，而每个人不可以这样做。更有甚者，它还允许国家采取一再贬值本国货币的政策，以维持本国商品在国外市场低价竞争。在布雷顿森林货币体系运行的几十年中，各国的竞争性贬值不下数百次。因此，布雷顿森林货币体系绝不等价于金本位，重返布雷顿森林货币体系只能导致相同的后果，黄金的作用将会再度被否认。如果我们要建立金本位，就必须审视19世纪持续多年的古典金本位制度的运行规则。①

三、保罗·南森黄金理论的现实意义

（一）重返金本位对抗金融危机

事实上，在2008年金融危机的时候，华尔街就有机构看出了“金本位”回潮的苗头。自从1971年8月15日美元与黄金脱钩以来，信用创造便失去了控制。40多年的事实表明，放弃金本位不仅是一种历史错误，而且新的货币体系还十分脆弱。现在，支持一个国家法币的唯一因素就是这个国家的信用。未来几年里，纸币可能会继续受到冲击，尤其是在严重通胀问题一旦爆发的情况下。在这场理

① 保罗·南森．重返金本位：纸币的危机与黄金的魅力［M］．北京：人民邮电出版社，2012：第80－94页，第172页。

论探讨中，有些学者提出世界货币格局应重返传统的金本位制，提议“重建新金本位制”，以求形成稳定的国际货币体制。典型的设想是全球所有国家同时加入金本位制联盟，来确定其货币相对于黄金的稳定关系。

支持者认为复归金本位制有一系列优越性：一是金本位货币自身具有“刚性”价值，现行的信用货币不仅容易贬值，而且可能导致虚拟金融财富无节制膨胀；二是发达国家难以通过滥发纸币来进行货币战，因此比较公正；三是各国货币不再受制于汇率，不存在汇率操纵和套汇牟利的可能，资金流动和贸易体系将更有效率、更加公平。可以说，这就是许多经济学家梦寐以求的“超主权货币”。

（二）重返金本位，平衡各国利益

2011 年迄今，全球央行对黄金只进不出的态度也说明了黄金正在实现对金融资产这个领域的穿越，否则欧元区国家早就出售黄金储备来化解赤字难题了，黄金的金融化功能已被普遍认可，但其货币职能的提升需要有一套类似“布雷顿森林体系”的条约来名正言顺。

金本位的优势在于各国汇率固定，任何国家不会享有货币的特权，这在今天来看，现实意义非常大。世界黄金协会也承认，国际上许多辩论就是围绕着黄金职能这一主题展开的，这将会是一个长期持续的议题。很多人认识到，美元承担着国际货币的功能却只看到自身利益，甚至以损害别国利益为代价，货币贬值竞赛需要金本位这样的制度来管束。

目前来看，单一货币体系存在着缺陷，而美元—欧元这样的二元货币体系也无法胜任。未来货币体系的构建将围绕在现实的货币贬值竞赛和未来通货膨胀解决的方案上，需要以多极化的政治元素为核心

基础。

（三）黄金重新回归金融市场

在金融市场的“游戏规则”中，黄金也开始重新回归。资料显示，黄金在金融市场上已逐渐成为公认的抵押品，近年欧洲议会同意按相关法规接受黄金作为抵押品。另外，芝加哥商品交易所、摩根大通已接受黄金作为抵押品。国际对冲基金也开始纷纷提供以黄金的盎司数定价的股份。目前，黄金已经开始变得越来越像通用货币了。

（四）金本位复辟热潮

2011 年 3 月 10 日，又一个事件将金本位的“复辟运动”推向了高潮。当日美国犹他州参议院通过一项法案，要求犹他州认可金银币为本州法定货币。根据犹他州的这项法案，民众可以选择用金银币或者美元进行交易、支付税收、偿还债务等。这也就意味着，犹他州议会通过的法案选择性地恢复了“金本位”制度。据报道，2008 年金融危机以来，美国 17 个州政府启动立法进程，拟将黄金的法定货币地位写入法律。美联储推出了两轮量化宽松政策、美元的持续贬值极大地损害了持有者利益，投资者对美元的信心开始降低，酝酿回归“金本位”已经成为正在发生的事实。

无独有偶，最后放弃金本位的国家瑞士，2011 年轰轰烈烈地兴起了复兴金本位的运动。当年 7 月瑞士议会表示，将于 2011 年晚些时候讨论“金瑞郎”议案，以发行与现行的瑞士法郎并行的金瑞郎。瑞士在 2000 年“修宪”行动中，将黄金与瑞郎的挂钩解除，成为最后一个放弃金本位制的国家。尽管这项议案未能通过，但影响甚远。

四、保罗・南森黄金理论的局限性

（一）黄金储量难以为继

重返金本位虽然好处良多，亦有不少人给金本位的复辟泼冷水。重返金本位最大的障碍在于——黄金储量难以为继。因为黄金实物数量有限，若用黄金做本位币，将出现货币不够用的情况，全球将面临通缩的风险。

现在美国的黄金储备份额已从1945年占世界黄金储备近60%降为占世界黄金储备的15%左右，依然维持全球最大储备国地位。国际货币基金组织也保留了大部分黄金储备。20世纪90年代末诞生的欧元货币体系，黄金占该体系货币储备的15%。黄金仍是可以被国际接受的继美元、欧元、英镑、日元之后的第五大国际结算“准货币”。这种现象意味着黄金在林林总总的商品当中仍是颇具影响力的货币。

然而资料显示，人类有史以来开采积聚的全部黄金估计逾17万吨。其中约40%，即6万吨为金融资产，另外的60%作为商品，主要是首饰业和装饰品，为民间收藏和流转，还有少量用于电子工业、牙医、金章及其他行业。目前全球黄金年产量3 000多吨，探明的黄金储量只有10万多吨，30年后黄金供应水平将难以为继。

与全球GDP总量相比，黄金的储备总值实在太少，黄金的总量确实不足以让它成为通用货币。如果金本位恢复，可能会带来极大的通货紧缩，同时还会产生明显的不公平。届时黄金储备量最大的美国将成为最大受益者，新兴国家则等于遭受了不公。以我国和美国相比较，我国GDP是美国的1/3左右，但是我国的黄金储备只有美国的1/3还不到，如果回归金本位，中美之间的财富水准就将拉大。

（二）黄金与货币脱钩已久

虽然管理者提出各种补救美元货币制度的建议都试图避免使用黄金，从欧洲中央银行采用的以通胀为目标规则，到美联储主席伯南克的“有限制的相机抉择”方式，再到最近推出的将美联储政策职能缩减为仅确保物价稳定的立法提案，但这些实在是一厢情愿的想法。实际上，没有哪国央行可以把法定货币管理得很好，足以复制那种可兑换性能清楚表明货币需求而且具有独立价值的货币所带来的好处。更多令人信服的理由表明，黄金正是这个理想的货币锚：其供应增长速度稳定，随着时间的推移反映了长期经济的增长节奏；它不会损坏，也很难丢失，且历史上就被视作货币；最关键的是，物价与黄金流量自动调整机制本身或许就是天然的。即便如此，还存在一个无法回避的事实：货币脱钩黄金已有 40 年之久，最终将被证明是一个巨大的失败。

（三）各国政治经济环境与金本位不相容

从各国政府的层面上分析，没有哪个政治家愿意回到金本位。现在的央行可以加息、可以印钞，权力很大，而一旦恢复金本位，它们所掌控的权力将大幅减少。

主权货币如果多了，央行可以回收，黄金则不能人为增加产量。如果经济发现一个新的增长点，必须依靠大量的货币去推动。事实上，一旦实行金本位，中国每日以几千亿成交额进行的证券期货市场，也将在一夜之间大幅缩水。

虽然目前有美债问题和欧债危机，但信用货币不会崩溃，各国对其依赖性将进一步加深，而且或将衍生出新的金融品种。美国 2008 年的危机并没有 1979 年的严重，美元并不会崩盘，其国际货币的地位依

然难以动摇。1979 年之后，金融衍生品疯狂增长，目前场外衍生品已经价值 240 万亿美元之多，全球对美元的依赖度实在太高。而且即使美国人想交权，也没有可以“接盘”的货币。

世界黄金协会也对重返金本位做出了回应：“以当今的黄金价格回归金本位制似乎不太现实。布雷顿森林体系的建立可谓是一个奇迹。正是因为需要进行国际合作，传统的金本位制才会以失败而告终，而这一点可能也是创建新制度、新体系的最大障碍。”

（四）重返金本位可能酿成金融风险

金融危机之中的金本位更像是风险催化剂而非稳定器。由于金本位相比信用本位具有更多的“真实因素”，因此很多人相信金本位对金融危机更有免疫力。且不争论这一观点客观与否，一个简单的常识就是免疫力强的人一旦生病则更难痊愈。事实上，金本位之下，宏观调控（特别是货币政策）几乎无力可施，这使得市场失灵缺乏“看得见的手”的及时纠正和调整。更可怕的是，维系金本位的种种努力很可能会加深危机：当一国陷入金融困境的时候，国际资本往往会出于避险需要而大幅撤出，此时维系金本位必然要求该国货币当局提高利率以吸引资金内流并平衡国际收支，而不合时宜的紧缩政策对进入下行周期的实体经济而言无异于雪上加霜。在弗里德曼和伯南克等人看来，大萧条之所以持续 43 个月之久，并造成了深远的经济影响，很大一部分原因就在于维系金本位的行动加剧了通货紧缩。因此，在次贷危机引发信贷市场流动性紧张的背景下，复辟金本位十分危险，就算是在危机平复之后，未来市场与政策共同作为资源配置手段的互补性也将日益增强，与宏观调控的内在冲突使得金本位不具备回归的客观条件。

（五）金本位制度自身的缺陷性

制度性缺陷使得金本位的“黄金时代”难以再现。历史经验和理论研究表明，金本位运行的稳健与否取决于其制度性的基本规则是否得到普遍认同、贯彻和执行，即黄金的“自由兑换、自由铸造和自由流动”。而在现在和可预知的未来，这一规则都很难被严格遵守。

首先，黄金真实价值的存在对规则本身就是巨大的挑战。由于黄金等同于财富，流入相对于流出更易受到青睐，一旦某些经济体具有左右资本流动、抑制黄金流出的非常手段或是霸权力量，那么“自由流动”的规则将被违反，制度平稳运行的基础将遭到破坏。事实证明，这种财富激励导致的违规行为难以避免。

其次，信心缺乏背景中的博弈将使规则难以被整体严格遵守。历史比较显示，古典金本位时代之所以比后来的金汇兑本位时代更加平稳，很大程度上是因为前一阶段市场对金本位的信心远比后一阶段强，而信心会促使不同经济体不约而同地遵守规则，平等承担起干预外汇、维护整个体系安全的责任。在信用体系如此健全的现在，很难想象市场会对金本位保有如同100多年前的普遍信心，在个体理性的驱使下，每个经济体都有可能选择“搭便车”而不主动遵守规则。

此外，由于现有黄金储备数量不同，金本位给不同经济体带来的潜在激励也相去甚远。欧美借由高比例储备可能在复辟金本位的过程中获得货币霸权，由此可能触发的全球利益再分配势必难以得到广泛认同，如此背景之下，金本位有效运行倚仗的基本规则不可能被普遍遵守。

纵观历史，权衡利弊，如果能够重返金本位将是利大于弊的。就像保罗·南森在其著作中倡导的那样：“我们对当今世界最好的期盼是

对现存体系的改善，使其更审慎和更可靠。”① 也正如前任世界银行行长佐利克所呼吁的那样：“我们可以建立一个新的货币体系，该体系可能需要包括美元、欧元、日元、英镑，以及走向国际化、继而开放资本账户的人民币。该体系还应考虑把黄金作为通胀、通缩和未来货币价值之市场预期的全球参考点”“应考虑重新实行经过改良的全球金本位制，为汇率变动提供指引。”②

我们或许可以试着建立一个“升级版的金本位”，它很可能是这样的：黄金居于价值标准的核心，它既可以通过黄金电子货币的方式交易和使用，也可以和美元、欧元、日元、人民币等各种信用纸币软挂钩，当然也不能排除有纸币愿意与黄金硬挂钩。这并不是主观臆想，而是最简单、最具有现实可行性的一种解决方案。

尽管有人不喜欢金本位，但是，在一个大家都在滥印纸币的时代，只有黄金不会被滥印。那么，也只有“把黄金作为通胀、通缩和未来货币价值之市场预期的全球参考点了”。也许时间会证明，重返金本位是一个最现实的选择。

参考文献

[1] 保罗·南森. 重返金本位：纸币的危机与黄金的魅力［M］. 北京：人民邮电出版社，2012.

① 保罗·南森. 重返金本位：纸币的危机与黄金的魅力［M］. 北京：人民邮电出版社，2012：第107－126页。

② 肖莹莹. 佐利克呼吁建立全球货币新体系［N］. 经济参考报，2010－11－10。

[2] 肖莹莹. 佐利克呼吁建立全球货币新体系 [N]. 经济参考报, 2010-11-10.

[3] 李林旭. 应研究回归金本位的可行性 [N]. 中国黄金报, 2013-07-23: 第05版.

[4] 陈如, 张旭昆. 金本位制与美元本位制的比较研究——基于大危机和次贷危机视角 [J]. 浙江学刊, 2010 (1).

[5] 叶苗. 金本位: 革命还是复辟 [N]. 上海证券报, 2011-09-15: 第A08版.

图书在版编目（CIP）数据

经济大师论黄金/祝合良等著．—北京：首都经济贸易大学出版社，2017.7

（中国黄金研究中心黄金问题研究系列丛书）

ISBN 978 -7 -5638 -2655 -1

Ⅰ．①经…　Ⅱ．①祝…　Ⅲ．①黄金市场—研究　Ⅳ．①F830.94

中国版本图书馆 CIP 数据核字（2017）第 127894 号

经济大师论黄金

祝合良　等著

责任编辑　田玉春

封面设计　砚祥志远·激光照排　TEL：010-65976003

出版发行　首都经济贸易大学出版社

地　　址　北京市朝阳区红庙（邮编 100026）

电　　话　（010）65976483　65065761　65071505（传真）

网　　址　http：//www.sjmcb.com

E - mail　publish@cueb.edu.cn

经　　销　全国新华书店

照　　排　北京砚祥志远激光照排技术有限公司

印　　刷　北京京华虎彩印刷有限公司

开　　本　710 毫米×1000 毫米　1/16

字　　数　365 千字

印　　张　20.75

版　　次　2017 年 7 月第 1 版　2017 年 12 月第 2 次印刷

书　　号　ISBN 978 -7 -5638 -2655 -1/F·1475

定　　价　60.00 元

图书印装若有质量问题，本社负责调换